フォーカシングの展開

伊藤義美【編著】
ITO Yoshimi

ナカニシヤ出版

まえがき

　わが国では，ジェンドリン（Gendlin, E. T., 1926～）のフォーカシング（Focusing）について理論的にも実践的にもさまざまな展開がなされている。ここ数年，毎年のように外国から講師を招いてフォーカシング・ワークショップが開催されており，また海外のフォーカシングの国際会議やワークショップに出かけていくものも増えている。わが国でかなり早い時期からフォーカシングの実践や研究を行ってきている心理臨床系の研究者や臨床家もいれば，最近フォーカシングを知ったという非心理臨床系のものもいる。フォーカシングの中には，外国から取り入れられて日本的に変容しつつあるものと，わが国にかなり独自に展開しているものがある。わが国のフォーカシングの発展には，これらのいずれもが合流して，フォーカシングの大河になっていくことが必要だろう。

　本書は，フォーカシングの理論，実践及び研究の新しい展開とその可能性を扱っている。執筆は，わが国においてフォーカシングの実践や研究及び養成に関わっておられる方々にお願いした。わが国のフォーカシングの実践，研究及び養成はかなり急速に展開しており，本書においてその一端に触れることができるだろう。

　本書は，第Ⅰ部フォーカシングの発展と第Ⅱ部フォーカシング実践の諸相から構成されている。第Ⅰ部ではわが国における主にフォーカシングの理論的，方法的な発展が示され，具体的には，クライエント中心療法やトランスパーソナル心理学とフォーカシングの関係，TAE，セラピスト・フォーカシング，心の天気，6ステップ訓練法，グループ体験との関係が扱われている。第Ⅱ部では主にフォーカシングの実践の諸相が明らかにされ，具体的には，フォーカシングの臨床的適用，こころの宝探し，夢のフォーカシングの治療関係と技法，夢フォーカシングのセッション事例，インタラクティブ・フォーカシング，子どもとフォーカシング，フォーカシングの基礎的理解が扱われている。

　ところで，フォーカシングもしくはフォーカシング指向心理療法の創始者であるジェンドリン自身は，1996年にフォーカシング指向心理療法（Focusing-Oriented Psychotherapy）を出版した後，より哲学的なTAE（Thinking At the

Edge）の完成に今なお精力的に取り組んでいる。夫人のマリオン・ヘンドリックス（Marion N. Hendricks, 愛称：メアリー）さんが所長をしているフォーカシング研究所〔ニューヨーク州のスプリングヴァリー（Spring Valley）〕では，フォーカシングの情報化，組織化および資格化に力を入れるようになっている。このような動きが性急に進められれば，そのことに伴って反発，失望，問題も少なくないだろう。いずれにせよフォーカシングは新たな段階を迎えていることは確かである。

わが国のそれぞれの地域で，フォーカシング・パートナーシップが展開し，これらのパートナーシップが連携して，ネットワークやフォーカシング・コミュニティが形成され，着実に拡大していくことが期待される。

最後に，執筆を願った方々と，本書の出版をお引き受けいただいた宍倉高由編集長及びナカニシヤ出版に衷心より感謝の意を表したい。本書がわが国におけるフォーカシングの普及と発展にたとえわずかでも貢献できれば，まさに望外の喜びである。

2004 年 11 月吉日

編　者
伊　藤　義　美

目　次

まえがき　*i*

第Ⅰ部　フォーカシングの発展

1. フォーカシングとクライエント中心療法 3
   1. フォーカシングとクライエント中心療法　*3*
   2. 「フォーカシング」の初期的な観察をしたロジャーズの「クライエント中心療法」　*4*
   3. クライエント中心療法理論における〈からだの感じ〉　*6*
   4. 体験過程理論と「パーソナリティ」　*9*
   5. 体験過程理論と傾聴　*11*
   6. フェルトセンスと体験過程　*13*
   7. フェルトセンスは「生きる」という過程　*14*
   8. 未完のクライエント中心・体験過程療法　*15*

2. フォーカシングとトランスパーソナル心理学 19
   1. はじめに　*19*
   2. トランスパーソナルとは何か　*20*
   3. コンテキスト，コンテント，プロセス　*21*
   4. 心理療法におけるトランスパーソナルな枠組み　*24*
   5. 自分を離れたところから，自分を見る眼　*26*
   6. フォーカシングとプロセスワーク　*28*
   7. おわりに　*31*

3. 「TAE：Thinking At the Edge（辺縁で考える）」あるいは「未だ言葉の欠けるところ Wo noch Worte fehlen」 33
   1. 「TAEとは何か？」をTAEする　*33*
   2. TAEのステップ1～9　*34*
   3. 日常言語の壁とTAEの重要性　*37*

4　他者へ向けて語る，あるいは型を抽出する　　38
　　　5　自分の用語，自分の文　　38
　　　6　なぜこのようなことが可能なのだろうか？　　39
　　　7　ステップ 10〜14：理論作り　　42
　　　8　理論とは何だろう？　　42
　　　9　論理とは何だろう？　　42
　　　10　実践のための哲学　　43
　　　11　理論の中核になる構造を見つける　　44
　　　12　仕上げ：理論からの一般化と理論の拡張　　46

4. セラピスト・フォーカシング 49
　　　1　はじめに　　49
　　　2　心理療法の経験からの示唆　　50
　　　3　本方法のセッションの進め方とその特徴　　51
　　　4　本方法の意義　　57
　　　5　おわりに　　60

5. 心の天気―体験過程の象徴化― 63
　　　1　心の天気とは　　63
　　　2　心の天気描画法の実施　　68

6. フォーカシングの 6 ステップ訓練法について 75
　　　1　はじめに　　75
　　　2　事例　　77
　　　3　事例の検討　　83

7. "グループ体験"を伴うフォーカシングの体得 89
　　　1　フォーカシング体得の要件　　89
　　　2　フォーカシング体得における"グループ体験"の意味　　91
　　　3　フォーカシングと"グループ"のプログラム　　94
　　　4　フォーカシング体験からの体得事例　　99

第Ⅱ部　フォーカシング実践の諸相

8. 「関与的観察」としてのフォーカシングの臨床適用―人間性精神，心理療法の確立に向けて― 107
　　　1　はじめに　　107

2　「フォーカシングの臨床的適用」というタイトルが起こす誤解について―昔より治療者のフォーカシング的内省は重視されていたこと―　*108*
　　3　フォーカシングの臨床的適用についての基本的要件　*111*
　　4　方法的原則―患者の内的状況に身をおいてフォーカシングを行うこと―　*115*
　　5　方法的原則―Vocal に焦点化して話を聞くこと―　*116*
　　6　むすび　*124*

9. 『こころの宝探し』における川（激情）と三つの魔法 ………………………… *127*
　　1　はじめに　*127*
　　2　「川（激情）」と魔法を用いたフォーカシングの実施と事例　*129*
　　3　考察　*142*
　　4　おわりに　*145*

10. 夢のフォーカシングにおける治療関係と技法上の特徴 …………………… *149*
　　1　はじめに　*149*
　　2　夢のフォーカシングの手順　*149*
　　3　事例　*152*
　　4　夢のフォーカシングにおける治療関係と技法　*159*
　　5　おわりに　*162*

11. 夢フォーカシングの事例：ドリームワークの体験とその意味 ………… *165*
　　1　はじめに　*165*
　　2　夢フォーカシングの事例　*166*
　　3　夢フォーカシングの事例の検討　*183*
　　4　おわりに　*187*

12. インタラクティブ・フォーカシング：その基本と方法 ……………………… *189*
　　1　四つの大切な基盤　*190*
　　2　実際の練習　*193*
　　3　シングル・ウイング（片翼）の練習の仕方　*199*
　　4　おわりに　*200*

13. 子どもとフォーカシング ……………………………………………………………… *203*
　　1　はじめに　*203*
　　2　子どもの世界　*203*
　　3　大人はどうしたらよいのだろうか　*207*

4 「子どもとフォーカシング」の基本的な考え方　　*208*
　　5 日本の現状　　*215*
　　6 おわりに　　*215*

14. フォーカシングの基礎的理解のために ………………………… *217*
　　1 フォーカシングとは　　*217*
　　2 フォーカシングの利点は　　*217*
　　3 フォーカシングでよく用いられる用語　　*218*
　　4 フォーカシングの六つのステップ―ショートフォーム―　　*219*
　　5 重要な点　　*221*
　　6 フォーカシング的態度　　*221*
　　7 心の空間づくり　　*222*
　　8 フェルトセンス　　*224*
　　9 内的プロセスの特徴　　*226*
　　10 内的プロセスへの障害　　*227*
　　11 批評家　　*227*
　　12 ジェンドリンの体験(過程)的応答のルール(Gendlin,1968)　　*230*
　　13 体験(過程)的リスニング　　*231*
　　14 ガイディング・ワークシート　　*236*
　　15 セルフ・ガイディング　　*240*
　　16 ガイディングですることと，してはいけないこと　　*242*
　　17 夢フォーカシング　　*245*
　　18 フォーカシングによる夢の解釈　　*246*

あとがき　　*259*
索　引　　*261*

第Ⅰ部
フォーカシングの発展

1
フォーカシングとクライエント中心療法

池見　陽

1　フォーカシングとクライエント中心療法

　近年になって,「フォーカシング」を知る人, それを臨床で実践する各種の心理療法家, あるいはそれを日常生活やいろいろな職域の中で実践する方々, そして, それを研究する方々は確実に増えてきている。日本心理臨床学会の学会誌キーワード検索では, フォーカシングは「箱庭療法」に次いで日本では2番目に報告例の多い療法であると聞く。このような実践が増えていく中で, フォーカシングの理論を整理しておく必要があるだろう。

　ところで, 臨床で用いるフォーカシングは「体験過程療法」(Experiential Psychotherapy) あるいは「フォーカシング指向心理療法」(Focusing-Oriented Psychotherapy) とも呼ばれ, それらに関する主要な著書も翻訳されている (ジェンドリン・池見, 1999, ジェンドリン, 1998, 1999)。欧米ではフォーカシングはクライエント中心療法の中の一つの発展であるという見方もあり,「クライエント中心・体験過程療法」(Client-Centered and Experiential Psychotherapy) と呼ばれ, その名前の学会誌も登場している。そこで,「フォーカシング」はその考案者であるユージン・ジェンドリン (Gendlin, E. T.) によって築き上げられた独立した方法なのか, あるいはクライエント中心療法の発展なのか, じっくり考えてみる必要があるだろう。

　歴史的には, ジェンドリンは1953年よりクライエント中心療法の考案者カール・ロジャーズ (Rogers, C. R.) の臨床指導を受け, ともに臨床や研究を行

ってきた。また，ジェンドリンの観察した「体験過程」の概念は頻繁にロジャーズの著作に引用されてきた。さらに，ジェンドリンはロジャーズが亡くなったときに，アメリカ心理学会の学会誌に追悼原稿をも書いているし，近年出版されたロジャーズの伝記（Rogers & Russell, 2002）の序文を執筆している。日本的な表現をすれば，ジェンドリンは「ロジャーズ門下（クライエント中心学派）」の「番頭」である，といえるだろう。ジェンドリン自身は，筆者との通信では「私の臨床的な仕事は完全にクライエント中心療法の中にある」と述べている。しかし，一般的にはフォーカシングはクライエント中心療法とは別のものであるかのように理解されている。あるいは，何らかの意味で「仲間」だと理解され，「クライエント中心・体験過程療法」のような名称で呼ばれるのである。フォーカシングがクライエント中心療法といえる点はどこなのか，異なっている点はどこなのか，「クライエント中心・体験過程療法」というように，両者が融合していくためにはどのような考え方が必要なのか。筆者は最近これを研究しているが（Ikemi, In press），これらを検討していくことは，フォーカシングとクライエント中心療法の両方の考え方をよく知ることになるだろう。本章ではこれを試みてみたい。

2 「フォーカシング」の初期的な観察をしたロジャーズの「クライエント中心療法」

　クライエント中心療法とフォーカシングの理論を整理して考えるためには，ジェンドリンの影響がない時代のロジャーズの著作に遡ってみる必要があるだろう。ロジャーズの著作は年代を経るにつれ，ジェンドリンの影響が色濃く見られるようになる。そこで，まずは1951年に出版されたカール・ロジャーズの著名な著書 *Client-Centered Therapy* を見てみたい。ジェンドリンは，ロジャーズ伝記の序文（Gendlin, 2002）で，「ロジャーズと仕事を始めたのは1953年である」と振り返っているので，1951年のロジャーズの著作にジェンドリンが影響を与えた可能性はない。

　著作 *Client-Centered Therapy* では，ロジャーズは「非指示的心理療法」（non-directive psychotherapy）という実技的な心理療法を改め，一貫した人間論をもった「クライエント中心療法」を打ち立てたのであり，本書はクライエント

中心療法の基盤となる著作である。ここでは，クライエントを受容（acceptance）することや，数年後に共感（empathy）と呼ばれるようになる，「相手を内側から理解する視点」（internal frame of reference: 通常は「内部的準拠枠」と訳されている）を強調した。晩年になって重要視した「自己一致」については1951年時点では記述がなく，ロジャーズについて頻繁にいわれている「人格変化の必要十分条件」の3条件のうち，「共感と受容」がもっぱら強調された形になっている。

　全般的に「共感と受容」が強調される中，本書では頻繁に「からだに感じられる情動」についての観察がある。これらは次のようなものである（なお，本章では原文から筆者が訳したものを利用する）。

　　　「自分の意識には認められていないが，〈からだの感じ〉として体験される態度や情動を自分の内に発見することは，セラピーのもっとも深く，有意義な現象である。」

　これは，まさにフォーカシングそのものではないだろうか。フォーカシングが「セラピーのもっとも深く，有意義な現象である」ことを説いたのはジェンドリンではなく，ジェンドリンと出会う前のロジャーズであったことは衝撃的に思えるだろう。ここで〈からだの感じ〉と訳しているのはviscerally and physiologically experienced…すなわち，直訳では「内臓的生理的経験」となり，翻訳ではしばしば「官感的内臓的経験」と訳されてきたものである。この他にも，sensory and visceral feelings, gut level feelings（腹のレベルの感情）やorganismic feelings（翻訳「有機体的感情」）などがロジャーズの著作に頻繁に登場する。内臓のように体験される気持ち，あるいは腹のレベルの気持ち，または理性的・認知的なものではなく，生命体（有機体）として動いているもの…これらは現在，フォーカシングでいう「フェルトセンス」なのである。ロジャーズの著作には，このように〈からだで感じられる〉体験が強調されており，本当はフェルトセンスやフォーカシング，あるいはそれらの意義を最初に観察したのはジェンドリンではなく，ロジャーズであったといえるだろう。

　また，次のような観察もすでにロジャーズによって行われていた。

「多くのクライエントに共通した，識別可能な，生き生きとした開放的な体験が記述できよう。」

　この短い記述から断定することはできないが，ロジャーズが傾聴を用いていたこと，そしてからだに感じられる気持ちを扱っていたことと合わせて考えると，ここに示されている「生き生きとした開放的な体験」とは，フォーカシングでいう「フェルト・シフト」あるいは「体験過程的一歩」ではないだろうか。

　上記のような記述からロジャーズが実践において，現在でいう「フォーカシング」を初期的な形で行っていた可能性があり，その現象を記述していたと考えることができよう。また，「有機体的経験」などといった〈からだに感じられる気持ち〉はクライエント中心療法を特徴づける一つの軸であったともいえよう。しかし，ロジャーズはからだに感じられる気持ちにどのように接近するのか，といった具体的な方法は示していなかった。ロジャーズ自身が本書の冒頭で書いているように，本書では技術的なことよりも，クライエント中心療法の人間観や治療態度を示そうとしたのである。これに加えて，「官感的内臓的経験」などといった術語や訳語がわかりにくく，この側面はクライエント中心療法の本流にありながら，注目されてこなかった一面であると考えることができる。

3　クライエント中心療法理論における〈からだの感じ〉

　次に，ロジャーズはどのように，「からだの感じ」について理論化したのか考えてみる必要がある。実はこのことはクライエント中心療法理論の性質を明らかにすることになるのである。ここで取り上げている 1951 年の著作 *Client-Centered Therapy* には，ロジャーズの人格理論が含まれている。それは著名な「人格と行動の一理論」である。この理論は 19 の命題からなっており，「官感的内臓的経験」（〈からだの感じ〉）は重要な命題に登場している（筆者の訳を用いる）。

【命題14】自己の全体の中に組織化されたり，象徴されていない，意味のある〈からだの感じ〉を生命体が覚知から否認するとき，心理的不適応が存在する。この状況が存在するとき，基本的あるいは潜在的な心理的緊張が存在する。

【命題15】生命体のすべての〈からだの感じ〉が象徴的なレベルで自己の概念と一貫した関係に統合されるとき，あるいは，そうなりうるとき，心理的適応は存在する。

　上記の命題で見るように，〈からだの感じ〉は心理的適応と不適応を定義するための重要な位置におかれている。この二つの命題から，ロジャーズ理論の性質がどのように読みとれるのだろうか。
　まず，ロジャーズの理論では，精神の構造を意識と無意識といった2層構造を採用して考察されている。上記の命題では「意識」「無意識」という用語は使われていないが「覚知」（awareness）という表現が使用され，覚知された領域のことを「意識」と理解してもいいだろう。また，覚知から「否認」された領域，すなわち覚知下の領域のことを「無意識」と理解してよいだろう。
　ロジャーズにとっての「意識」領域は，他の命題で見られるように，自己の概念と一致した領域のことである。自己の概念と一致しない体験は意識から否認され，無意識の領域におかれることになる，あるいはそれらは「歪曲された」形で知覚される（命題11）。単純な例を挙げてみよう。例えば，私が「男の子は強くて泣かない」という自己概念をもっていたとしよう。そうすると，自分が「強く」していることは意識の上で認知されるが，この自己概念と一致しない「弱くて泣きたい」気持ちは否認され，覚知されない。あるいは，それは歪曲されて知覚される。そこで，泣きたい状況にあるときに，自分が「泣きたい」のだとは認知することができず，何かが喉をこみ上げてくる，といったような〈からだの感じ〉（「内臓的経験」）を体験するのである。しかし，この「こみ上げてくる」からだの感じが自分の泣きたい，弱い部分なのだということを否認している私は，そのからだの感じが何であるかがわからない。命題14にある，〈からだの感じ〉が自己の全体の中に「組織化されない」，あるいは「象徴化さ

れない」とは，この例のように，「何だかわからない」という意味である。このとき，私は何だかわからないが，喉にこみ上げるような〈からだの感じ〉があり，この状態では心理的不適応の可能性が存在しているのである。同じ例を使って命題15を解説すると，私はこの喉にある〈からだの感じ〉が「泣きたい気持ち」であることに気づき，私でも，この種の状況では泣きたいことがある，というように自己の概念が変化し，「泣きたい気持ち」と自己概念が一貫した関係にあるとき，心理的適応が存在するのである。

このように，〈からだの感じ〉をめぐるロジャーズの理論を理解することができると，クライエント中心療法のパーソナリティ理論の大部分を理解することができよう。さらに，ここでは上記の命題をめぐる細かい観察を加え，クライエント中心療法理論の性質をとらえていこう。

まず，命題15にある「すべての〈からだの感じ〉」というところに着目してみよう。当然，この「すべての」とは英語の all を訳したものであるが，「すべての」という表現は数えられるものに使う表現である。つまり，意識（覚知）していようと，いまいと，いくつかの〈からだの感じ〉がすでに存在しているということになる。まだ形成されていないものは数えられないため，この「すべての」という表現は，〈からだの感じ〉の多くが形成済みであることを物語っている。

次に命題14にも命題15にもある「象徴化」（symbolize）という表現に注目してみよう。実はロジャーズは（少なくとも1950年代には）「象徴化」や「表像」（representations）といった表現を頻繁に利用していた。これらの用語の使用は，第一に，意識の2層構造の性質に合致している。さらに，本質的なものが無意識にあることを暗に示すものである。つまり，例えば「海」という文字は神戸港で見る本物の海を指し示していたり，あるいはその他「感情の海」のように大きく，奥深いものを指し示している「象徴」であるといえるが，いずれにしても，象徴としての「海」の文字は本物の海ではない。もしも命題14などにあるように，意識（覚知）の領域に現れるものは「象徴」や「表像」であるとするならば，それらの「本質」は意識には存在せず，覚知下（無意識）にあることになる。別のたとえでいうならば，意識あるいは覚知の領域とは，パソコン画面のデスクトップのようなものである。デスクトップに見えている

アイコンやエイリアスは「本物」ではない。本物はデスクトップにではなく，ハードディスクの中にプログラムとして存在しているのであるが，これらはユーザーには見えていない。

つまり，クライエント中心療法理論では意識の2層構造のうち，本質的なものは無意識であると考えることができる。この点については，ロジャーズは意図してか意図せずしてか，当時の精神分析的な理論構造の影響を受けていたことになる。実に，上記で解説したようなパラダイムは古典的精神分析に似ている点が多い。フロイト（Freud, S.）の精神分析でも無意識がより本質的とされ，「超自我」が意識・無意識の「門番」の役割を果たすのであるが，ロジャーズ理論でも同じ構造が保たれ，「門番」が超自我から「自己の概念」にかわっているのである。つまり，精神分析では超自我に取り入れられた社会的基準に合致するものは意識に入ることを許され，そうでないものは否認あるいは抑圧されるが，クライエント中心療法の理論では自己の概念と合致するものが意識へのエントリーを許可され，その他のものは無視されるか，否認されるか，歪曲されて理解されるのである（命題11）。

ここで，「門番」として機能する自己の概念についてさらに考えてみよう。自己概念が柔軟で広ければ広いほど，多くの無意識的内容が意識に流入しうる。それではどうして自己の概念は狭まるのだろうか。それは別の命題にあるように，意味がある他者との関係において取り入れられた価値（introjected values）によるのである。その価値は存在価値や存在条件となってしまう。例えば，私が「男の子は強くて泣かない」という概念をもっていたとすると，私は「強くて泣かないようにしていなければ，男の子として価値がない」というように，男性としての自分の存在条件が脅かされるのである。ゆえに，カウンセラーは無条件に肯定的関心を示し，受容する必要がある（例：強いあなたにも，泣きたくなるあなたにも，肯定的関心がある）。つまり，「受容と共感」といったカウンセラーの態度が必要であるというクライエント中心療法の治療論は，同理論の人格論と対になっているのである。

4　体験過程理論と「パーソナリティ」

上記ではロジャーズのクライエント中心療法理論を，とくに〈からだの感じ〉

との関連で見てきたが，ジェンドリンによって提唱された体験過程理論は，ロジャーズが観察した〈からだの感じ〉を取り上げ，異なった理論を展開していくことになった。ジェンドリンは学部から大学院博士後期課程まで哲学を専攻し，哲学者ハイデガー（Heidegger, M.）の英訳を担当するなど哲学の研究者である。そのためか，彼の理論は，大方の心理療法理論とは性質が異なっている。そのためかもしれないが，彼の理論については十分に理解されていないのが現状ではないだろうか。

　ロジャーズを例に見てきたように，大方の心理療法理論は人間（の「心」）をある構造的なものととらえている。そこで，パーソナリティ（人格形成）理論があり，人格形成の上でどのような問題が発生しているのかを言い表す概念があり，それにそって治療理論が展開されている。上記で見たように，クライエント中心療法理論では，自己概念に不一致する体験が，自己の価値条件と矛盾するために潜在的な脅威となり，意識から否認されているという考え方がある。そこでセラピーでは，治療者はクライエントに無条件に肯定的関心を向け，治療者はクライエントの気持ちに対して脅威にならないような，共感的な理解を示すのである。このように，パーソナリティ理論と治療論はセットになっている。

　体験過程理論の場合，人の存在は，人が作ったあるいくつかの理論によって規定されていないことを前提としている。人は理論を作ることができ，理論は貴重な道標となるが，それでも人の存在は理論に当てはめたり，理論に還元してしまうような存在ではないとしている。すなわち人は理論の産物ではなく，理論を生み出す存在なのである。さらに，パーソナリティ理論の排他的なあり方は人間存在に対する考え方を狭窄させる危険性があることに注意しなければならない。つまり，仮にロジャーズの人格形成理論に賛同した場合，フロイトやユング（Jung, C. G.）の精神分析理論は間違っていたとするのだろうか。厳密に理論に従えば，そのような排他的なスタンスをとることになるだろう。確かに，ロジャーズ理論に賛同すれば，エディプス葛藤を中心に据えたフロイト理論は受け入れられないだろう。このような相互に排他的なスタンスをとるよりも，どの理論をも尊重することはできないのだろうか。人の存在や人の「心」については，たくさんの優れた理論がある。そして人はそれらの理論を参考に

して自分自身の存在や自分自身の心について考え進めることができる。その過程で新しい理論さえも登場しうる。人は自分で意味を見出す（「ストーリー」を見出す）ような存在なのである。そこで，パーソナリティ理論と治療論はセットになっている必要はないと考えるのである。治療理論では「人はどのようにして自ら意味を見出すか」，そしてそれをどのように促進するか，ということが焦点になってくる。

5 体験過程理論と傾聴

　面接において，単なる理論のお仕着せではない自分自身の意味やストーリーを，人はどのようにして見出すのだろうか。その過程に立ち合うセラピストには，何ができるのだろうか。当然，セラピストの方が多くの理論を知っているのであるから，いろいろな理論を参考に示唆を与えることはできるだろう。しかし，それらの示唆を吟味して検討していく過程ではクライエント自身が考え進めることが不可欠であり，この不可欠のプロセスにお仕着せなく立ち合い，ともに検証するようなセラピストのあり方が「傾聴」（リスニング）に代表されるのである。また，この過程において，ジェンドリンは治療者の存在（プレゼンス）が最も重要であるとし，治療者の存在と傾聴を心理療法の中核に位置づけている。

　　「セラピーにおいて，最も重要なのは治療者の存在，次に傾聴，フォーカシングの教示は3番目でしかない」(Gendlin, 1996, p.297)

　これらを簡単に解説してみよう。まず，治療者のプレゼンスを通してクライエントの中に誘発されてくる体験の暗在的（implicit）な流れがある。これは日常的に体験でき，検証できる。ある人といると，つまり，その人のプレゼンスのもとでは，あることが感じられるが，別の人といるときには別の感じ方がある。人が感じることは常に関係や状況に影響され，それらによって触発される。クライエントに感じられてくるべきものが感じられてくるような治療者の存在のあり方を「プレゼンス」と呼んでおこう。さて，この解説にあったように，治療者のプレゼンスによって「体験過程の暗在的な部分が触発されてくる」

ということを再構成化(reconstituting)と呼ぶ。ジェンドリンの理論を用いて,ロジャーズが示した「共感」について言い表すと,それは治療者の「再構成化的プレゼンス」と考えることもできる(ジェンドリンとの私信)。

　治療者との関係の中で再構成化された体験過程は,まだそれが何だかわからない薄々と感じられるものであったり,何だかよくわからないフェルトセンス——からだで感じられる意味感覚——であったりする。それが何なのか,まだはっきり,明在的(explicit)にわからない,という意味で,それは暗在的(暗に在る)なのである。このような暗在的なフェルトセンスは言葉などに表現される過程で意味が促進される。そこで,治療者は形成されつつあるフェルトセンスの意味についてクライエントが語っていることをクライエントに映し返し,傾聴することによって,クライエントが意味を吟味し,新しい意味が推進(carrying forward)されるのである。推進とは,体験のまだはっきりしない暗在的な側面が明らかになることであり,これによって感じられたフェルトセンスは変化していく。

　このように,「聴く」ということはクライエントが形成しようとしている意味を映し出し,それを確認したり,心の中に響かせ,発展させる機能,すなわち体験過程の推進を導き出す機能をもってくる。一般的に,傾聴はクライエントが語ったことに「共感する」ために行うのだと考えられているが,ロジャーズ自身,傾聴による体験過程の吟味や推進について,1951年の段階ですでに気づいており,それを記述していた。あるケースについて,ロジャーズは次のように解説している。

　「彼女が父親に対する本当の気持ち——すなわち感じられている体験にマッチする気持ち——を探そうと模索しているとき,彼女は面接を試みの場として利用するのである」。このクライエントは面接の場を利用して,すなわち,ロジャーズの傾聴を利用して,父親に対するフェルトセンス(感じられた体験)にぴったりな言葉を探そうと,今日でいうフォーカシングを行っていたのである。このクライエントにとって,ロジャーズの傾聴的応答は共感してもらうために機能していたのではなく,自分が形成しようとしているストーリーが正しいかどうか,映し返された応答と照合して確認し,進めていたのである。

6 フェルトセンスと体験過程

　さて，フェルトセンス（felt sense）という〈からだに感じられた意味感覚〉について，上記に述べてきたが，それについて少し解説しておかなければならない。フェルトセンスはからだに感じられており，意味があり，そして状況的に生きられている。次のような例を考えてみよう。ある人間関係のことを思うと胸が重たく詰まるような感覚があるとしよう。ここでいう，「胸が重たく詰まる」ような〈からだで感じられる感覚〉をフェルトセンスという。このような感覚はまったく意味もなく存在しているわけではなく，それは，その人間関係について何らかの意味をもっている。さらにそれは，その人間関係という状況において生きられているのである。このようなフェルトセンスを私たちは日常的に経験して生きている。

　普段はそれらを「気持ち」と呼ぶことも多いだろうが，「気持ち」といえば，それは「不安」「怖い感じ」「怒り」のように，実際の感じ方の上に認知的なラベルが貼り付けられている。しかし，例えば「不安」ということでも，その実際を観察すると，いろいろな不安の感じ方がある。試験に合格するかどうかの「不安」と，結婚式でスピーチをする「不安」は，同じ「不安」と呼ばれていても，実際の感じ方は大きく異なるだろう。そこで，このような「気持ち」の実際の感じ方——実感——に触れてみると，そこにはすぐに言葉になりにくい〈からだの感覚〉が存在していることがわかるだろう。フェルトセンスは認知的に言葉のラベルを付ける以前の実感である（そのため，フェルトセンスは「前言語的」あるいは「前概念的」と呼ばれている）。

　上記で見てきたようにロジャーズはこれを「官感的内臓的経験」と呼び，それは意識から否認された衝動であると推測したが，体験過程理論では，そのような推論は行わない。それはまだ十分に形成されていない意味感覚であることが観察され，そのように理解されるのである。

　ジェンドリンはフェルトセンスについて，次のような考え方をしている。それは「次なるものの暗示」である，と。単純な例を挙げると，お店の中が「暑い」という感じは，「次なるもの」，すなわちある種の「涼しくなること」を暗に示している。しかし，それは，どうでもいい涼しくなり方を暗示しているわけではない。それは上着を脱ぐことを暗に示しているかもしれないが，大声で

「エアコンを強くしてくれ!」と怒鳴りだすことや，ズボンを脱ぐことを意味していない。仮に，そうすることを想像してみると，それだけで恥ずかしいような緊張するような別種のフェルトセンスが出現するだろう。フェルトセンスに示されている，ある特定の涼しくなり方を実行したときにのみ「暑い」体験は「心地よい」という体験へと変化するのである。この「暑い」感じは「上着を脱ぐように」という「次なること」を暗に示していたと考えられよう。このような変化は推進と呼ばれ，「暑い感じは上着を脱ぐことで推進された」ということもできる。このように，私たちが感じていることの多くは，「次なるもの」へのメッセージなのである。そしてそのメッセージが実現したときに，私たちが体験しているものは過程として変化するのである。そこでこの理論は体験過程理論と呼ばれるのである。多くの心理学理論は気持ちはどうやってできたか，というようにあたかも人の気持ちが物体であるようにとらえているが，ジェンドリンの理論は気持ちを過程の一局面ととらえているところが特徴的である。

7 フェルトセンスは「生きる」という過程

　フェルトセンスは私たちの生そのものである。今，原稿を書きながら胸に圧迫感を感じているが，その圧迫感というフェルトセンスは，差し迫っている次の予定を前に「急いでいる感じ」や他の仕事のことをじっくり考える時間がないような感じでもある。つまり，この「圧迫感」は実は，今の私の生きるあり様そのものといえるのである。同じように，仕事をしていて「大きな岩がゴツゴツしている」ような感じがある，という人は「ゴツゴツした岩のような仕事の中で生きている」というように理解することもできよう。そのような意味でフェルトセンスは私たちの生きるあり様そのもの──私たちの実存──であるといえるのである。この例にある「ゴツゴツした岩」を必ずしも何かの過去体験や，何らかの記憶や象徴と理解し，還元していく必要はないだろう。

　また，体験が過程として存在しているということを言い換えると，私たちの生は過程として生きられているということになる。仕事をしていて「ゴツゴツした岩のような感じ」があるということは，暗在的に，よりよい仕事の仕方や生き方があることが示されているのである。フェルトセンスは体験過程の一局面であるが，これはフェルトセンスは私たちの生の一局面であるに等しい。こ

のように，ジェンドリンの体験過程理論はハイデガー哲学との関連が多く見られ，ハイデガーの「気分的了解」の心理学についてジェンドリンが論文を著していることも注目しなければならない（Gendlin, 1978／1979）。

　フェルトセンスを「意識から否認された衝動」と理解したロジャーズとは異なり，ジェンドリンにおいて，フェルトセンスは私たちの生きている過程そのものである，と理解される。このような「生そのもの」を理論的に還元したり，それに対して理論的な意味をお仕着せないようにすることがフォーカシングの実践であるといえるだろう。そこで，フォーカシングのセラピストはクライエントの生に対して意味をお仕着せず，また，クライエント自身が自分の体験に対して無理に概念をお仕着せるのを止めさせ，新しく生そのものを現れさせるようにともにいることを心掛けているのである。

8　未完のクライエント中心・体験過程療法
(1) フォーカシングはクライエント中心療法である
　上記で見てきたように，フォーカシングはクライエント中心療法に出発していることは明らかである。クライエント中心療法の創始者ロジャーズは当時「官感的内臓的経験」と呼んだフェルトセンスを最初に観察し，リスニング（傾聴）を通してクライエントがフェルトセンスの意味を見出すことを援助した。その過程に注目したジェンドリンは，その過程を「体験過程」とし，それを詳細に考察してフォーカシングを「発見」した。そこで，フォーカシングはクライエント中心療法の発展であるといえるだろう。体験過程という視点が加わったことによって，クライエント中心療法の視野が広がり，具体的な応答の幅も拡大したのである。ジェンドリンと筆者の私信では，ジェンドリンは「自分のセラピーの仕事は完全にクライエント中心療法の中にある」としており，セラピストとしてのジェンドリンは自分のことを「クライエント中心療法家」と認識している。その意味ではフォーカシングはクライエント中心療法の発展であり，今日的なクライエント中心療法そのものである。

(2) フォーカシングはクライエント中心療法ではない
　しかし，このことは，そう簡単に結論すべきではない。いくらフォーカシン

グというセラピーの実践がクライエント中心療法である，と理解したところで，フォーカシングの理論である「体験過程理論」は，上記で見てきたようにクライエント中心療法の理論からは大きく離れている。そして，体験過程理論はクライエント中心療法理論の「発展」とはいえないほど，まったく新しい理論になり，体験過程理論とクライエント中心療法理論は同じ発想のパラダイムさえも共有していないのである。クライエント中心療法の理論は「心」の構造を探求しようとして，意識と無意識の区別を用いた。パラダイムとしては「抑圧パラダイム」であり，フロイトの精神分析とも共通の発想の基盤を採用した。ところが，ジェンドリンの体験過程理論はこのパラダイムを用いていない。フェルトセンスは抑圧された体験の象徴と見なしたフロイトやロジャーズのパラダイムとは異なり，ジェンドリンはフェルトセンスを人の生きるあり様そのものであるとし，それは生きる過程の一局面であるとしたのである。この発想は現象学哲学や実存主義哲学と共通するところがあり，ジェンドリン自身が，「体験過程療法は実存主義の哲学者たちがやり残したところから出発している」(Gendlin, 1974) としているように，実存主義心理療法の発展として位置づけることも可能であろう。あるいは，最近，ジェンドリン自身の哲学が注目されつつあるように，体験過程理論は現象学的実存主義にも位置づけられるものではなく，独自の哲学に基づいていると考えることもできるだろう (Levine, 1997)。

(3)「クライエント中心・体験過程療法」は未完である

上記でフォーカシングは「クライエント中心療法ではない」としたが，そこでいう「クライエント中心療法」を 1950 年代のロジャーズ理論としたところに問題があるといえるかもしれない。一般的にロジャーズの理論といえば，1950 年代のいわゆる「自己理論」が連想されるが，ロジャーズの考え方も成長し続けた。一般的にロジャーズの理論を 1950 年代のロジャーズ理論と同一視してしまうところに問題があるともいえるだろう。

事実，ロジャーズは 1975 年ごろから理論的な考え方を大きく変えてきたことは明らかである。例えば，1975 年の論文 (Rogers, 1980) で晩年のロジャーズは自らジェンドリンの体験過程の考え方を取り入れてきたことを認め，その考え方を用いていろいろな現象を考える参考にしているとしている。また，体

験過程の考え方に「同意する」とまでいっている。すなわち，ロジャーズ自身が自らの臨床的な仕事を旧来のクライエント中心療法理論よりも体験過程理論に位置づけていることを明らかにしており，彼自身が経験したケースについて，体験過程理論を用いて解説しているところも見られる。また，次のような注目すべきことも，この論文の「むすび」の前の最後の文章に記している。

> 「腹のレベルの体験が完全に受容され，覚知において正確に名前がつけられたときにのみ，それは完了する，というように思える。それによって，人は先に進むことができる。ここでも，敏感な共感的風土が体験過程をその結末に動かしていくことを援助する……」

この文ではフェルトセンス（「腹のレベルの体験」）は表出されて（すなわち「覚知において正確に名前がつけられたとき」）初めて，完了するとしているが，それは「フェルトセンスは未完である」ことを意味し，旧来の理論のように意識から否認されたものの象徴だとはとらえていない。感じられることは未完であり，表出するという過程（体験過程）の中で完了していく，という体験過程理論そのものの考え方が示されているのである。また，この文では「受容」や「共感」といったロジャーズ独自のキーワードも残されており，ロジャーズ理論と体験過程理論の両方の考え方が統合されつつあるようにも見受けられる。もしも，晩年のロジャーズが自身の1950年代の理論を修正したならば，どのような理論が形成されたのだろうか。それは1950年代の理論の手直し程度の修正では及ばないだろう。現在の体験過程理論に近い理論が展開されたであろうか。残念ながらロジャーズは1987年にこの世を去った。体験過程理論を色濃く取り入れたロジャーズの晩年の発想をもとに，再び「クライエント中心療法理論」いや，最近注目される名称である「クライエント中心・体験過程療法理論」を再構築するとすれば，いったいどのような理論が完成するのだろうか。ロジャーズ亡き後，この仕事はわれわれクライエント中心療法や体験過程療法の研究者・実践家が引き継いでいる課題である。その課題が完成するまで，「フォーカシングとクライエント中心療法」の関係は未完の興味深い論点とな

り続けるだろう。

【参考文献】

Doi, A. & Ikemi, A. 2003 How Getting in Touch with Feelings Happens: The Process of Referencing. *J. Hum. Psy.*, **43**(4), 87-101.

Gendlin, E. 1981 *Focusing* (2nd ed.). New York, Bantam Books. (村山正治・都留春夫・村瀬孝雄訳 1982 フォーカシング 福村出版)

Gendlin, E. 1974 Experiential Psychotherapy. In Corsini, R. (ed.), *Current Psychotherapies*. Ithasca, F. E. Peacock. (池見 陽訳 1999 体験過程療法 ジェンドリン, E.・池見 陽 セラピープロセスの小さな一歩 金剛出版)

Gendlin, E.T. 1978/79 Befindlichkeit: Heidegger and the philosophy of psychology. *Review of Existential Psychology and Psychiatry*, **16**(1-3), 43-71.

Gendlin, E. 1996 *Focusing-Oriented Psychotherapy*. New York, Guilford Press. (村瀬孝雄・池見 陽・日笠摩子監訳 1998, 1999 フォーカシング指向心理療法 上下巻 金剛出版)

Gendlin, E. 2002 *Preface to Carl Rogers the Quiet Revolutionary-An Oral History*. Roseville, Penmarin Books.

ジェンドリン, E.・池見 陽(著) 池見 陽・村瀬孝雄(訳) 1999 セラピープロセスの小さな一歩 金剛出版

Ikemi, A. In press Carl Rogers and Eugene Gendlin on the Bodily Felt Sense: What They Share and Where They Differ. In press, *Person-Centered & Experiential Psychotherapies*.

Levine, D. (ed.) 1997 *Language Beyond Postmodernism : Saying and Thinking in Gendlin's Philosophy*. Northwestern University Press, Evanston.

Rogers, C. 1951 *Client-Centered Therapy*. Boston, Houghton-Mifflin.

Rogers, C. 1960 *On Becoming a Person*. Boston, Houghton-Mifflin.

Rogers, C. 1980 *A Way of Being*. Boston, Houghton-Mifflin.

Rogers, C. & Russell, D. 2002 *Carl Rogers The Quiet Revolutionary : An Oral History*. Penmarin Books, Roseville.

2
フォーカシングとトランスパーソナル心理学

諸富祥彦

1 はじめに

　本章の目的は，トランスパーソナルという観点からフォーカシングに光を当て，その本質をとらえなおすことにある。つまり，トランスパーソナル心理学というフィルターを通して見ることによって，フォーカシングのエッセンスについての理解を深めること。それが，本章のねらいである。

　一般には，トランスパーソナル心理学は，心理学第四勢力であり，心理学の枠組みの中にスピリチュアルな次元を組み入れようとする積極的な試みであると考えられている。他方，フォーカシングは心理学第三勢力であるヒューマニスティック心理学の重要なアプローチであり，それは，トランスパーソナル心理学に比べると幾分禁欲的に，超越の次元の手前で，すなわち人間性（内在）の次元に踏みとどまるものだと考えられている。けれども，フォーカシングにもさまざまな発展や展開が見られ，例えばヒンターコプフ（Hinterkopf, E.）のように，スピリチュアルな次元を重要視する人もいて，そうした人はよりトランスパーソナル心理学に接近している，と見るのが，一般的な理解ではないだろうか。

　しかし，筆者はそのようには考えない。

　上述のような考えは，トランスパーソナルやスピリチュアルといったことを「体験の内容」として理解した場合に成り立つものであり，フォーカシングの実践の中で生じてくるスピリチュアルな内容の体験をトランスパーソナルなも

のと見る理解である。

　これに対して筆者は，トランスパーソナルとかスピリチュアルといったことの本質を，体験内容としてよりもむしろ，セラピストがクライエントに向かう姿勢，あるいは，クライエントやフォーカサーが自らと向き合う際の，ある一定の仕方での自己との関わり方ないし姿勢を意味するものとして理解している。すなわち，自分から離れたところに視点をもち（離脱ないし脱同一化），そこから自他や状況（の全体）を俯瞰する目をもつ，というあり方そのものが，まさにトランスパーソナルである（個を越えた視点を保持している）と考えるのである。そして，このように考えるならば，トランスパーソナルな（個を越えた）姿勢を保つ，というそのことが，フォーカシングそのものの本質の一端を担っていると見ることもできるだろう。

　以上のことを確認するために，本節ではまず，心理療法におけるトランスパーソナルな観点とは何かを改めて検討する。そのことを通して，その視点からフォーカシングのとらえなおしを試みるのである。

2　トランスパーソナルとは何か

　では，トランスパーソナル心理学でいうところの「トランスパーソナル」とは何であろうか。

　まず，一般的かつ代表的な定義のいくつかを紹介しよう。

>　「トランスパーソナル心理療法とは身体的側面，情緒的側面，知的側面，そしてスピリチュアルな側面の統合を目指した癒しの方法である」(Vaughan, 1993, p.160)。
>　「トランスパーソナル心理療法は，精神分析や実存心理学を含む西欧心理学の伝統と世界の永遠の哲学とをつなぐ癒しと成長のためのアプローチである。トランスパーソナル心理療法を他のオリエンテーションから区別するものは，テクニックでもクライエントが語る問題でもなく，セラピストのスピリチュアルな視点である」(Wittine, 1993, p.165)。
>　「トランスパーソナルな体験とは，アイデンティティや自己の感覚が個人的なものを超えて拡がっていき，人類，生命そのもの，精神，宇宙とい

ったより広い側面を含むようになっていく体験のことである。トランスパーソナル心理学とは，このようなトランスパーソナルな体験およびそれに関連した諸現象についての心理学的研究のことである。……（中略）……そしてトランスパーソナル心理療法とは，このトランスパーソナルな体験と成長に価値と妥当性とを認めるようなトランスパーソナルな視点をもった心理療法のことをいうのである」(Walsh & Vaughan, 1996, p. 17)。

この三つの定義を見ただけでも，トランスパーソナル心理療法のいくつかの特徴が浮き彫りになる。
・人間存在を全体的な（ホリスティックな）存在として見る。とりわけそのスピリチュアルな（精神的もしくは霊的な）側面を重く見る。
・西欧で発展した現代心理学のみならず古今東西の霊的な伝統を重要な源とする。
・このアプローチにとって最も大きなものは，セラピストのもつスピリチュアルな視点である。
・アイデンティティや自己の感覚が宇宙大に拡張していく，神秘体験などのトランスパーソナルな体験の価値を積極的に認めていく。

これらはいずれも，トランスパーソナル心理療法の重要な特徴である。しかし，中でもとりわけ重要なのは，「トランスパーソナル心理療法を他のオリエンテーションから区別するものは，テクニックでもクライエントが語る問題でもなく，セラピストのスピリチュアルな視点である」(Wittine, 1993) という指摘であろう。

この点について，より明確にするために有益なのが，トランスパーソナル心理学の第一人者であるヴォーン (Vaughan, 1993) が提示した，コンテキスト，コンテント，プロセスという三つの観点の区別である。

3 コンテキスト，コンテント，プロセス

ヴォーンは，トランスパーソナル心理療法の本質を明確にするため，そこにおけるコンテキスト，コンテント，プロセスという三つの観点を次のように区別する。

・心理療法のコンテキスト（context）。すなわち，セラピストの側が抱いている信念，価値観，世界観。およびそれに基づく人生や心に対する構え，姿勢，枠組み。
・心理療法のコンテント（content）。すなわち，クライエントが心理療法の中で提出する体験の内容。
・心理療法のプロセス（process）。すなわち，セラピストとクライエントがともに関わり，そこから癒しが生じてくる心理療法の過程。

ヴォーンは，心理療法のこの三つの観点，すなわち，コンテキスト，コンテント，プロセスを提示した上で，トランスパーソナル心理療法にとって決定的に重要なのは，コンテキスト，つまり，セラピストの価値観，世界観ないし構え，姿勢，枠組みであるという。ヴォーンに従えば，その心理療法がトランスパーソナル心理療法であるか否かを決めるものは，そこで用いられる技法やテクニックではない。あるいは，心理療法で取り扱うクライエントの問題の内容，すなわちコンテントでもない。セラピストの価値観，世界観ないし構え，姿勢，枠組みなのである。

カートライト（Cortright, 1997）はこの点について，「枠組み（framework）」という言葉を用いて次のようにいう。多少長くなるが，重要なことがきわめて平易に指摘されているのでそのまま引用する。

　「トランスパーソナル心理療法の決定的な特徴は，治療のプロセスを方向づける理論的および方法論的な枠組みにある。テクニックのレヴェルでトランスパーソナル心理療法を定義するのは，たしかに魅力がある。それが，このセラピーはこうですよ，と説明する最も目に見えてわかりやすいやり方だからである。しかしトランスパーソナル心理療法は，テクニックによっては定義できない。実際，トランスパーソナル心理療法にとって，テクニックは最も重要でないレヴェルにある。……（中略）……いわゆるトランスパーソナルなテクニックといわれているものをすべて投げ出したとしてもトランスパーソナルなアプローチは残る。なぜなら，トランスパーソナルな枠組みさえ与えられれば，あらゆるテクニックはトランスパー

ソナルなものとなりうるからである」。

"いわゆるトランスパーソナル系の心理療法"として知られているものがある。例えば，スタニスラフ・グロフ（Grof, S.）が開発したホロトロピック・ブレスワーク，アサジオリ（Assagioli, R.）のサイコシンセシス，クルツ（Kurtz, R.）のハコミセラピー，そしてアーノルド・ミンデル（Mindell, A.）のプロセスワークなどがそれである。さらには，各種の瞑想などの霊的修行法を活用した心理療法を連想される方もいるだろう。

しかし，トランスパーソナル心理療法にとって本質的なのは，これら特定のアプローチやそこで用いられるテクニックではない。例えば，現実適応のみを目的としたプログラムの一貫として，サイコシンセシスやプロセスワークの技法が使われたならば，それはトランスパーソナル心理療法とはいいがたいものとなるからである。逆にもし，たとえ行動療法のシェーピング（漸次的接近法）などを用いたとしても，それが用いられる文脈や枠組み次第では，トランスパーソナル心理療法と呼びうるのである。

次に，トランスパーソナル心理療法にとって，クライエントが語る問題が，いわゆる超越的な内容の苦しみや体験に関わるか否か（すなわちコンテント）も，あまり本質的なことではない。他のオリエンテーションをもつセラピストから見れば，トランスパーソナル心理療法について，その類のセラピストのもとを訪れるクライエントは，何か特別な人であり，彼ら彼女らは「いわゆるトランスパーソナルな体験」――宇宙や神との合一体験，他の人間や動植物や大自然などと一体になった体験，過去生へ退行する体験，聖なる光に包まれる体験，といった特殊な神秘的な体験――に関わる体験を語るに違いない，という印象をもっている方も少なくないだろう。

実際，筆者自身も，数年前にITP（Institute of Transpersonal Psychology：トランスパーソナル心理学研究所）に在外研究員として赴きトランスパーソナル心理学を本格的に学ぶ前は，こうした印象を少なからず抱いていた。また，先の定義，例えば著名なウォルシュとヴォーンの論文（Walsh & Vaughan, 1993）にしても「アイデンティティや自己の感覚が宇宙大に拡張していく体験」を「トランスパーソナルな体験」として明記しているから，そうとられても不自

然でないところがある。神秘体験と呼ぶほど特別な体験ではなくても，少なくとも，どこかスピリチュアルな，つまり人間を超えた領域に関わる体験内容に関わる悩みや苦しみを扱う心理療法をトランスパーソナル心理療法と呼ぶのであろう，という理解である。

しかし，コンテントとコンテキストを明確に区別する先の指摘によれば，こうした内容を扱うか否かは，トランスパーソナル心理療法にとって，必ずしも重要なものではない。トランスパーソナル心理療法の本質を構成する要因は，人生や心に対するセラピストのトランスパーソナルな姿勢，ものの見方，枠組みなのである。すなわち，そこで問われるのはいかなる観点（立脚点）に立って，心理療法に取り組むか，である。

重要なので繰り返すが，いわゆるトランスパーソナル心理学の諸技法を使って行う心理療法がトランスパーソナル心理療法なのではない。そうではなく，いかなる技法を使おうとも，「トランスパーソナルな観点，枠組み」をもってなされる心理療法がトランスパーソナル心理療法の名に値するのである。

4 心理療法におけるトランスパーソナルな枠組み

では，心理療法におけるトランスパーソナルなものの見方，枠組みや観点とは，いかなるものなのであろうか。

厳密にいえば，それは個々のセラピストごとに違ってくるのが当然であろうし，またそれは，個々のケースによっても違ってこよう。ユニークなセラピストとユニークなクライエントとの出会いの中で，そのケースに独自の観点が生まれてくる，というのが自然なことだろうから。

しかし，ここではあえて，筆者自身が心理療法の基本的な枠組みとしている考えを述べておくことにしよう。

まず，便宜上，人の心の内部を「自我（私）」と「X（私でない何か）」に分けて考えることにしよう。そして，「自我」の立場から「自我」のために，「自我」の都合のいいように進めていく心理療法を「自我中心の心理療法」と呼んでみよう。これは例えば，「はやく働けるようになりたい」「学校に行けるようになりたい」「息子の暴力をなくしたい」「腹痛をなおしたい」といった問題解決や症状の除去を第一義とし，「自我（の欲望）」を実現する立場であるといえ

るだろう。

　一方，人間の心には，自我の都合とは無関係に，いわば勝手に自ずと生まれてくる心の動きがある。自我の側の「こうしたい」「こうあればいいのに」という希望や願望とは無関係に自ずと生じ，それ自体意思をもっているかのように働く心の働きがある。ある角度から見ればそれは「フェルトセンス（ジェンドリン）」であろうし，ある角度から見ればそれは「魂〔ヒルマン（Hillman, J.），ムーア（Moore, T.）〕」であろうし，またある角度から見ればそれは「二次プロセス（ミンデル）」と呼ぶことができるような「何か（X）」である。いずれにせよ，自我のほうから見れば，それが「何」であるかは「よくわからない」ような，あいまいな「何か」。しかし，そこに何か重要な意味があることはわかるような「何か（X）」である。

　心理療法における「トランスパーソナルな観点」とは，一言でいえば，自我によらず，「自我」を「超え」，それ自体で自発的に動いていく（その意味でトランスパーソナルと呼びうる）この「何か（X）」の観点に立ち，そこを立脚点として取り組んでいく，というものの見方のことだと筆者は考えている。それは，自我の側も大切にしながら「自我」とこの「何か（X）」との対話を進めていくということ。しかも，この対話を通して，「何か（X）」を「自我」に「統合」しようとする（こうなると結局，「自我中心の心理療法」になってしまう）のではなく，「自我」がこの「何か（X）」の声に耳を傾け，「何か（X）」それ自体のために自我が奉仕する，ということである。あくまでも「私」のためにではなく，「何か（X）」のため，魂のため，フェルトセンスのため，二次プロセスのために，そこを立脚点として関わること。それが，トランスパーソナル心理療法に独特の枠組みではないだろうか。

　自我の側から見たこの「何か（X）」の独特の「あいまいさ」「わからなさ」は，プロセスワークやフォーカシング指向心理療法で使われる「エッジ（edge）」（意識や体験の辺縁）という概念がよく表している。「エッジ」とは，心理療法のプロセスがそこで立ち止まらなくてはならなくなる地点。そこでは，言葉もイメージも動作も止んで，ただ沈黙と空白だけが支配する。

　しかし，実は，この「エッジ」こそが心理療法の急所を指している。「自我」はそこで立ち止まり，何も語らず，ただ，エッジのほうから何かが生まれてく

る（言葉やイメージや動作が出てくる）のを「待つ」。そして「受け止める」。こうして「自我（私）」を超えた何かから出てくるメッセージを受け止め，自我はその実現のために仕えるのである。

　心理療法におけるトランスパーソナルな枠組みというものをこのように考えるならば，この枠組みがフォーカシング指向心理療法にも合致するものであることは説明を要しないだろう。フォーカシング指向心理療法では，クライエントの自我「主体」を大切にするが，それは，フェルトセンスと距離を取りつつもその声に耳を傾けるのであって，認知療法のように，自らの内側に語りかけるような主体を育てていくわけではないからである。

5　自分を離れたところから，自分を見る眼

　もう一つ，心理療法におけるトランスパーソナルな観点として重要な意味をもつのが，まずはセラピストの内に，そしていずれはクライエントの内に，「自分を超え，自分を離れたところから自分自身を見る眼」を養う，ということである。

　セラピストの側にこうした姿勢が必要なことは論を待たない。筆者は例えば，ロジャーズのいう「セラピストの態度条件」の「一致」も，セラピストが自らのうちにこのような眼差しを保持しつつセラピーに取り組むことと理解している（諸富，2004）。

　心理療法のプロセスの中で，クライエントの側に，自分を離れたところから自他のおかれている状況の全体を俯瞰しうるこうした目が育つならば，そのこと自体，一つの治療目標といってもいい大きな意義をもちうるように思われる。

　私たちは，自分から離れたところに，自分自身を見る眼を設けることで，初めて，"自分"と"自分を見る眼"のあいだ，"見る自分"と"見られる自分"とのあいだに必要な"間"を設けることができる。またその"間"を設けることで初めて，自分という存在や自分のおかれている状況の全体に目を行き渡らせることが可能となる。

　しかし私たちの意識はふつう，自分のさまざまな部分のいずれかに同一化してしまっている。そして，だからこそ私たちの心は必要なメッセージを受け取

れずにバランスを崩してしまうのである。そうならないためには，自分のさまざまな部分に偏りなく，また満遍なく注意を払い，耳を傾ける，という態度が必要であり，これが可能となるためには，自分を超えた視点，自分を離れた視点を設けて，その視点から自分自身を見ることが不可欠なのである。そして，筆者の知る限り「自分を離れたところから自分自身を見る眼」を育てることのできる最も優れた方法の一つが，フォーカシングなのである。

　自分を離れたところから，自分自身を見る"眼"を養う。それによって私たちは，自分の心のどんな働きをも自分の"一部"として特定化でき，そのいずれとも"間"を取ることができる。そして，すべてをそのまま，あるがままで認め，許し，受け入れることができるようになるのである。

　このことを端的に実感できるワークの一つに，アン・ワイザー・コーネル (Cornell, A. W.) が（最近はあまり使わないようであるが）かつて，"より大きな私（Larger I）"と呼んでいたワークがある。これは，自分を離れたところから自分自身を見る"眼"そのものに意識を向けていく上できわめて有効なワークであるように思われる。ここでこれを紹介しよう。

エクササイズ　自分自身を見る"眼"を実感する
・通常のフォーカシングと同様に，自分の内側に注意を向け，自分の注意を引きたがっているもの，関心を向けてもらいたがっているもの，何か出てきたがっていたり言いたがったりしているものはないか，問いかけてみましょう。何か出てきたらそれがどんなものであれ，認めていきましょう。
・自分の中から出てきたどの部分にも同一化せず，そのすべてをそのまま認めることのできる"眼"＝"より大きな私"に注意を向けます。自分を離れたところから自分を見て，何事をもそのまま認め，受け入れることができる。「すべてはあるがままに，流れのままに」といっている，その"より大きな私"の存在を感じましょう。
・その"より大きな私"を感じながら，それを何かにイメージしてみましょう。例えば海のようなイメージ，あるいは大河のようなイメージを描く方もいるでしょう。そのような，何か大きな自然のようなイメージを描いてみてください。

- その"より大きな自分"を十分に自分の内側で感じてください。そしてそれに「これからも私と一緒にいてください」と声をかけてください。
- 今，出てきたすべてのプロセスに感謝して，ゆっくりと終わりにしましょう。「今日は出てきてくれてありがとう」と，自分のからだ，そして出てきてくれたことのすべてに言葉をかけて，感謝の気持ちを伝えましょう。

いかがだろうか。"より大きな私"。それは，何ものも裁かず，あるがままで受け入れる慈悲に満ちた仏陀のような，自分自身への眼差しである。

6 フォーカシングとプロセスワーク

本章のこれまでの論考では，トランスパーソナル心理学の基本的な枠組みからフォーカシングをとらえなおすことに重点をおき，いわゆるトランスパーソナル系の特定のアプローチに目を向けることはしなかった。最後に，補足的に，いわゆるトランスパーソナル系のアプローチの中で，フォーカシングと最もその類似性を指摘されることの多いプロセスワーク（ないしプロセス指向心理学）とフォーカシングの関係に焦点を当てて若干の検討を加えておこう。

筆者がこれまでフォーカシングとプロセスワークの両方に馴染み実践していく中で，その類似性に着目した多くの発言を耳にしてきた。例えばフォーカシングのワークショップでは「これはプロセスワークに似ている」という方がいたり，あるいは逆にプロセスワークのワークショップの参加者から「すごくフォーカシングに似ていると思うんですけど」といった感想が聞かれることがある。

では，どこが似ており，どこが異なるのか。この点について，筆者自身の体験を中心に簡単に述べておきたい。

もともと，ロジャーズ派のセラピストとしてカウンセリングを学び続けてきた筆者にとって，ジェンドリンのフォーカシングに触れたことは，ごく当たり前のことであった。体験過程とか，フェルトセンスと呼ばれる，そこにそれがあることははっきりわかるのだけれども，それが何であるかはよくわからない，あいまいで漠然とした身体的な感覚。普段はそれに耳を傾けることを忘れてしまいがちな，自分の内側からの，小さな小さな心の声。それに耳を傾け，そこ

で聞こえてきた声を受け取っていく。そんな，クライエントの内的な体験のプロセスの深まりこそが心理療法の中心軸であると考え，そうしたクライエントの体験の深まりのエッセンスだけを抽出して体系化し技法化したものが，フォーカシングといっていいだろう。筆者はそのような基本的な構えを大切にしながら，日々の臨床活動を行っている。この点では，10年前も今も変わらない。

そのようにしてロジャーズやジェンドリンから学び続けてきた筆者が，プロセスワークに関心をもったのは，藤見幸雄氏やこのアプローチの開発者であるアーノルド・ミンデルのワークに参加し，その見事な腕裁きに魅了されたことはもちろんであるが，自分がこれまでクライエント中心やフォーカシングのフレームワークの中で学んできたことの延長上にそれがある，という確信めいたものがあったからである。

双方に共通する決定的な特徴として，第一に，徹底した"プロセス"指向性が挙げられる。特定の理論にそってクライエントの心的内容を解釈する，といった試みには，双方ともあまり関心がない（ロジャーズやジェンドリンを中心に学んできたセラピストが，精神分析やユングの理論にちょっとついていけない感じをしばしば抱くのは，この点が大きいように思われる）。フォーカシングでもプロセスワークでも，クライエントの中から自ずと生まれてきたプロセスが，それ自体で発展し展開していくのをサポートしようとする。フォーカシングもプロセスワークも，あらかじめ定められたゴールに向かっていくよう仕向けるのではなく，クライエントの内から自ずと生まれてくるプロセスをサポートするのであり，この方向性が，ロジャーズ，ジェンドリンとミンデルの間に共通していることが，筆者が安心してプロセスワークに関心をもつことができる一つの要因となっている。

二つ目は，どちらのアプローチも，明確に表明された激しい感情や行動にではなく，あいまいで漠然とした，よくわからない，微細な感覚にこそ大きな意味があり，それに触れ続けることを大切にする点である。

三つ目は，いずれのアプローチも，先に述べた「自我（私）」と「X（私でない何か）」との対話を心理療法の中心に据えている点である。

人間の心には，自我の都合とは無関係に，いわば勝手に自ずと生まれてくる心の働きがある。自我の側の「こうしたい」「こうあればいいのに」という希

望や願望とは無関係に,いわば自ずと,勝手に生まれてきて,それ自体,能動性をもち,意思をもっているかのような心の働きがある。ジェンドリンのフェルトセンスも,ミンデルのいう二次プロセスも,いずれも,自我の方から見れば,それが「何」かは「よくわからない」あいまいな「何か」,しかし,そこに何か重要な意味があり,それ自体で意思をもち能動性をもっている「何か(X)」である。自我によらず,「自我」の都合を「超えた」それ自体の意思や能動性によって自発的に動いていくその「何か(X)」。自我の側でなく,この「何か(X)」の観点に立ち,そこを立脚点として取り組んでいく心理療法を仮に「X中心の心理療法」とするならば,フォーカシングもプロセスワークも「自我中心の心理療法」ではなく,「X中心の心理療法」として位置づけることができるだろう(諸富,2001)。

　以上のように,心理療法の本質に関わる多くの点で重なるフレームをもっている点が,筆者が両者を矛盾なく学ぶことができた要因の一つである。

　とはいえ,フォーカシングとプロセスワークの間には,いくつかの大きな違いがある。フォーカシングのフェルトセンスは,プロセスワークの二次プロセスに比べて自我からの距離が近く,したがって,フォーカシングをしているときには自分の「内側から」何かが生まれてくる,という感覚がしっかりあるが,プロセスワークをしている場合,途中まで自分の「内側」に触れていたのが,突然「外から」思いがけないものがやってきてびっくりさせられることがある。こんな体験の違いに,フォーカシングはロジャーズから生まれ,プロセスワークはユングから生まれた,という血統の違いを感じずにいられない。

　最後に,それぞれが互いから何を学べるか,気づく範囲で記しておこう。

　まず,プロセスワークがフォーカシングから学べるものは,何といっても,微細で繊細な感覚に対する,ていねいな接し方,扱い方である。フォーカシングでは,フェルトセンスという微細な感覚に対して,これでもか,というくらい細かなステップを踏んで,ていねいに触れていく。それができないと,内的な変化は生じないからである。微細な感覚とのフォーカシング流のつきあいを学ばれた方がプロセスワークを学ぶと,きわめて呑み込みが早く,学習センスがいいように思われる。そのため,筆者は院生たちにまずフォーカシングを教え,微細な感覚に対するていねいなつきあい方をしっかり学んでもらった上で,

プロセスワークを体験的に教えるようにしている。

　逆に、フォーカシングがプロセスワークから学べるものは、何といってもプロセスの展開のダイナミックさであろう。もちろん、フォーカシングでもプロセスがダイナミックに展開することがしばしばあるけれども、ともすると、なかなか展開せず苦しい思いをすることもないともいえない。しかし、そんな苦しい地点に差しかかったとき、プロセスワークでは、音や動作などを使って楽しくそれを表現してみているうちに、いつの間にか、そこを超えて新たなプロセスに入っていけることがある。クリティカルなものの見方をされる方には、それは「超えた」のではなく、急所をはずして「逸れた」のだ、と厳しく指摘される向きもあるかもしれないが、筆者の実感ではそうではない。「楽しくワークに取り組んでいるうちに、いつの間にか、何か、とても深い自己への気づきを得ることができた」。これが、プロセスワークに魅了された多くの人々の偽らざる実感であろう。

7　おわりに

　これまで、心理療法におけるトランスパーソナルな枠組みを論じることを中心に、そこからフォーカシングに光を当てなおしてきた。また最後に、トランスパーソナル系の代表的なアプローチの一つであるプロセスワークとフォーカシングの共通点と相違点とについて論じた。

　いずれにせよ、フォーカシングに関わってこられた方がトランスパーソナル心理学やプロセスワークにも関心をもち、逆にトランスパーソナル心理学やプロセスワークに関わってこられた方がフォーカシングにも関心をもつならば、必ずや実り多き学習が可能になると確信している。本章がそのことに少しでも寄与できるならば、幸いである。

【参考文献】

Cortright, B.　1997　*Psychotherapy and Spirit : Theory and Practice in Transpersonal Psychotherapy.* State University of New York Press.

Gendlin, E. T.　1984　Client's Client : The Edge of Awareness. In Levant, R. F. & Shlien, J. M. (eds.), *Client-Centered Therapy and the Person-Centered Approach : New Directions in Theory, Research and Practice.* Praeger Publishers. 76-107.

Gendlin, E. T.　1996　*Focusing-Oriented Psychotherapy : A Mannual of the Experiential*

Method. Guilford Press.（村瀬孝雄・池見　陽・日笠摩子監訳　池見　陽・日笠摩子・村里忠之訳　1998　フォーカシング指向心理療法　上　金剛出版）
諸富祥彦　1999　トランスパーソナル心理学入門　講談社現代新書
諸富祥彦　2000a　生きていくことの意味—トランスパーソナル心理学9つのヒント　PHP
諸富祥彦　2000b　トランスパーソナル心理学の定義に関する理論的検討　トランスパーソナル学研究　第4号　93-105.
諸富祥彦（編著）　2001　トランスパーソナル心理療法入門　日本評論社
諸富祥彦　2001　プロセスワークとフォーカシングの出会い　藤見幸雄・諸富祥彦　プロセス指向心理学入門　春秋社
諸富祥彦　2004　人格成長論　大塚義孝他監修　東山紘久他編　臨床心理学全書　第4巻　誠信書房
Vaughan, F.　1993　Healing and Wholeness : Transpersonal Psychotherapy. In Walsh, R. & Vaughan, F.（eds.）, *Paths Beyond Ego*. Tarcher Putnam. 160-165.
Walsh, R. & Vaughan, F.　1993　*Paths Beyond Ego:The Transpersonal Vision*. Putnam Book.
Walsh, R. & Vaughan, F.　1996　Comparative Models of the Person and Psychotherapy. In Boorstein, S.（ed.）, *Transpersonal Psychotherapy 2nd edition*. State University of New York Press. 15-30.
Wittine, B　1993　Assumptions of Transpersonal Psychotherapy. In Walsh, R. & Vaughan, F.（eds.）, *Paths Beyond Ego*. Tarcher Putnam. 165-171.

3

「TAE：Thinking At the Edge(辺縁で考える)」あるいは「未だ言葉の欠けるところ Wo noch Worte fehlen」

村里忠之

1 「TAEとは何か?」をTAEする

　TAEとは何かについては，ジェンドリンのTAEステップの序文の翻訳・紹介や共同開発者カイ・ネルソン（Nelson, K.）の文章の紹介や，自分の考えをまとめた短い文章等をこれまでも折に触れて発表してきた。本章では，同じテーマをTAEのステップを使って表現することから始めたい。そして，その背景と私たちの時代にとっての重要性とを説明してみたい。

　「TAE」について考えると，私のからだにはすぐある感じが感じられる。このからだの感じ＝フェルトセンスに参照しながら言語化を，さらには理論作りを試みるのがTAEの方法である。

　僕の中のこのフェルトセンスは暖かく，半ば開き半ば閉じた小島のようである。そしてそこには厚みのある，濃い部分がある。また，次のようにもいえそうだ。TAEを思うとき，僕には幼いころに一人で見つけた故郷の心地よい場所，隠れ家のような場所が想起される。そこでは僕は守られ，自由であり，夢見のように心地よい。そこでは僕は過不足なく生きている……そう，TAEという方法は僕の枠（frame）なのだ！

　そこまでいって，僕には一昨年の夏のニューヨークで作ったセンテンスが浮かんで来た。あれは確か：

A dilemma, a frame can and must be a place of pleasure, where staying in a difficulty will resolve it.（ジレンマは一つの枠であり，その中にとどまることが困難を解決するであろう，喜びの場所である。）

何ということだろう！　僕にとってこの「枠」は「半ば開き半ば閉じた小島」であり「隠れ家のような場所であり」「喜びの場所」なのだ。そしてそこでは僕は「過不足なく生き」ていて，困難の内にとどまることが困難を解いてくれるようなのだ。僕はさっきのフェルトセンスに問い合わせる……。

それは応答する。そしてさらに，僕には「困難の内にとどまること」が僕の倫理であることがわかる。

もっと以前にやはりニューヨークで作った僕のセンテンスも思い出される，というかそれはいつもそこにある。

Something important happens like a breeze or a ripple in a poetry-place.（重要なことは微風か漣のように，詩的－場所で起こる。）

僕の枠は「詩的－場所」だろうか？　僕は自分のからだに聴く。フェルトセンスが「そうだけれど，そうではない」と応答する。両者の間にはもう少し何かがあるようなのだ。そっくりそうだといってはいけないような何かが……。詩的－場所は「枠」の厚い，濃い場所なのだろうか？　そんな気もする。しかしこのフェルトセンス（＝エッジ）は，またの作業にとっておこう。

TAE は僕の「枠」であり，「喜びの場所」であり，「詩的－場所」と重なる何かである，というところでこの作業を止めておこう。

読者の皆さんにはこの短い作業の中で，フェルトセンスが言葉を紡ぎ（フェルトセンスには言葉が暗在する），その言葉がフェルトセンスを動かし，私の生を前に進める（life-forward）のが感じられたのではないだろうか。

2　TAE のステップ１～９

TAE は，前半の 1 から 9 までのステップと後半の 10 から 14 までのステップから成る。

とくに後半のステップは未だ完成はしておらず，生成途上にあるといっていい。これについては後に述べることにしよう（章末に付けたステップ 1～14

の一覧を参照）。

　TAE の前半のステップを説明する，ジェンドリンの最近の簡潔な文を引用しよう。

　　　「ここに TAE の一部を簡単に示そう。公に人に伝える場面（public contexts）で，あなたが使用する主用語には既存の別の意味が有るので，あなたがいいたい意味を表現できない場合が有るのではないだろうか。その主用語に代わる語を二つ見つけよう。それらの語も，同じ理由であなたがその語にいわせたい意味を表現できないことを認めよう。それから，三つの語のそれぞれについて，「自分はこの語に何をいわせたいのだろうか?」と自問しよう。三つの語のそれぞれについて，フォーカシング的にこのように問いかけると，反応として，新しく新鮮で色彩に富む比喩的文章が生じるだろう。新しい言い回しが生まれ，そこには主要な三つの語の間の新しく奇妙な関係が含まれている。それを見失わないで欲しい。主用語間のこの関係を周知の関係と考えないようにしよう。そうしないで，自分の内側に聴いて，新しい用語間に暗在する新しい型（pattern）を言葉で表現しなさい。そうするためには，あなたは体験的な複雑さの中に入って行かねばならない。他の人の話を聴いている場合は，同じ仕方で相手がその中に入って行けるように促すのである。これであなたは私たちの新しい実践，TAE の骨子を掴んだことになる。わずか一段落の説明ではあるが。」（Staying in Focus, January 2004, 日笠訳）

　自分の新しい体験過程を記述し他の人々に伝えるためには新しい表現が必要になり，それを見つけたとき私たちの生が驚きと喜びを伴って前に進むという事実，それからこのことを生じさせる方法としての TAE（辺縁で考える）の骨格をこの文章は簡潔に語っている。そして TAE のステップ 1 から 9 までがここには含まれている。

　既存の言葉では自分がいいたい意味が伝わらないところが辺縁，エッジである。他のところは自分にははっきりわかっていて言葉で表現できるが，この箇

所では言葉が見つからず，その見つからなさのからだの感じ，フェルトセンスだけがあるという意味で，そこを TAE ではエッジ（辺縁）と呼ぶのである。ちなみにドイツ語では「未だ言葉の欠けるところ（Wo noch Worte fehlen）」といい，これはそのままこの方法のドイツ語名称となっている。そのエッジ＝フェルトセンスを見つけ，その表現では人に伝わらないだろうことは気にせずに，それを何とか主用語を含む短文にしてみるのがステップ１である。この主用語に代わる他の言葉を二つ見つけ，それでもフェルトセンスが表現し切れていないことに注目するのがステップ３までである。

「自分はこれらの語に何を語らせたかったのだろう？」と自問し，「新鮮で色彩に富んだ比喩的文章」や「新しい言い回し」が生じるのがステップ４，５である。それはあなたのフェルトセンスと言葉の応答から生まれてくる。TAE は徹底してからだ（フェルトセンス）指向の思考法だから，正しさ，適切さの基準は自分の内部に，フェルトセンスに求められる。

　使用する言葉は既成の言葉であるだろうが，その言葉をそこに生み出すのは，辞書的定義でも，文法でもない。フェルトセンスがその言葉を選ぶのである。一般に使用されている言葉が，あなた固有の文脈から生み出されるようにするのである。既成の語・句が新しい文脈では新しい意味を作り出すことを発見したのはヴィトゲンシュタイン（Wittgenstein）であったが，ジェンドリンはこの哲学を拡張し，それを私たちが生きるという実践に応用したのである。

　ジェンドリンによるこの短い説明には「あの」フェルトセンスを感じさせる具体的体験（具体例）を三つ挙げるステップ６は省かれている。「あの」フェルトセンスを感じさせる具体的体験のそれぞれの中には，三つの主用語が表現したい何かが暗黙のうちに含まれているだろう。三つの主用語はもともとあのことのあのフェルトセンスから出てきた言葉であるし，三つの具体的な体験（夢でもよい）はあのフェルトセンスを感じさせる具体例であるのだから。「主用語間の関係」は具体例の中の主用語（これもあのフェルトセンスに選んでもらう）の間の関係と相似であるだろう。そして，それはあなたのからだ＝フェルトセンスが「知っている（からだの反応があるのだから）」が，未だ言葉に

なっていない関係である。あなたのフェルトセンスはあなたに固有のものであり、だから新しく見出された関係は一見「新しい奇妙な関係」であり、それを既成の言葉で表現しようとしても当初はなかなかうまくいかないだろう。

3 日常言語の壁とTAEの重要性

　私たちは普段ここで退却していないだろうか？　詩人や一部の創造的な人々を除けば。自分のフェルトセンスを切り詰めて、既成の概念の中に自分を押し込んで、世界を窮屈に感じても、そこに辛うじて自分の居場所を許していたりはしないだろうか？　あまつさえ、正しさの基準を自分の外部に想定し、窮屈に（正しく？）生きることを「倫理」と誤解したりしてはいないだろうか？　だとすれば私たちが倫理を再定義することは可能なだけでなく、必要でもあるだろう。この例を使って、ここで少しTAE的理論構築の可能性に触れてみよう。

　倫理を、外から与えられる（それゆえ堅苦しく感じられる）社会的秩序ではなく、私の生存の内側から生じる内的秩序とした方が、私のフェルトセンスは居心地がよさそうなのだ。生きているということは、私たちのからだ（フェルトセンス）が周囲（空間、環境、時代、歴史）と応答し、働いているということだろう。だから私たちのフェルトセンスには環境も歴史も個々固有に内在しているのである。おそらく個々固有に、ということが私たちが生き生きと生きることを可能にしてくれるのではないか（「個々固有に」は、主用語になるだろう）。TAEが徹底してフェルトセンス指向であるということは、それが特定の人の特定の状況を徹底して大切にするということである。倫理はある時代ある文化の集合的規範ではあるが、新しい人々が生まれ生活することをより容易により適切にする暗黙の了解でなければならない。それは私たちが生き物であることをより活性化する生きたシステムでなければならない。倫理が外から与えられる行動規制のように感じられるとしたら、そのような倫理観は、倫理の本来のあり方を歪めているに違いない。そのように私のフェルトセンスはいう（このようにスムーズに言葉にできるところは、エッジというほどの箇所でもない。ここではフェルトセンスに触れながら、注意深く言葉を連ねていけばよい。しかしこれもTAE的な書き方ではある）。このようにTAEを使って、私

は今私と私たちが，より生き生きと生きていくための共通了解（＝倫理）へ向けての一理論を構築できるかもしれない。そしてそこまで行くと，私は他のさまざまな尊重すべき倫理理論と真の意味での対話（これをTAEでは交差（crossing）と呼ぶ）ができるだろう。TAEは私が徹底して私自身でありながら，他と深くしっかりしたやりとりが可能になる方法なのである。

4　他者へ向けて語る，あるいは型を抽出する

ステップ7では，（具体例の中の）三つの主用語の関係から，新しい型，パターンを言葉として表現する。型作りには普遍化の意志が見える。これは人間の共有する傾向性であり，他者とのコミュニケーションの可能性の基礎でもあり，言語という他の動物と人間を区別する特徴の主機能の一つでもあるだろう。しかしここでもそこに独自の型を読み取る主役はその人のフェルトセンスである。パートナーシップを組んで作業する（これはTAEでもとても有効である）場合，リスナーは作業をしている本人がこの型に気づくようにガイドすることはできるが，「それはこの型である」というのは，当人のフェルトセンスである。

ちなみに幼児はからだの人であり，フェルトセンスの塊である。言葉を覚え始めた幼児がときとして，自分のフェルトセンスを唖然とするほど見事に言語化するときがある。長くなるので具体例は示さないが（いつか私はそのことについて書こうと思う），そのとき，その子の中で生が進む（life-forward）のがわかる。その子とこちらの関係の質が変わるのがわかる。相互に信頼が深まり，幼児は自立の一歩を踏み出す。必要なだけ他者に依存し，必要なだけ自律する自由を得る。他者への信頼と同時に，自信を得るのである。そのとき幼児はTAE的に語っている。

5　自分の用語，自分の文

このようにして人は，以前は語りえなかったところ（＝エッジ）に，そのエッジのフェルトセンスから，自分の用語（terms）と自分の文（my sentences）とをもつことができる。いったんそこに辿り着くと，人は自分の言葉に自信を

もつことができる。疑念が生じたり，他の人に説明を求められたりしたら，「あの」フェルトセンスに立ち戻り，耳を澄ませればよい。自分の用語と文は再度確証され，さらに新たな展開が生じるかもしれない。「そう，その通り。そしてさらにこうなんだよ」といった具合に。この効果は体験してみればわかるだろうが，とてもとても大きいものである。ステップ9は自由に書き込む場所だから，そうした新たな気づきをステップ9に書き加えていけばよい。

ここまでが1から9までのステップである。これだけでも私たちは内側からしっかりと支えられ，同時に他者との深くて確かなやりとりが可能になるのである。

6　なぜこのようなことが可能なのだろうか？

　TAEでは常に言葉を使用する。鉛筆と紙，あるいはワープロを使って書くのである。だからフォーカシングとの外形上の違いは明らかである。内的作業の違いはどうだろう？　TAEはフォーカシングより，はるかに言語を重んじる。フォーカシングでもシンボルとしての言葉はもちろん，陰に陽に機能している。しかしフォーカシングでは用語を見つけたり，文章を作ったりする必要はない。TAEではまさにそれを実践するのである。言葉が得意な人，苦手な人がいるだろう。しかしそのことは決してその人たちの言葉が真であること，偽であることを意味しない。言葉は上滑りすることも多いからだ。言葉はそれを使用する人，聴く人を欺きもするのだ。TAEは言葉に上滑りさせない言葉の使用法である。使用する人，聴く人を欺かない方法でもある。言葉はフォーカシング的にフェルトセンスによって吟味される。フェルトセンスから生まれた言葉は，必要に応じて（この必要は頻繁に生じる。そしてその必要が頻繁に生じるというこの現象から，言葉の別の側面，上滑りしやすい外在性が明らかになるだろう）もう一度，そっとあのフェルトセンスに浸される（dipping）。そうするとフェルトセンスが応答する。ディッピングとはTAEにおけるフォーカシングのことなのだ（Gendlin, *Crossing and Dipping*, 1995を参照）。

　このようにTAEでは，フェルトセンスと言葉との応答がそのプロセスの推

進役である。経験と言葉が分離されないように仕組まれているのである。例えば詩人にはそれが日常であっても，それでは日常が不便だと感じる方もおられるだろう。そういう人は自分の「エッジ」に気づいたとき，TAEを実践すればよいだろう。

　しかし改めて，なぜこのようなことは可能なのだろう？　先程引用した段落の直前にジェンドリンの美しい言葉がある：
　　「言語は人間のからだに根付いているものである。単純な仲間言葉で育つ幼児も複雑な文法を作り出す。歴史や文化や言語はすべての人間的体験過程と状況とに内在している。すべての体験過程には言語が暗黙に含まれており，それゆえ，新しい体験過程はその暗黙の言語を変化させ，新しい言い回しが生まれるのである。そして新しい言い回しが生じると，それはまたこの新しい体験過程を前に進める（carry forward）のである。」

　これは上の問い：なぜフェルトセンスと言葉とは応答しつつ私たちの生を推進するのか，に対する一つの説明である。あるいは説明の始まりである。ここから新しい言語哲学が生み出されうるだろうから。言語哲学にフェルトセンスというからだの機能をもちこめば，言語哲学は新たな展開を生じさせる可能性をもつだろう。

　しかしここで私はTAEを使って，別の遊びをやってみよう。いわゆる言語哲学の文脈とは別に，言語をとくに重んじた哲学者にハイデガーがいる。かつてハイデガーは「言葉は存在の住処である」と書いた。分析哲学を専門とする私の友人が，一緒に散歩をしていたとき，「なぜ言葉なのか？　音楽でも絵画でも存在の住処でありうるのではないか？」とハイデガーを勉強していた私に聞いた。20年以上も前のことである。「それはそうだ，でもハイデガーにとっては言葉なのだ。ヘルダーリン（Hölderlin）を代表とする詩人と詩作と思索は彼の中では抜きがたく結びついている。」などと，あいまいな返事をした覚えがある。今私の中には，このことへの答えの予感・フェルトセンスがある。私は未だうまく言語化できない……ここはこのことへの私のエッジである。このこ

とに「関する」と書かなかったのは，TAE に馴染んだ私にはこのエッジが何かしら贈り物のように感じられるからだ。

　エッジは苦労する場所でもあるが，その人にとって類稀な贈り物でもあるのだ。人が多くそこで退却するのは，苦労しても新しい気づきに至る感じがしないからだろう。TAE はその人にその感じを感じさせる，そして実際に新しい気づきに至り，他者にそれを伝え，そこから真の対話，相互作用（交差）が生じ易くなる方法なのだ。それゆえその人の生が前に進むことをその人に実感させ，その人が自分の生を前に進める勇気を得ることができる方法なのだ。

　さっきの遊びを続けよう。
　ハイデガーは存在論の人であった。そして存在が言葉に住む，と語ったのだ。TAE 風に遊んでみたい。「存在」という主用語を空欄にしてみるのである。そしてそこに何が浮かぶか私のフェルトセンスに聴いてみる。私としては存在という言葉の，動きのなさが嫌なのだ。どこかしら神とか深さとか重さとか，権威とか，重苦しいニュアンスが。
　経験という言葉を入れてみよう。「言葉は経験の住処である」。経験が意識ならこれは浅すぎる。あるいは「言葉は体験過程の住処である」はどうだろう？　まだよい。しかし哲学の文脈と臨床心理学の文脈の相違が浮き上がる。これは臨床の知を哲学の文脈で語るときの問題点，新しい課題になるだろう。そこもまた新たなエッジである。——こうやってみると，批判も多かったハイデガーの「存在」という用語の堅固さが改めて浮き上がる。これも一つの収穫。よくできた文章の中のそれぞれの用語は互いに他を暗黙裡に含んでいる。相互に関係性を築いているのである。
　どうやら，今のところ，私はハイデガー的文脈で，フェルトセンスと言葉の応答を説明できないようである。これは退却ではない。こういう作業の小さな気づきと楽しさとが，それが退却ではないことを証してくれる。ともかく，人はこうやって TAE で遊ぶこともできる，真剣に，かつ遊びに満ちて。概念においてのみならず，方法においても，このように矛盾を取り込みつつ展開するこの側面は TAE という方法の強みの一つである。

7　ステップ10〜14：理論作り

　これまでステップ1から9までについて述べてきた。人はここで止めてもよい。しかしTAEには後半のステップ10〜14がある。ここは理論作りのステップである。

8　理論とは何だろう？

　ここでいう理論はとても幅広い意味をもつ。例えば、主婦が子どもたちが独立した後に、自分たち夫婦が快適に過ごす空間をいかに再構築するか、についてTAEを用いて、自分のフェルトセンスから新しい気づきを組み立てたとしたら、それは一つの立派な理論である。

　アボリジニの歴史を研究する若い学者に、この話をしたら、彼は大変興味を示した。なぜなら、もし理論をこのように拡張して再定義できれば、アボリジニの人々は西洋近代の科学的理論とは別種の、しかも主客を統合した立派な理論をもっていたと主張できるから。人々が一つの文脈をもつ生のシステムを作っている場合、そこには必ず理論があるといえると私は思う。TAEでいう理論は、このように広い意味での理論である。それはこの言葉に一般に想定される堅固さだけでなく、同時に柔軟性をもつ理論、生のプロセスにそったフェルトセンスと相即の理論である。このように理論という概念を拡張することによって、私たちは私たちの理論を生きた現実により近接させることができるのである。

9　論理とは何だろう？

　これらのステップは、ジェンドリンが最初にTAEのワークショップをやったときは入っていなかった。最初はステップは9までしかなかったのである。私たちは今年（2004年）春に、TAEの共同開発者カイ・ネルソンを日本に呼んだのだが、彼女の話では、9までのステップに論理が入っていないことを最初に指摘したのは彼女だったそうである。その後、10〜14のステップが追加されたが、これは改訂に改訂を重ねてきた。今回カイによって日本で紹介された後半のステップはジェンドリンとカイの共同作業によって、カイの来日直前に形を得たものであった。ジェンドリンの論理の導入は、いかにも論理的（そ

うはいっても，ここで使用される論理はアリストテレス（Aristoteles）の古典論理学の範囲にとどまっている。要するに三段論法なのである）で，ごつごつした手触りがあるが，これにカイが加わると，論理は論理でも，イメージを駆使したり，図を使ったり，ずいぶんソフトな感じになる。いずれにせよ，論理の使用といっても，現代論理学の複雑さを期待するのは見当外れである。むしろ今後は生命体（例えばフェルトセンス）の使用する「奇妙な論理」の発見が重要であるだろう。

　TAE における論理上の新機軸は，論理とフェルトセンスの組み合わせによる，新しく豊かな展開の可能性である。これはまったく新しい展開であり，高く評価されなければならない。両者を組み合わせたことによって，論理実証主義の行き詰まりと，実存主義の主観的行き詰まりを打開する道が開ける可能性が見えてくるように思われるからである。ジェンドリンがポストモダンの閉塞状況を打開する方法を模索する中で，この方法は創造された，ともいえる。したがって TAE は主観と客観の分裂（近代科学と哲学はあえて両者を分裂させたのだが），主観主義（ローマン主義→実存主義）と客観主義（古典主義→論理実証主義→オートポイエーシス）との相克と疲弊を統合する一つの哲学的立場なのである。

10　実践のための哲学

　さらに TAE は実践の方法でもある。主観を決して放棄せずに，それを客観化していく方法（この客観化していくところがフォーカシングにない大切な点である）である。ロジャーズが求めていた方法をジェンドリンが創り出した，ともいえるだろう。TAE は最近模索されている質的研究法にも新しい展開を貢献できるだろう。これはむしろ TAE のより狭い射程距離に属する（これはステップ 14 に関係する）。広い射程距離には，実践と哲学の統合がある（これはステップ 13 に関係する）。古来優れた哲学は実践哲学であった。私がことを大げさにしていると思われる方もおられるだろう。しかし決してそうではないのだ。TAE は玉ねぎのように，幾重にも重なり，それぞれの層で革新を遂行する可能性をもっている。フェルトセンスと論理との組み合わせは，行き詰まる現代の文脈において，それほど大きな意味をもつのである。

後半のステップのやり方を説明して本章を終えよう。

11 理論の中核になる構造を見つける

カイは「TAE の過程の構造と基本概念」の中で，ステップ 10 ～ 12 を自分の理論の中核になる構造を引き出すこと，ステップ 13, 14 を自分の理論の含意を展開することとしている。改訂最新版によって見ていこう。

どのようにすればあなたの理論の中心になる理論構造を導出できるのだろうか？

まず，ステップ 1 で出発点になった，あなたのあの問題の「あの」フェルトセンス（これはこれまでの作業を経て，すでに豊かに変容してはいるだろうが，もともとの「あの」フェルトセンスであることは変わらないはずである）を一場の風景のように見たときに，その風景を特徴づける三つの主用語を当のフェルトセンスに聴きながら，選び，それを A,B,C とする（これは論理を使用するためである）。その際，A に逆説的な用語を選ぶのがコツである。

最新版で使用されているカイの使用例は A ＝応答しつつ不変である，B ＝形，C ＝限界がない，である。ここで B ＝ C とする。→「形は限界がない，である」。機械的に連結されたこの文としばらく一緒にいてみよう。そしてそこに何か新しい面白いことが生じるまで待ってみよう。この作業をカイはパートナーのジェンドリンと楽しみながら遊んだという。その遊びの中から，次の文が生じた。「応答しつつ不変であるような形は限界がない，を生じさせる（The responsively unchanging kind of form makes boundless happen.）」。そうか，形は作るのだ！ 形式論理的結合：「形は限界がない，である」からフェルトセンスが教えてくれた新しい気づきは「形は作る」という発見であった。

この創造の場所におけるジェンドリンとカイのパートナーシップのプロセスを，東京におけるワークショップの中日の夜に私に見せてくれた，カイのノートから再現してみよう。カイ（K）がワークをしていて，ジェンドリン（G）がリスナーである。

ここで，
A=B：応答しつつ不変である，は形である。
B=C：形は限界が無い，である。

　G：不変の形によって応答されることは自分の限界がない，を見出すことである（To be responded to by unchanging forms is to find one's boundless.）。この「～は—である（is）」はそれ独自の型（pattern）が現れるまでの代役だ。適正な型ができた後はことさら使う必要はない。
　K：ある種の形は限界がない，を生じさせる（限界なしが生じることを作る）（makes boundless happen）。
　G：限界なし，を生じさせることは応答しつつ不変であることである。応答しつつ不変である，はある種の形である。おー，私は常に，形について考えることを望んでいた。彼女（K）はいっている：ある種の形は限界がない，であり，そしてある種の形は限界がない，ではない，と。そう，形は不変である。しかし，形は応答しつつ不変であり，そしてそのとき限界がない。ある種の形は限界がない形である。他の種類の形は凝固（frozenness）である。
　K：ある種の形は限界なし，を作る。他の種の形は凝固を作る。形は作る。
　G：おー，形は作る！　二種類の作る，があるんだ。作ることと作られたものと——われわれは形を作られたもののように語る。しかし，君がいっているのは，形が作っているということだ。
　K：一つの形は「一つ－事成り one-thinging」である。つまりそれらは一緒に（together）「一つ－事成りである」あり方（how）だ。「あり方」と「一緒に」は一緒にある。そして，宇宙は一つ－事成りでもある。
　G：私たちはその中にいる。そして君が宇宙である「一つの－事成り」の中で，一つの「中に」（a "in"）であるとき，そのとき，君は「一つの－事成り」だ。

　このようにジェンドリンとカイの掛け合いは続いたのだ。禅問答のように感じられる方もいるかもしれない。しかしこれは禅問答とは別種の対話である。禅問答のようなはぐらかしによる言葉の向こう，言葉が意味を成さない世界へ

の跳躍はここにはない。この遊びつつ，真剣な言葉のやりとりは，言葉が意味を成すすれすれの境界線を辿りつつ，意味以前の真理を模索している。そのために通常の文法は飛び越えられ，名詞 thing が動詞化され，動き，過程（=ing）を付けられている。そしてそれは一つのまとまり one-と感じられている。宇宙も人も，そして形も one-thinging である。そして形がそのようなものであるとき，<u>形はただ形としてそこに凝固しているのではなく，限界のない自由な働きを作る</u>のだ。とてもスリリングだ！ 西田幾多郎の「作られたものから作るものへ」が私の脳裏をよぎった。ここには一つの新たな交差が生じるかもしれない。少なくとも「形は作る」は新しい美学の基礎概念となるだろう。

　このやりとりにはステップ 11 の本来性からの展開もステップ 12 の理論の核心を見つける作業も含まれている。「形は作る」がカイの理論の核心である。

12　仕上げ：理論からの一般化と理論の拡張

　ステップ 13 では，12 でできたあなたの理論の核心を，それまでにあなたが用いた多くの用語を用いて，遊びの気持ちで拡張する。そしてそこでできた文章を他のより大きい分野，例えば理論や実践や伝統やあるいは教育やジェンダー等何でもよいが，より大きな分野に応用してみる。あなたの理論はさまざまな領域で活用されうるかもしれないことが感じられるだろう。そこで応用するにはそれなりの部分修正が必要になるかもしれないことも，同時に。

　ステップ 14 は，TAE の最後のステップである。あなたの理論を拡張し，その含むところ，暗示するところをあなたの実践の場所で展開させる取り組みである。それには何年もかかるかもしれないし，何年かけてもよいだろう。

　まだ，できて間もない最新版ステップ 14 の最後にある，あなたの理論作りをガイドする美しい問いかけの言葉を引用して，TAE に関する私のこの解説を終わることにしよう。

　　　「私の理論はどこへ行きたいのだろう？　他の理論との齟齬はどこにあるのだろうか？　どのようなさらなるエッジがもっと言語化を望んでいるの

だろうか? それに取り組まざるをえなくさせたものは一体何だろう?」

TAE のステップの簡単な一覧：

TAE　レベル1（ステップ1〜9）
ステップ1：エッジを見つけ，そのフェルトセンス（あのことのあの感じ）に入っていく。「あの」感じを何とか一文にして，主用語をマークする。
ステップ2：あの感じの表現に非論理性・逆説性を見つける。
ステップ3：ステップ1の主用語に代わる主用語を二つ探す。どの主用語も完全ではないことに注目する。
ステップ4：どの主用語も何かをいくらか言えていることに注目する。
ステップ5：新しい（詩的）表現を見つける。
ステップ6：あのフェルトセンスを感じた具体的体験を三つ挙げる。
ステップ7：その具体的体験の中に 般的な型を見つける。
ステップ8：それぞれの型を交差させる。
ステップ9：これまでの作業から，思うことを自由に書く。

TAE　レベル2（ステップ10〜14）
ステップ10：あのことの「あの」感じから，主たる用語を三つ選ぶ。それらを形式論理的に結びつけて，遊ぶ。新たに気づく事を書きとめる。
ステップ11：ステップ10の結合の本来性を探す。気づいた事を書きとめる。
ステップ12：上記の連結から，あなたの理論の核心を見つける。
ステップ13：あなたの理論をもっと大きな分野に適用させてみる。
ステップ14：あなたの理論をあなたの分野で拡張し，精緻化する。

【参考文献】
Gendlin, E. T.　1995　*Crossing and Dipping.* Focusing Institute website（www.focusing.org/ 村里忠之訳　交差と浸すこと　Focusing Jnstitute website）
Gendlin, E. T.　1997a　*Experiencing and the creation of meaning.* Northwestern Univ. Press
Gendlin, E. T.　1997b　*A Process Model.* Focusing Institute, NY.
Gendlin, E. T. & Johnson, Don　2002　*First Person Science.*（村里忠之訳　一人称の科学　Focusing Institute website）
Gendlin, E. T. et al.　2004　*Folio Volume 19, No1 Thinking at the Edge: A New Philosophical Practice.* Focusing Institute. NY.

4

セラピスト・フォーカシング

吉良安之

1　はじめに

　セラピスト・フォーカシングとは，セラピストが担当事例の面接過程で生じた自分自身の体験についてフォーカシングを行う方法である。この方法によって，セラピストはその事例の中で自分が感じていることをていねいに吟味していくことが可能になる。

　フォーカシングをこのような形で利用する方法は，かなり以前から行われてきている。村山（1984, 1994）はプレイセラピーのスーパーヴィジョンの一環としてセラピストにフォーカシングを行った事例を報告している。近田（1995）は彼自身がカウンセラーとして，クライエントの問題に巻き込まれて自分のやっていることが見えない状態にあったときに12回の継続フォーカシングセッションを行い，自分がからだで感じていることをていねいに取り扱っていったことにより，問題に巻き込まれていない自分を取り戻し，カウンセリングで起こっていることを外側から眺めることが可能になったと述べている。また伊藤（1999）は，試行カウンセリングにおいてカウンセラー役割をとる中で自分の問題に直面した大学院生がフォーカシングを行うことにより，その院生に大きな心理的変化が生じたことを報告している。さらに井上（2001）は，スーパーヴィジョンにフォーカシングを用いることで，セラピスト自身がケースをどう進めていったらよいか見出すことができると述べ，個人スーパーヴィジョンやグループスーパーヴィジョンの例を紹介している。

これらの実践報告により，セラピスト自身が心理療法場面で感じていることについてフォーカシングを行うことは，セラピストにとって有益な機会となることが確かめられてきている。このように，この方法は多くの研究者や実践家によって従来から行われてきたものであるが，筆者はこの方法には大きな意義があると同時に，それを有効な方法にしていくためには検討すべきさまざまな課題があると考え，それを「セラピスト・フォーカシング」という独自の名称で呼んで検討することを提案している（吉良，2002a）。

　筆者がガイドを行ったセラピスト・フォーカシングの実際例は別のところですでにいくつか報告してきている（吉良，2002a, 2003, 吉良・大桐，2002）ので，ここでは繰り返さない。本章では，筆者がどのような研究の経緯からこの方法に関心を向けることになったかを簡単に述べた後，本方法のセッションの進め方とその特徴について，通常のフォーカシングと比較しながら論じる。そしてそれに基づいて，この方法の意義と考えられるものをまとめることにする。

2　心理療法の経験からの示唆

　筆者は，ジェンドリン（Gendlin, 1968）のいう体験的応答（Experiential Response）を中心的な方法として，対話心理療法を行ってきた。体験的応答とは，クライエントが感じているはっきりと明確な感情だけでなく，もっと複雑で暗々裡に感じられている状況全体についての感覚や，状況についての意味づけなどの認知的な成分も含めた全体にセラピストが応答していく方法であり，それによってクライエントは自らが暗に感じているものに直接注意を向け（直接のレファランス），それを少しずつ言語化することによって明示的な意味としてとらえる（概念化）ことが可能になるとされている。

　しかし筆者は，さまざまな事例に向き合ってきた経験から，体験的応答を行うことによって直接のレファランス・概念化のプロセスが生じる事例だけではなく，同じように応答を行ってもこのプロセスが容易には生じにくい事例も存在することに気づくようになった。そして後者のような事例では，クライエントは自らの体験に振り回され，圧倒されるような状態になっていて，体験に伴う自律性の感覚（筆者はそれを「主体感覚」と呼んでいる）が損なわれていること，そしてさらに，そのような事例の心理療法を行っていると，クライエン

トの体験の様式がセラピストの体験の様式に影響を及ぼし，セラピスト自身の体験の主体感覚も損なわれがちであることを見出した。例えば，面接中にセラピストが不快な気分や苛立ちなどの強い情緒の虜になってそこから抜け出しにくくなったり，クライエントへの関わりについて考える自由度が失われて決まり切った働きかけの反復に陥ったり，無力感に襲われてセラピストとして無力化させられてしまうような状態である。そのような事例の心理療法においては，いかにしてクライエントの主体感覚を賦活するかが課題となるが，そのためにまず必要となるのは，セラピストが自らの体験の主体感覚が損なわれがちになっていることに気づき，それを自ら賦活していけることである（吉良, 2002b）。

　セラピストが自らの体験の主体感覚を賦活するための方法として，筆者はセラピストが心理療法の場面での自らの体験について「直接のレファランス・概念化」の作業を行うことが有益ではないかと考えるようになった。そしてそのための方法として，フォーカシングを利用することを考えたのである。

3　本方法のセッションの進め方とその特徴

　上記のように，筆者はセラピストの主体感覚が損なわれがちになっている，面接の危機状態ともいえるような局面において本方法が有益なのではないかと考えて，その実践を始めた。そのため，心理面接過程で行き詰まりを感じているセラピストを対象に，1回限りのセッションを行う形で，この方法を実施してきている。

　本方法のガイドを行う上で，筆者は三つのステップを念頭においてセッションを進めている。もちろん，セッションの流れはフォーカサー（セラピスト）が体験しているものの性質によって大きく変わってくる。しかしガイドは大まかな地図を頭の中に描いておくべきであろう。ここではそのような地図として，三つのステップを紹介する。そしてその説明の中で，本方法が通常のフォーカシングとは異なる点を述べ，本方法の特徴を論じることにする。なお以下の記述では，フォーカシングを行うセラピスト（セラピスト・フォーカサー）を"Thフォーカサー"と略して記載する。

(1) ステップ1「全体を確かめる」

ステップ1の進め方

　セッションで取り扱う事例の概要やセラピスト・フォーカシングを希望した理由を簡単に話してもらった後，多くは閉眼してセッションを始める。このステップでは，Thフォーカサーは事例を担当する中でクライエントに対して自分が感じている感じや，その事例を担当することに関連して感じている感じの全体をゆっくり振り返り，思い浮かぶ感じを一つずつ確認していく。

　Thフォーカサーが感じているのはクライエントに対する感じだけではない。事例を担当することに関連したさまざまな感じが「気がかり」になっている場合もある。例えば，上司や同僚からの評価が気になっていることもあるし，職場環境自体がThフォーカサーにとって安心できないものである場合もある。まずはこれらの感じを確かめ，その後に，クライエントに対するさまざまな感じを整理して確認していくことが多い。このような作業によって，Thフォーカサーは自分の感じていることの全体像をとらえることが可能になる。

「空間をつくる」ステップとの違い

　このステップ1の作業は，通常のフォーカシングで「空間をつくる」（クリアリング・ア・スペース）と呼ばれているステップとは作業の性質が異なる。「空間をつくる」では，整理される複数の問題は，フォーカサーのさまざまな体験領域の中からフォーカサーが選び出す。したがって，原則的にはそれぞれが別個の問題である。これに対して「全体を確かめる」は，Thフォーカサーの体験の全領域を扱うものではなく，はじめから"特定の事例の心理療法を進める上でThフォーカサーが感じている感じ"という体験領域に限定されており，その体験領域に生じているさまざまな感じの全体を確かめるのである。このため，取り上げられる感じは重複したり混じり合ったりしている場合が少なくない。

ステップ1の作業による気づきの進展

　このステップではクライエントについて感じているさまざまな感じを一つずつ取り上げていくが，それらは並列的に感じられる場合だけでなく，一つ目の感じを確認するとその奥に二つ目のものが見つかり，さらにその二つを確かめると三つ目のものが感じられてくるというように，次々に奥に進んで感じてい

くようなプロセスが生じる場合が少なくない。したがって，このステップだけでも，Thフォーカサーが新しい気づきを得ることも多い。このステップの作業自体が気づきの進展のプロセスである。Thフォーカサーはこの作業において，これまで気づかなかったさまざまな感じに一つずつ向き合い，それを確かめていくことが可能になるのである。ここに述べたことを図示したのが，図4-1である。図中の右側の「全体を確かめる」の中の複数の円形（これらの円形は取り上げられた感じの一つ一つを表している）は，相互に重なり合い，しかも前面から背面へと立体的に配置されている。

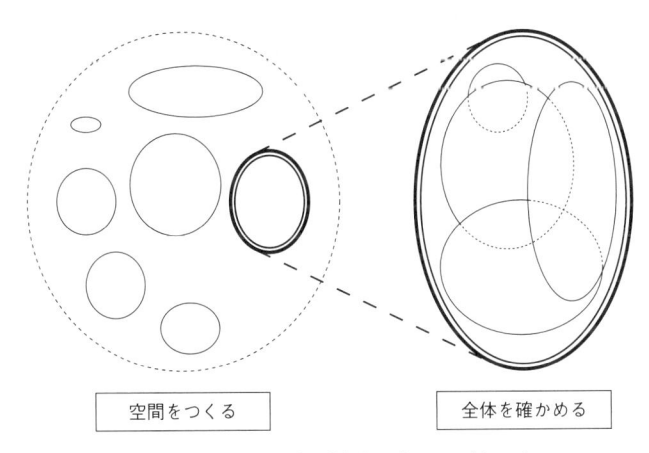

図4-1 「空間をつくる」と「全体を確かめる」との違い

強い情動を伴って未分化なかたまりが感じられる場合

　セラピストに生じている体験の性質によっては，このステップに大幅な時間とエネルギーを費やす必要がある。事例そのものが非常に厳しい事態におかれていたり，あるいはセラピストがクライエントの問題に巻き込まれてひどく困難な状況にある場合には，その事例を思い浮かべるとThフォーカサーに強く激しい情動が起こり，ひとかたまりのアマルガム（混合物）が感じられるだけで，それを分化して一つずつの感じとして感じとることはなかなか難しい場合がある。さまざまな情動をクライエントから次々に押し込まれて，それが未消化なままThフォーカサーのからだに蓄積してしまっている場合もある。その

ような場合，その感覚をガイドに語りつつ確かめていくことによって，「私はこんなふうに感じているのだ」と感じとれるようになるのに，十分な時間をかける必要がある。ひとかたまりのアマルガムに含まれたさまざまな感じを少しずつ分化して感じ，自分の感じていることの全体像をとらえられるようになることが，セッションの中心テーマとなるのである。

(2) ステップ2「方向を定める」
ステップ2の進め方
　上記のステップ1の作業が一段落したところで，確かめられた全体像のうち，どの感じに焦点を当ててセッションを進めるかをガイドからThフォーカサーに問いかけ，セッションを進める方向を定めていく。Thフォーカサーに目を開けてもらい，ブレイクを入れる形をとって，進め方を話し合う場合もある。
ガイドの役割
　セッションを進める方向はThフォーカサーのセラピストとしてのニーズによって決まるし，それを決める主体はもちろんThフォーカサーにあるが，ガイドは単にThフォーカサーの決定についていくだけの存在ではない。ガイドはThフォーカサーが事例を担当する上で感じている困難さの所在を感じとり，どのような点についてどのような形で吟味していくのが適切かを，Thフォーカサーとともに考え，話し合うべきである。つまり，ガイドはスーパーヴァイザー（上から見る者）としての目線を働かせて，セッションの進行に積極的に関与する必要がある。そして両者が納得のできる進行方向を見つけていくのである。
臨床経験の少ないセラピストの場合のガイドの重要性
　このステップは，筆者が当初に考えていた以上に重要である。そして，本方法が通常のフォーカシングと大きく異なる点である。多くの臨床経験を積んだセラピストの場合には自らをスーパーヴァイズする力（「自己スーパーヴィジョンの能力」とでも呼べるもの）をすでにもっているが，まだ経験の浅いセラピストがフォーカサーの場合には，その十分な力をThフォーカサーに求めるのは適切ではない。ステップ1で確かめた，自分が感じていることの全体像をもとにして，セラピストとしての現在の困難を乗り越える道筋を見つける役割

の，少なくとも一部はガイドが担う必要があると考えられる。

　場合によってはここでフォーカシングの作業を終了し，ステップ1で得られた素材に基づいて，対話によるスーパーヴィジョンを行うことが有益な場合もある。そのような可能性も含めて，両者でしっかり話し合うべきである。大事なことは，フォーカシングをいかに十分に行うかではなく，その時間がThフォーカサーにとっていかに有益なものになるかである。

(3) ステップ3「フェルトセンスを吟味する」
ステップ3の進め方
　セッションを進める方向が定まったら，Thフォーカサーは全体像の中から特定の感じに焦点を当てて，自分の体験の性質にゆっくりと注意を向け，フェルトセンスを形成する。そしてそれを吟味していく。フェルトセンスには，からだの感じやイメージ，状況についての認知などが含まれており，それを吟味することによって，Thフォーカサーはさまざまな気づきを得ることが可能になるのである。

セラピストとクライエントの両者の体験の交錯するフェルトセンス
　本方法において形成されるフェルトセンスは，通常のフォーカシングでのフェルトセンスは異なる面をもっている。そこが，セラピスト・フォーカシングに特有の，興味深い点である。通常のフォーカシングにおいて形成されるのは，フォーカサー個人のフェルトセンスである。さまざまな現実と向き合う中で自分が感じていることについて，自分の内面に注意を向けたときに形成されるのがフェルトセンスといえるであろう。これに対して，セラピスト・フォーカシングにおいて形成されるフェルトセンスを吟味していくと，その中には，セラピストとクライエント両者の体験が交錯して含まれていることが，しばしば発見されるのである。

　例えば筆者の報告したある実践例（吉良・大桐, 2002）では，Thフォーカサーはクライエントとの面接場面でのセラピスト自身のフェルトセンスである「（肩を）ガッとつかまれて動けない」感じに注意を向けていたが，それを吟味していくうちに，突然「この感じっていうか，こういうことってとても（この）ケースに通じる」ことに気づいた。Thフォーカサーがクライエントにつ

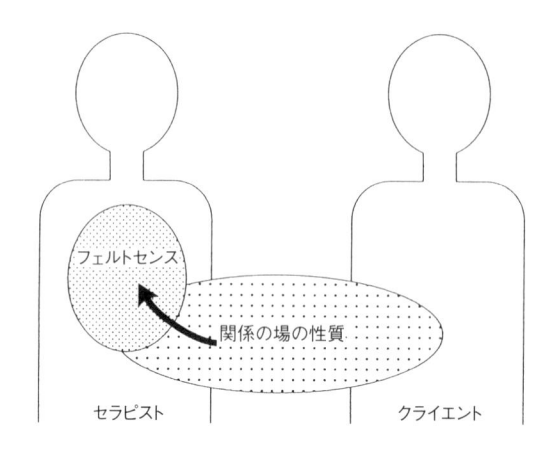

図4-2　セラピスト・フォーカシングでセラピストに生起するフェルトセンス（吉良, 2003）

いて感じていると思っていたことが，実はクライエント自身が親との葛藤の中で体験している「動けなさ」と同様の性質のものであることに気づいたのである。

　また別の実践例（吉良, 2003）では，Thフォーカサーはあるクライエントとの面接で自分が感じていることを確かめる過程で，「心地よい感じ」があることに気づいたが，それについて「自分の中にあるけれども，自分のものということでもないかもしれない」と語った。そしてそれは「もしかすると僕の苦手な感じかもしれませんね」といい，「自分と他人の境界が溶け合ってしまうような何か」であると述べた。セッションのずっと後のほうになって，Thフォーカサーは，クライエントが面接に来ているのはそのような自他の融合感を求めてのことであることに気づいていったのである。

　以上に挙げた二つの例のように，Thフォーカサーの感じているフェルトセンスが，実はクライエントの感じているものでもあることが発見される場合がある。このような現象をどのように理解すべきであろうか。筆者は，心理療法におけるクライエント－セラピスト関係においては，両者に相似形の内容の体験が生じやすいのではないかと考える。そしてそれが，Thフォーカサーにフェルトセンスとしてとらえられるのであろうと考える。つまり，本方法でとらえられるフェルトセンスは，面接の場で両者に相似形的に共有された体験を反

映したものであると考えることができるのである。通常のフォーカシングがフォーカサー個人のフェルトセンスを扱うものであるのに対して，セラピスト・フォーカシングはクライエントとセラピストの両者の体験の交錯するフェルトセンスを扱う場合があるといえるであろう。図4-2は，それを図示したものである。

フェルトセンスの吟味によるクライエント理解の進展

セラピスト・フォーカシングにおいて形成されるフェルトセンスは上記のような性質をもっているため，Thフォーカサーが自らのフェルトセンスを吟味することは，自己理解につながるだけでなく，クライエント理解にもつながっていく。Thフォーカサーは自分が感じているフェルトセンスを，クライエントを理解するための手がかりにしていくことができるのである。

ステップ3でのセッションの進み方を大別すると，Thフォーカサーが自己理解を深める方向に進む場合と，クライエント理解を進めようとする方向に向かう場合の二種がある。そして後者の場合，Thフォーカサーがクライエントの立場に身をおき，クライエントが面接をどのように感じているのかを感じてみる方法が有益である。その際，セラピストとして感じていることとは区別するために，別の椅子（クライエントの椅子）に移動して感じてみる方法もある（吉良，2003）。これは，共同研究者の福盛英明氏の考案である。

4 本方法の意義

前節に述べてきたように，この方法は通常のフォーカシングとは異なる，独自の側面をもっている。そこで次に，筆者がこの方法の意義と考えるものをまとめることにする。

(1) 独自のセラピスト援助の方法

一般に行われているスーパーヴィジョンは，クライエントに生じている心理過程をどのように理解しどのように介入するかについて，スーパーヴァイザーがセラピストに対して教育的に指導するという色彩が強い。セラピストにとっては，自分の外側にいる，そして事例の外側にいるスーパーヴァイザーからのコメントを得る機会である。事例の外側からのスーパーヴィジョンは，そこで

得られたコメントをセラピストが自らの体験と照合させ，自分の内側に動きを生み出すことができたときに有意義なものになるといえるであろう。良質のスーパーヴィジョンではそのような作業がかなり行われていると考えられる。しかしそれができない場合には，セラピストはスーパーヴァイザーのコメントを異物のまま金科玉条のように受け止めたり，あるいは逆に自分を批判する声として受け止めたりすることになる。スーパーヴィジョンが十分に機能しない状態である。

これに対してセラピスト・フォーカシングは，セラピストが自らの体験を手掛かりにして事例を検討する機会ということができる。すなわち，自分の内側からのメッセージを受け取り，それを心理療法の進展に生かす方法である。これをうまく利用すれば，スーパーヴィジョンをさらに有益なものにすることができるであろう。このように，この方法はセラピストを援助する方法として，独自の意義をもつと考えられる。今後，教育指導的なスーパーヴィジョンとセラピスト・フォーカシングとをどのように組み合わせていくのが適切なのかということについて，セラピストの側の要因（ベテランか初心者か，その事例においてどのような体験が生じているか，など）との関連も含めて，検討を行う必要がある。

(2) セラピストおよび心理療法の進展に及ぼす効果

この方法は，筆者が当初からのねらいとしていたように，セラピストの主体感覚の賦活化を促す効果をもつことが，ある程度確かめられている。筆者はこの方法を1回限りのセッションを行う形で進めているので，セッション実施からしばらく時間をおいて，セッションがその後の心理療法に何らかの影響を及ぼしたかどうかをThフォーカサーに回答してもらうようにしてきた。その結果，「行き詰まったような苦しい感じが減った」「スッキリして面接ができるようになった」などの変化が報告されている。セラピストが面接中に自分の感情に振り回されるような状態（主体感覚の損なわれた体験）が減り，静穏に事例に向き合うことが可能になるといえそうである。

しかし，この方法がセラピストに及ぼす効果，そして心理療法の進展に及ぼす効果を十分に検討していくには，1回限りではなく，継続的なセッションを

行うことが必要である。そしてその際，主体感覚の視点だけでなく，もっと多様な面からその意義を考えていくべきであろう。

（3）フォーカシングを心理療法に生かす新たな方向

　フォーカシングの考え方やその方法を心理療法の実践場面にどのように生かしていくかは，フォーカシングを研究する者にとっての大きなテーマの一つである。これまでさまざまな方向から，その検討や開発が行われてきた。

　それを簡略にまとめると，クライエントに「直接のレファランス・概念化」のプロセスが生じるのを促す方向（Gendlin, 1968, 吉良, 1999），クライエントが自らの問題との心理的距離を適切なものにしていくのを促す方向（増井, 1994, 日笠, 1998, 弓場, 1985），セラピストが自らのフェルトセンスを心理療法に役立てる方向（伊藤, 2001, 中田, 2002, 増井, 1997）などを挙げることができる。

　セラピスト・フォーカシングは，これらの方向に加えて，もう一つ別の方向を加えるものといえるであろう。すなわち，クライエントではなくセラピストを対象にして，フォーカシングの方法を心理療法の進展に生かす方向である。

（4）フォーカシングの特性を利点として生かした方法

　心理臨床領域には，フォーカシング以外にもさまざまな臨床技法が存在する。しかし，例えば絵画療法，箱庭療法，コラージュ，イメージ療法などを考えてみたとき，それらはセラピストが実習体験をもち，自分の体験を味わうための方法としては大変有益であるが，特定のクライエントに対する自分の感じを吟味するための方法として用いることは，なかなか難しいように思われる。

　これに対してフォーカシングは，「このクライエントについて私が感じている，この感じ」ということに特定して，それを吟味することが可能な方法である。意識レベルでとらえられる特定のテーマについて，意識のエッジにあるさまざまな感じにていねいに目を向けていくことのできる方法なのである。セラピスト・フォーカシングは，このようなフォーカシングの特性を利点として生かしたものといえるであろう。

(5) 心理療法における関係性を研究する素材の提供

　前述したように，この方法では通常のフォーカシングとは異なり，セラピストとクライエントの両者の体験の交錯するフェルトセンスが形成され，それが吟味されていくことが少なくない。したがって，この方法を通じて両者の体験の交錯の仕方を確かめていくことにより，セラピストとクライエントとの間にどのような性質の関係が生じているのかを研究していくための素材を得ることができると考えられる。これまで，心理療法における関係性について，さまざまな概念が提出されて議論されてきている。しかしそのような議論が実証性を欠いた抽象的なものになってしまったのでは，議論の意義は薄れる。セラピスト・フォーカシングの利用により，心理面接における関係性を具体的に検討するための素材を提供することが可能になるのである。

5　おわりに

　前述したように，筆者は主体感覚の考えに基づいて心理療法過程を検討する中で本方法に関心を抱くようになったわけであるが，他の研究者はそれとは異なる文脈で，フォーカシングを用いたセラピスト援助の方法を検討してきていると思われる。今後はそれぞれの考えやアイデアをもちより，この方法について議論を深めていく機会を求めたい。

【参考文献】

近田輝行　1995　カウンセラーがフォーカシングを学ぶことの意味　村瀬孝雄・日笠摩子・近田輝行・阿世賀浩一郎著　フォーカシング事始め　第9章　215-230．日本・精神技術研究所

Gendlin, E. T.　1968　The Experiential Response. In Hammer, E. (ed.), *Use of Interpretation in Treatment*. Grune & Stratton. 208-227.

日笠摩子　1998　フォーカシング指向心理療法を通して学ぶ自分とのつきあい方　心理臨床学研究，**16**(3)，209-220．

井上澄子　2001　心理療法の質を高めるフォーカシング　伊藤研一・阿世賀浩一郎編　現代のエスプリ410　治療者にとってのフォーカシング　至文堂　184-193．

伊藤研一　1999　カウンセリング訓練に求められる要素の考察—フォーカシングで劇的な変化が生じた一大学院生の事例から　人間性心理学研究，**17**(2)，187-197．

伊藤研一　2001　「治療者のフェルト・センス」と「逆転移」　伊藤研一・阿世賀浩一郎編　現代のエスプリ410　治療者にとってのフォーカシング　至文堂　55-64．

吉良安之　1999　大学生の意欲喪失　村山正治編　現代のエスプリ382　フォーカシング　至文堂　97-104.
吉良安之　2002a　フォーカシングを用いたセラピスト自身の体験の吟味—「セラピストフォーカシング法」の検討　心理臨床学研究，**20**(2)，97-107.
吉良安之　2002b　主体感覚とその賦活化—体験過程療法からの出発と展開　九州大学出版会
吉良安之　2003　対人援助職を援助する—セラピストフォーカシング　村山正治編　現代のエスプリ別冊　ロジャース学派の現在　至文堂　184-192.
吉良安之・大桐あずさ　2002　セラピストフォーカシングの1事例—セラピストとしての自分の体験へのフォーカシング　学生相談（九州大学学生生活・修学相談室紀要），**4**，26-37.
増井武士　1994　治療関係における「間」の活用　星和書店
増井武士　1997　フォーカシングの臨床的適用　こころの科学，**74**，49-53.
村山正治　1984　プレイセラピストの訓練にフォーカシングを適用した1事例．日本心理学会第48回大会発表論文集，788.
村山正治　1994　フォーカシング—教育的メンタルヘルスアプローチとして用いた四事例　別冊発達　17号（カウンセリング事例集）180-189.
中田行重　2002　フォーカシングにおけるリスナーのファンクショナル・モデルの提示　心理臨床学研究，**19**(6)，619-630.
弓場七重　1985　Play Therapyに Clearing Spaceを導入することについて—絵で表現させる試み　九州大学心理臨床研究，**4**，63-71.

5

心の天気―体験過程の象徴化―

土江正司

1 心の天気とは
(1)「天気」という表現方法

　道端でご近所の方に出会えば，まず天気の話題から入る。天気は誰にとってもそこそこ関心のあることであり，また誰をも傷つけることがない。体調が優れないのも，気分がいいのも天気のせいにしてしまえる。そして気持ちを表現するのにも私たちはよく天気用語を使う。「気持ちが晴れた」「心が寒くなる」「心に風が吹くようだ」「彼女は今低気圧のようだ」「親父の雷が落ちた」，などなどたくさんの例が挙げられる。英語でも，"How are you?" と尋ねられれば，"Fine" と答えるのだから，おそらくどこの国でも気持ちと天気を関連づけた表現があるのではないだろうか。

　天気用語は非常に豊富であり，それが微妙な表現を可能にしてくれる。現にフォーカサーは「黒雲が胸に広がっている」とか，「霧の中にいるようで周りが見えない」などといういい方をすることがよくある。

　そこで筆者はフォーカサーに対して，「今の感じを天気で表してみたら」という提案をよく使うようになった。この提案によってフォーカサーは何となくからだに感じている微妙な感じ（体験過程）を表現する言葉を得，同時に表現してみようという意欲ももつのである。

　以下に紹介するのは子どもにこの「心の天気」を適用したケースである。筆者とともにフォーカシングを学んでいた養護教諭が勤務する保健室に，ある日

小学3年生の男児がやってくる。しかし何もいわずに黙っているので，「どうしたの？　どこか痛いの？」と聞くが首を横に振るばかりで，相変わらず黙っている。養護教諭は困った挙句，「あなたの心のお天気は，今どんなかな？」と問うてみた。すると男児は目をつむって首をかしげるようにし，おもむろに，「どしゃ降り」と答えた。養護教諭は，「ああ，どしゃ降りなんだ……。じゃあ，少し小止みになるまでベッドで休んで行く？」といったら男児は，「もう大丈夫」と，にっこり笑って教室に帰って行った。

　この短いやりとりの中で，男児はしっかりフォーカシングをしている。「心の天気」という刺激語がすみやかに男児の意識を内側へ導き，体験過程に触れさせ，そして「どしゃ降り」という自己表現を可能にしたのである。養護教諭はここで，なぜ，どしゃ降りなのかという詮索をしたりはしない。「ああ，どしゃ降りなんだ……」と繰り返すのみである。これによって男児はわかってもらいたかったことのおそらく大半を理解されたと感じたことであろう。あるいは話そうかどうしようか迷っていたことが何かあったかもしれないが，「どしゃ降り」といえたことで，どうでもよくなったのかもしれない。

　もちろんここで，「どうしてどしゃ降りなんだろうね」と聞くこともできただろう。何か具体的な事情が聞けるかもしれないが，「わからん」と返されることのほうが多いかもしれない。いずれにせよ，決定的に大事なのは，「どしゃ降り」を養護教諭と共有できたことである。

　筆者自身にとって記憶に残るフォーカシングがある。もう10年以上昔，初めてフォーカシングに出会った頃である。リスナーに導かれてフォーカシングをすると，いつも筆者は「薄曇」を感じていた。そのころとくに問題を抱えていたわけでもないが，でもスカッとしているわけでもない。その日のフォーカシングも同じ感じだったが，ある瞬間おなかのほうに強い光とエネルギーを感じて，それから徐々に雲が薄れ，しまいにはすっかり晴れわたり爽快な気分になった。以来，常にというわけではないが，筆者にとってのフォーカシングはこの光との出会いである。

　人間は太陽をからだの中にもっているのだと思う。太陽の力が強いときには容易にからだの感じが良い方に変化し（フェルトシフト），太陽の力が弱いときは，フェルトセンスを感じることはできてもそれを眺めているだけで自然に

1 心の天気とは

変化するということはない。とくに抑うつ症では太陽の力が衰えているのか，心が厚い雲に覆われて容易に変化しない。

図5-1は抑うつ症のクライエント（40代女性）が描いた「心の天気」である。描画法については後に詳述するが，とりあえず図を見ていただきたい。まったくの黒である。症状が固定している抑うつ症ではほぼ同様の描画がなされる。しかしこれを描いた後，この絵を眺めながらクライエントは，「少し安心できた」といった。

図 5-1

これは増井（2003）のいう図地反転現象から説明できる。悩みがある場合，「私」と「悩み」はそれぞれ図と地の関係にあるが，抑うつ症では地である「悩み」がせり上がるようにして図になり，図であったはずの「私」が埋没するように地となってしまう。主体が「悩み」であり，「私」は客体へと後退するといういい方でもいいかもしれない。しかし，心の天気を描画することは，反転した図地を元に戻すきっかけとなる可能性がある。自己の状態を天気で表現しようとするときに，まず観察があり，観察の主体である「私」がせり上がって図となり，真っ黒な地が"見える"のである。

図5-2は，同じクライエントの2ヶ月後の絵である。職場復帰の前段階としてボランティアを筆者が勧め，老人福祉施設でお年寄りの話し相手をしてもらったところ，雲から太陽が透けて見えるようになった。そして，「少しだけど太陽が見えたのでこのように描いた。こう描くことでさらに安心できた」といった。

どんなに雲が厚くても，その向こうには太陽が輝いている。そう信じられる

ことの意義は大きいのではあるまいか。心の天気における太陽の存在は他の療法ではあまり見られない特異かつ重要な象徴である。太陽はエネルギーの源であり，自然界のすべての活動はそこからエネルギーを得ており，その意味で太陽は信仰の対象でさえある。その太陽を自らの内に感じとることは何にも増して勇気づけられることではないだろうか。

(2) 心の天気を描画する

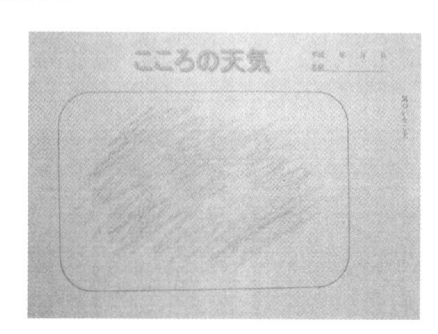

図 5-2

心の天気は描画にも適している。心の天気を思い浮かべるだけでもフォーカシングのプロセスに入るが，それを言葉で表現して人に伝えることはこのプロセスを促進する。描画は人によっては言葉以上にフォーカシングのプロセスを促進する。

フェルトセンスをそのまま描画する方法は以前からあるが，大事なのは「天気」という枠組みの中でフェルトセンスを表現しようと試みることであり，それには以下のような利点があると思われる。

①幼い子にも表現できる容易さ
②子どもでも集中できる楽しさ
③しっかり体験過程に触れることができる確実さ
④天気から派生して風景やさまざまなアイテムが登場したり物語性を帯びたりすることができる自由さ
⑤手軽に集団で実施できる便利さ
⑥太陽を意識できることで得られる治療的効果

安全性や取り組みやすさという配慮から，描画に使う用紙はA5くらいの比

較的小さいサイズを用いている。例えば塗りつぶしてしまいたいときなど，あまり大きな用紙では躊躇してしまい，かえって表現しにくい。そしてその用紙に図5-1，5-2で示したような角の丸い枠があらかじめ印刷されている。これは風景構成法で使用される枠と同じ意味をもつ。枠の中に描きなさいと指示するわけではないので，低学年の児童などはよく絵が枠からはみ出しているが，それによって「枠からはみ出す」という体験をすることができる。それは一種落書き的な開放感を与えてくれる。図5-3は小学2年生の描いた絵である。余白には「最もいい天気」とある。この子の気分のよさ，エネルギーが伝わってくるようである。

図 5-3

　しかし枠がある場合，多くの人はその枠の中に収めて表現しようとする。はみ出したい衝動をもちながらも枠に収まろうとするときわれわれは表現を引き締めざるをえない。また天気にたとえるのも一つの枠であり，かつ入り口である。

　枠や入り口ということを思うとき，筆者には同じようなものとして俳句が思い起こされる。五・七・五という字数とリズムの枠，そして必ず季語を使うという枠。俳句の初心者にとってはこの制限が邪魔に感じられることもしばしばあるが，しかしこの枠があるから表現が引き締まる。そして俳人は巧みに季語を操って，季語に俳人の心を語らせるのである。心の天気の描画と俳句は同じような構造をもっているといえるのではないだろうか。

2 心の天気描画法の実施
(1) 天気に良し悪しはない

　心の天気を描くに当たって，章末に掲載したようなマニュアルを用いると便利かと思う。このマニュアルをゆっくり詩の朗読のように読んでから始めるのがよいだろう。

　描き手に初めに知っておいてもらいたいのは，晴れが良くて雨が悪いというような単純な価値判断をしないということである。たとえどんな天気を内側に感じようと，それを正直に表現することに価値がある。今自分の心がどんな状態なのか自分でわかっていることがとても大事なのである。とくに初めて心の天気を描く場合はそのことをあらかじめ説明しておくほうがよい。

　描き手が緊張しているようなら少しリラックスしてもらう必要がある。緊張が強いとなかなか内側に気持ちが向かない。このことについては白岩（1995）が詳しい報告を行っている。大勢の人に一度に取り組んでもらう場合，筆者は描画に先立ち肩，首，腰の緊張をほぐす簡単なヨーガの体操と，気持ちが落ち着く呼吸法を行ってもらう。目を閉じて，しばらくぼんやりしながら，今の心の天気を思い浮かべてもらう。そのときに「今の心の天気は，スカッと晴れているでしょうか」と尋ねる。そう尋ねられるとスカッとは晴れていない自分の心に思い当たるものである。

　それから用紙に向かう。何も思い浮かばない人でも，用紙に向かってしばらくしていると何かしら描けるものである。ここでは用紙と色鉛筆やクレヨンなどの道具が「沈黙のリスナー」として存在してくれる。もし色鉛筆等が用意できないときは鉛筆やボールペンでもそれなりに描くことはできる。

　心の天気の描画は一人でフォーカシングするときにも便利である。セルフフォーカシングは，リスナーが傍にいてくれるときのようなよい意味の緊張感がない分，途中でフェルトセンスを見失ったり，批評家にさいなまれたりしやすいが，用紙と向き合うとき，この用紙がほどよいリスナーを務めてくれるのである。

(2) 「天気」でなくてもよい

　前述したように「天気」は心に向かうための入り口であり，誘い掛けである。

だから，心の天気を探るうちに景色が見えてきたり，あるいは天気も何も浮かばずにただ色だけがほんやり感じられたりするのなら，それをそのまま描いてよい。心の内に浮かぶものを否定する道理はない。子どもに心の天気を描かせると，しばしば人や動物などが登場する。

(3) 描いたものをもう一度眺める

フォーカシングに「共鳴させる」というステップがある。フェルトセンスに何らかの表現を与えたとき，その表現でぴったりしているかどうかしばらく確認する段階である。心の天気においても「共鳴」は重要なステップで，集中して描いたものをしばらく眺めてみて，本当に今の気持ちをぴったり表しているか共鳴させてみると，何か付け加えたくなったり，描きなおしたくなることがよくある。そして，これでぴったりという感じになるまで修正する。新しい用紙に描きなおしてもよい。

最初に灰色の大きな雲を一つ描いた人が，しばらく眺めた後，雲の端に太陽の端と光線を描き入れたりすることがよくある。雲を描いたことですでに少しシフトしたのである。

(4) タイトルと説明・感想を書く

ぴったりな絵が描けたら，用紙の余白に絵のタイトルと絵の説明や感想を書きこむ。筆者は余白に「題」「説明や感想」とあらかじめ印刷された用紙を用いている。絵で表現したものを言語化する時自己理解はさらに深まり，他者からも理解されやすくなる。表現が多面的になることで，フェルトセンスにぐっと迫ることになる。フォーカシングにおいてもフェルトセンスに名前をつけたり，フェルトセンスから言葉を引き出したりするのに似ている。

(5) 絵にコメントする

描き上がった絵に対して，指導者やセラピストは何らかの関わりをもったほうがよい。もちろん絵を見せたがらない人に無理に関わることはないが。関わり方としては，描かれた内容をリフレクションするのがよいと思う。例えば，大きな雲があったら「大きな雲があるね」と描かれたままを伝え返すのである。

(6) 小学校での実践

小学校で心の天気描画法を行うと，ほとんどの児童が熱心に取り組んでくれる。ただ実施に当たって指導者は十分にフォーカシングを理解している必要がある。マニュアルで示したような導入を行い，子どもに趣旨を理解させた上で自由に表現させ，上記のようなリフレクションによるコメントの意義を知っていなくてはならない。間違っても絵の指導や表現された内容に対する評価を行ってはならない。また，すごく天気の悪い子や心の天気を描くことに抵抗を感じている子どもには，さりげなく声を掛けて相談に誘うことも必要であろう。

ある小学校の5年生の教室にて描画法を行ったところ，一人ADHDの男児が描いた絵が目を引いた。図5-4は記憶をもとに筆者がその絵を再現したものである。右上の「北風」と書いてある袋から強い風が吹き出て，木を揺らし，自画像らしき子どもが帽子を飛ばされないように押さえている。

この子が教室で迷惑を掛ける度に，周りから非難される様子がわかる。それを彼は「北風」と受け止め，必死に耐えているのである。こんな絵に出会ったら「北風の中を帽子が飛ばされないように耐えているね」とリフレクションしてあげたい。

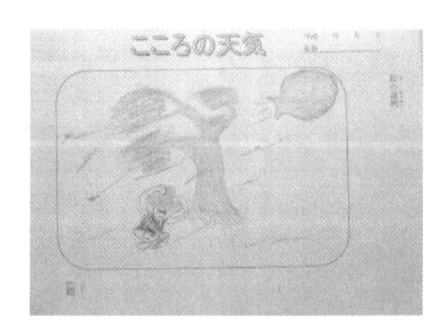

図 5-4

別のある小学校にて当時2年生を担任していた教諭は，1年間にわたってほぼ毎日心の天気描画法を実践した。

A君は人前で話すことに抵抗があり，またちょっと不安があると自分の殻に閉じこもり，そこから抜け出せなくなるところがあった。逆にわざと人の気を引くような言動も見られた。

図5-5は彼の2枚目の絵で，稲妻に大雨，竜巻，砂嵐と相当激しい。次に描かれた絵は嵐の海にサメが泳ぐが，なぜか海底に宝箱が二つ現れる。翌日は海底の宝箱に足が生え，顔が描かれる。雨と雷は続いているが右上に太陽も描き込まれた。その翌日は二つの宝箱と中身の宝石が描かれ，もはや雨はあがり，余白には「いい天気」と書かれている。

A君はその後，心の天気描画に当てられたわずかな時間の間に，大きな太陽が出てくるまで，何枚もの用紙に絵を描くようになった。人前で話さなかった子だが手を挙げて発言するようになり，家庭でもお客さんがあると玄関へ出て行くようになった。作文に対する抵抗も減り，文章で気持ちを表現できるようにもなった。また教諭が実施したアンケートに「心の天気を描くことで友だちと仲良くなれる」と書いている。

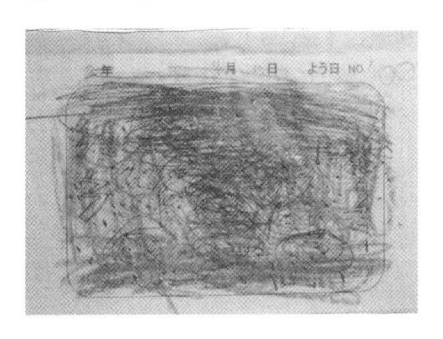

図5-5

このクラス全体の変化として，集中力，表現力の向上，とくに作文が苦手な子が次第に書けるようになり，また学級のトラブルも減少したように担任教諭は感じている。

毎日のように連続して心の天気を描画した場合，物語性のある絵がシリーズで描かれる場合がよくある。A君は「宝探し」のモチーフを展開しているし，他にも木の芽が出て最後には実のなる大きな木に育つなどのモチーフはよく見られる。動物たちとの出会いによって自分が癒され，勇気づけられるという展開を見せた保健室登校の児童もいた。このように，心の天気描画法はときに箱庭療法に似た展開を見せる。箱庭療法や他の絵画療法との関連性も今後は研究されなければならないだろう。またA君が開発したように，続けて何枚も描画

(7) 心の天気を描いてみた感想

　一学期間，心の天気描画法を実施した感想を上記の小学2年生の子どもたちに自由記述してもらったところ，「心の悪いことを描けてすっきりする」「心がすっきりする。毎日続けたい」「前に描いた絵を見ると，元気が出てくる」「心の天気を描くと，それが夢に出てくる」「心の天気が描けるから，毎日学校に来るのが楽しみ」「心の天気を描くことで友だちと仲良くなれる」などの感想があった。

　また別の小学校で5年生を受けもつ教諭も児童に毎日描かせており，「心にうそをつかなくてよくなる」「その場にあった言葉が使えるようになった」などの感想を子どもたちは述べている。

　一回体験した大人の感想としては「天気を紙に表現したとたんすごく安心した感じになってびっくりした」「自分の気持ちがよくわからないときにやるといいのではないか」「絵にすることでぼやけていた気持ちがはっきりしてすっきりした」「描いたものが心なのかからだの調子なのかわからない。からだと心は切り離せないと思った」などがあった。

心の天気描画マニュアル ■ ■ ■ ■ ■ ■ ■ ■ ■ ■ ■ ■ ■ ■
最初の教示
　心は目に見えないけど，いろんなことを感じて，それを誰かに聞いてもらいたかったり，表現したかったりします。だけど，なかなかうまくいえなかったり，聞いてもらえなかったりするので，心を表現することをあきらめてしまうことがよくあります。するとしまいには，自分が何を感じているのか自分でもわからなくなってしまい，落ち着きがなくなったり，わけもなく不安になったりします。
　今から行う「心の天気」という方法は，心をお天気にたとえてみることで，今の自分の感じをわかりやすく表現する方法です。
　とても気分がいいときは，心の天気は晴れでしょうし，何だか気にかかることがいろいろあるときは，ちょっと曇っているといえるかもしれません。悲しい雨が降っていることもあるでしょう。すごく腹が立っているときは雷がゴロゴロピカピカしているという表現がぴったりしているかもしれませんね。
　ちょうど空の天気が晴れたり曇ったりするように，心の天気もいろいろ移り変わります。いつも晴れがいいというわけではありません。雨や風が気持ち良いときだってあります。大事なのは，今の自分の心はどんな状態なんだろうかときちんと理解できていることなのです。それではさっそくやってみましょう。

ここからは毎回教示
　いすに深く腰かけて，首や肩の力を抜きます。目をつむって，ふうーっとゆっくり息を吐きましょう。ゆったり呼吸しながら身体の緊張を緩めていきます。
　（30秒ほど待って）いかがですか，だいぶん緊張が緩んだでしょうか。それでは今度は胸やお腹のあたりに気持ちを向けてください。そしてこんなふうに自分に問いかけてみてください。「自分の心は今，スカッと晴れわたっているかなぁ，それともどんより曇っているのかな」
　（10秒待って）いかがですか，心の天気が見えてきましたでしょうか。天気ではなくて景色が見えたり，ただの色が見えたり，イメージが見えたりしてくるかもしれません。もちろんそれはそれでOKです。見えてきたら用紙に色鉛筆やクレヨン，ない時は鉛筆やボールペンでも結構ですから，描いてみてください。なかなか浮かんでこない人も，用紙と向き合っているときっと何か描けると思います。
　（2～3分後）描き終わったら，描いたものをもう一度眺めてみて，自分の心をぴったり表現できているかどうか，照らし合わせてみてください。何かが足りないとか，ちょっと違うなと思ったら，描き加えたりなおしてください。
　（約1分後）終わったら余白に，絵のタイトルと説明や感想を書いてください。

■ ■

【参考文献】
増井武士　2003　病院場面での抑うつ症の治療面接の組み立て方　臨床心理学，**3**(3)，348-354.
白岩紘子　1995　フォーカシングと「気」の統合を目指して　人間性心理学研究，**13**(1)，44-51.

6 フォーカシングの6ステップ訓練法について

伊藤義美・寺田節子

1 はじめに

(1) リスナーやガイドの養成・訓練

わが国ではフォーカシング（Gendlin, 1978 など）が広まるとともに，さまざまな場面でフォーカシングをどのように教えるかという養成・訓練の問題は，ますます重要となっている。フォーカシングのセミナーやワークショップ（例えば，伊藤，2003b など）が行われているが，教授・学習のために明確なガイドラインが共通にあるわけではない。まずフォーカサーとしての経験を積んで，自らがフォーカシング・プロセスを体得することが考えられる。個人で継続して行うものとして，伊藤（1995, 2002）はフォーカサーの体験を積むために7ステップ法（7つのステップと4つのセッション）の教育フォーカシングのモデルと事例を提起している。村山（1995）は，教育フォーカシングの4回のセッション事例を報告している。これらの事例は，いずれもフォーカサーとしての訓練やフォーカサーとしての体験記録の報告である。また，フォーカシングのワークショップや学習会では，フォーカサーとしての体験のみでなく，リスナーやガイドとしてリスニングやガイディングを体験することも行われている（伊藤，2002 など）。しかしリスナーやガイドの養成・訓練については，わが国では十分な検討がなされていないのが現状だろう。

ニューヨークのフォーカシング研究所では，2003 年からフォーカシング・プロフェッショナル（Focusing Professional）としてフォーカシング・トレー

ナー (Focusing Trainer, FT) とフォーカシング・オリエンティッド・サイコセラピー (Focusing-Oriented Psychotherapy) のセラピスト (FOT) を認定するようになった。こうして国内外におけるフォーカシング・トレーナーやフォーカシング・オリエンティッド・サイコセラピーのセラピストの訓練・養成は, 重要な問題になっている。

(2) フォーカシングの6ステップ訓練法

伊藤 (2003a) は, フォーカシング・トレーナーを養成するための6ステップ訓練法を提起している。ここで6ステップ訓練法の6ステップは, 次の通りである。

ステップ1：フォーカサーがフォーカシングを行い, ガイドがリスニングあるいはガイディング (リスニング, インストラクション, 提案) を実施する。これには, 録音あるいは録画を伴う。

ステップ2：ガイドがこのフォーカシングの逐語記録を作成し, セルフ・コメントをつける。

ステップ3：ガイドとトレーナー (あるいはコーディネーター) が録音 (あるいは録画) と逐語記録をもとに二人でフォーカシングを振り返って検討する。必要ならば, 2～3回に分けて検討する。この検討の内容も録音してもよい。

ステップ4：ガイドがステップ3での検討をふまえて, フォーカシングあるいはガイディングを見なおして改めてセルフ・コメントをつける。

ステップ5：同じ (あるいは別の) フォーカサーとフォーカシングに取り組む。フォーカサーはフォーカシングを, ガイドはガイディングを行う。これには, 録音あるいは録画を伴う。

ステップ6：ステップ2～ステップ5を繰り返す。こうして5回のフォーカシングを行い, その取り組みを検討する。

伊藤 (2003a) では, この6ステップ訓練法によって訓練を行ったセッション事例を報告した。本章は他のフォーカサーとのフォーカシングのセッション事例を報告して, ガイドの振り返りや訓練法について検討する。6ステップ訓練法では, ステップ5とステップ6にあたる部分である。

2 事 例

(1) ガイディング＝フォーカシングの事例

　ここで取り上げるのは，カウンセリング活動を行っていて，フォーカシングに関心をもっている女性Gさんのガイディングの事例である。Gさんは，フォーカシングが自らの悩みを癒すことに役立つことを体験し，関心をもつようになった。来日して開催されたコーネル，ヒンターコプフ，インゼ（Inze）などのフォーカシング・ワークショップに熱心に参加している。また，「ぎふ・長良川フォーカシング・ワークショップ」にも補助スタッフとして何回か参加している。フォーカサーとしての経験は豊かな方であるが，リスナーやガイドとしての経験を積もうとしているところである。

(2) フォーカサーとガイド

1) フォーカサー：Fさん　男性，30歳代後半，会社員
2) ガイド：Gさん　女性，50歳代，フォーカシング・トレーニー

　米国フォーカシング研究所に訓練生（Trainer in Training）として登録され，フォーカシング・トレーナーの訓練を受けている。

　ここで報告するフォーカシングは，フォーカシング・サークルの月例会で行われたものである。二人がペアを組んだのは二回目で，今回は最初にガイド（Gさん）がフォーカサーとなり，その後でFさんがフォーカサーとなってフォーカシングを行った。

(3) ガイディング＝フォーカシングの逐語記録

　ガイドのGさんは，Fさんと約30分のフォーカシング・セッションを行い，それを録音した（ステップ1）。その録音から逐語記録を作成し，その際にGさんは自分の発言などについてセルフ・コメントをつけた（ステップ2）。フォーカシング・コーディネーターとは，録音テープと逐語記録をもとにフォーカシングとガイディングのプロセスを検討した（ステップ3）。Gさんはその検討場面をも録音しており，その内容をもとに自分の取り組みを見直し，ふたたびセルフ・コメントをつけた（ステップ4）。

F：フォーカサー（男性）　　G：ガイド（女性）

F1：何でもいいですので（はい），言ってください。（はい）よろしくお願いします。（お願いします）

G1：（沈黙24秒）いいですか，このまま問題に（あ，そうですね）入っても（はい）よろしいですか。（はい）

F2：今，そうですね，ええと，えーえ，何か家族の中で，実はあの先週の木曜日に，父が手術しまして（はい）そのことがちょっと今大半を，自分の大半をしめてて（はい），その感じとちょっと今つき合ってみて，距離をとれたらなあーと思って，それに何かべったりとひっついてしまってて（ひっついちゃって，はーあ），それでそうですね。

G2：お父さんが手術されて（はい），そのことで，その問題がべったりひっついちゃって（ええ），少し距離がとれたらなあーと。（そうですね）

F3：そのべったりというのを，ちょっともう一度味わってみようかなーと（はい），ちょっと時間をください。（はい）（沈黙32秒）なんかこうーうーんと，からだの前のほうですね（はい），前のほう全体にそれが，あのぴったりとくっついていて（はい），そうですね，あのそれは，あのなんか皮みたいな感じなんですね。（はい）ええ。

G3：何かの皮が（うん）べったりひっついてる感じ。（はい）

F4：それは，うーん，自分の皮なのか，あの他からまったく違うものが来て，くっついちゃったのか。（はい）で，今，うーん，感じようとしているところなんですが，（間）そうですね，この中心のほうでは違和感はないんです（はい），その皮に対して。

G4：中心のほうでは（はい）違和感はない。（はい）

F5：そうですね。でこっちのほうは，きっとここ自分あの皮膚からちょっと浮きあがってて（はー）あの違和感があるっていうか，あの距離があるなっていう感じがしているんです。（はい）

G5：左のほうの。

F6：え，あれー両方です。（両方で）両方，なんかこういう感じで。

G6：胸から腕の付け根にかけて（そうですね）違和感がある。（はい）はい。

F7：（間）何かその，（沈黙7秒）ぴったりの感じか，あと何かあのー海に

行ったときに皮が剥けますよね。(はあー) なんかむず痒ゆくて，ここらへんはこうなっているから，ちょっとべろっととりたいなあーと思うんだけれども (はい)，こっちのほうはまだ皮として，ええ，めくれないので (はあ)，痛いなというのがあるんです。(はあ)

G7：端のほうは，めくれかけているんだけども，全部はめくれなくて (そう) 痛い。(うん)

F8：はっきりとしたのが中心にある。

G8：その痛ーい感じを (はい) ああー今こんな感じだなあと，まず，もう一度感じてみましょうか。(はい)

F9：(沈黙35秒) そうですねー。うん，やっぱし痛いなーっていう。(痛いなーって) うん，でも，そうなっちゃったのは，しょうがないなっていう。(感じですか) はい。(沈黙10秒) それを感じてると，あのだいぶこっちの端の皮がもっとめくれてきて (あ，めくれてきて) うん，ちょっと距離がとれ (とれてきた)，とれてきたって感じですね。ここと (はい) こういう，(沈黙11秒) なんかこうーその痛みが何か，自分自身全部が痛いって感じてたんですけど (はい)，今その中心の痛みだけを感じていると (はい) (間) うん，その一部だけが痛いんだなあというと，もう一度実感できたというか。(はー)

G9：全体ではなくて，一部だけが痛いんだなあーっていう (そうですね)，今は実感がある。(はい，そうですね)

F10：(間) それでいて，ここでピラピラと，えー皮が (は，ピラピラしてる) うん，何かこうそれがちょっと，今うんー，うっとおしいっていうか。(いうか) うん，うっとおしいといったら，ちょっと違うんですねー，(間) やっぱしなんかこう痒い，痒い。(痒くなってきた) そうですね。

G10：じゃ，提案ですが (はい) この痒くなったり，中心の痛い部分は，気にしているお父さんの病気と (はい) どうつながっているのかなあといってみて，(はい) 何か感じが変わるのを，待ってみましょうか。(はい)

F11：(沈黙38秒) やっぱしその，最初手術って言ったんですが (はい) うん，父子関係っていうんですか，父と子の関係 (関係)，うん，関係性じゃないかな。(はー) そんなふうに，あの感じが，ええ (感じられる)

ええ，変わったというか。（はー）（沈黙10秒）そう今そう言ったら，何かこうここで，パタパタパタという，自発的に（はあ）こう，めくれた部分が動くというか，羽ばたいている。（羽ばたいている）うん。（沈黙8秒）何かイメージとしては，ここに何か（間）鳥がこう来て（はい）ここで羽ばたいていて…。（はー）

G11：鳥がこの中心にいて（はい），羽ばたいている。（はい）

F12：周りにいた，そのこう浮いた皮っていうか，何か痛いのはその鳥が爪をあの立てて（はあ）そこに止まっている。（止まっているから）だいぶ痛みはこう小さくなってきたていうか。（小さくなってきた）はい。

G12：そのままを，もう一度受け止めて感じてみましょうか。（はい）

F13：（沈黙41秒）何か，鳥はそこにいてもいいんだよっていう感じはして（はい）うん，いつでも飛び立てるんだから。（はあ，いていいよっていう）はい。（沈黙8秒）それとあと，何かこの2,3日いらいらしてたものが（はあ）スキッと，あ，何か流れるような（はあー）ていうか，何かいらいらがこの辺に溜まってて（はい），で，ここに巣があって，いらいらがいっぱいこの巣のとこに，あの，集まってしまって，流れないのが，感じがあったんですけど，〈数語不明〉（はい）

G13：2,3日いらいらしてたのが（はい），もう，巣の中に固まったみたいになってて（うん），流れることもなかったんだけども（うん），その鳥を，いていいよって受け入れたときに，スッーと流れていった。（うん，そうですね）はい。

F14：（沈黙8秒）鳥を受け入れられたんですね，やっと何か。（はー）

G14：鳥を受け入れることができた。（うん，そうですね）はい。

F15：何か今までそう，何かこう皮がひっついて，実体がなかったっていうか，鳥じゃなかったわけなんですね。（ははー）なんかこう，うつむいてそのところを，あの日常生活とかで（はい）見ていたら，何か痒いし，痛いし，うんどうしようかなっていう，ほんとに短気というか。（はい）そういうときもあって（はい）それでもう疲れてしまうことは，よくあったんです。（はい）

G15：日常の生活の中で，もういろいろあって，それは痒いとか，痛いとか，

そのままを受け入れて，パニックになった状態もあった。（うん）
F16：今は，それが鳥で（はい），自分でここで羽ばたいてて（はい）（間）別に自分がうつむいてそれを見なくても，自分でここで羽ばたいているんだから，そうですね，受け入れられるんだって感じがしてるんです。
G16：一つ一つの痛い痒いの，そのストレスが，今は鳥という形に現れて，それもそのまま受け入れている。（そうですね）はい（うん，あのー）とてもスムーズに受け入れられますか?
F17：スムーズということまではいけないで（はい），やっぱちょっとその（鳥は，鳥）鳥は鳥で，あのときどきはくちばしでつついたり。（ああ，つっいたりする）うん，このー爪でキュッとつかんだりしたときは，何か（痛い）うん，痛いとか悲しいとか，そんな感情とか感じが出てくるんですけども。（はあ，はい）でも，それはさっきより鮮明に，鳥っていう実体があったもんですから（はい），うん，それはよりはっきりしてきたっていうか（はい），すっきりとまではいかないんだけど。うーん。
G17：すっきり受け入れるわけではないけど（うん），苦にならずに（うん），共存できる（うん）という感じでしょうか?（うん）
F18：そうですね，共存。うん，そうですね，共存という言葉がいい。今，あのー共存できる感じ（間），うん，共存できる。（沈黙18秒）何か今，共存って言ってくださった。うーん，何かこうー（間），胸の奥のものがすっと，うーん，何ていったらいいのか，ふるえたというか。（はあ）うーん，何かうーん，そうですね，響いたっていうか。（はい）うん，何かぐっと今Gさんとの関係の中で（はい）何かわかってもらえたなーっていう感じがして，うん，通じ合ったっていうか。（はい）はい，何か感動しているというか。（沈黙15秒）そうですね，（間）まあこの感動とその鳥とのつき合い方とか（はい），もう一度味わって，今日はこれ，いいおみやげにして?
G18：では，あの（はい）時間かけて（はい），ゆっくりあのFさんのペースで味わって（はい），Fさんのペースで戻ってきてください。（はい）
F19：（沈黙31秒）はい，ありがとうございました。

G19：はい，ありがとうございました。なにか（ええ）言葉にしておくこと，ありますか。

F20：そうですね。あの今，最後の部分でも言ったんですけども，共存という言葉が，本当にぴったしきたんですね。でそれはやっぱし一緒に，大袈裟かもしれないですけども，一緒にそのー，今の時間を旅してもらったからこそ，その言葉がぴったしきたんかなと思って（はー），何かすごい感動っていうか，通じ合えたなって感じがしてるんですけど。

G20：私も，あのこうＦさんが，あのこう伝えてくださる言葉と表情を見ながら（はい），あのその一体になって感じたようなときに（はい），フッと共存が出ちゃって。（ええ）でも，あのフォーカサーさんの（ええ）気持ちとかそういうのは，フォーカサーさんだけにしかわからないもので，そのときはしまったとか思ったんだけど（ええ），でも，あのもしそれが違っていれば，それとすり合わせて，またあのＦさんは違うもの，違うんだぞ，こうだぞって，出てこんものが出てくるんで。で共存っていって，何もあれだったら（ええ），あのこう感じたんだけど（ええ），Ｆさんはその言葉から（ええ）どう感じられますかとか（うん），聞いてみようと思っとったんです。（はあ，はー）

F21：でも，今そうですね。自分にとっては，すごく（よかったですか）前進したっていうか。

G21：あーそうですか。どうもありがとうございました。どうでしょうか？

F22：やっぱし，ああいうことは起こるんですね。何かうん通じ合ったなっていう感じ。（はあ，はは）スッと何とも言葉にできないんですけど。（はー）

G22：私も，あのできるだけあのＦさんの言葉と，表情とあれと，あの自分の経験とで，一生懸命その，Ｆさんと共におなじー，あの感じてみようという，あれ，せいいっぱいしとったら，スッと共存が出てきちゃったんですけど，はー。

F23：そりゃー，すごい不思議っていうか（はー）感動しました。

G23：今は（ええ），お父さんとの距離は?

F24：そうですね，ちょうどいい距離かなと思いますね。

G24：あ，そうですか。（ええ）どうもありがとうございました。
F25：ありがとうございました。

3 事例の検討
(1) ガイドのセッションの振り返り

　途中で救急車やヘリコプターの音が聞こえてきたが，二人は気が散ることはなかった。

　先回のセッションで，このフォーカサーは内側に入りやすい人だと感じていたので，できるだけ任せてついていこうと思っていたが，それより先にフォーカサーがご自分でどんどん進めていかれた印象がある。

　事前に「気がかりがある」と申し出があり，ご自分で心の空間づくりに入って，F1へと続けていかれた。その後，内的プロセスを細かく伝えながら，どんどん感じとつき合っていかれた。こういうときガイドは「はい，はい」だけでついていけば良かったのか。ここでは，いつものように短く区切って返している。そのためにかえってフォーカサーの邪魔をしているというか，話しを途切れさせているような気がしないでもない（フォーカサーがどう感じたかわからないが）。F2からF5あたりまでは「はい」を丁寧に使って，ついていったほうがよかったのだろうか。いや，適切なところで，きちっと区切って応答するということに，ガイドがまだ未熟であるということだと思う。これまでの課題であった「感じながら待つ」ということが，まだ十分にできていない。

　F2の「…，それでそうですね。」の後，感じに触れて確かめようとしているのに，G2で勝手に入り込んで，肝心なところを遮ってしまっている。そのために，F3で「…ちょっと時間をください。…」といっている。この人のように主体性のあるフォーカサーは，こんなふうにガイドを助けてくれるが，そうでないフォーカサーの場合は，もうここでつまずいていたと思う。F4では，「今うーん，感じようとしているところなんですが，」と言いながら，しっかり感じ取っている様子がよくわかった。

　このフォーカサーのように，感じよう，感じ取ろうとしている人はガイドにとっては楽だが，良いガイドであろうと構えすぎていると邪魔をしてしまうような気がする。

F5以降は，手でジェスチャーを交えながら話し，その感じがピッタリかどうかもご自分で確認していかれた。F5では，「イメージが出ているなー」とガイドは感じていた。

G5の「左のほうの」は，左手を左の胸のあたりに当てるジェスチャーをされていたからそれを言葉にした。G6の「胸から腕の付け根にかけて…」もジェスチャーを描写している。

G8では，ここでこういう応答（提案）は，場違いである。とくにこの人にはこういう提案は必要ないだろう。ここではF8をそのまま伝え返して，その後ゆっくり待つようにすればよかった。F9では，ガイドが何回か口を出しているが，この人には邪魔になっただろうと思う。ついつい口を出してしまうガイドの悪い癖である。F10では，「うっとおしいっていうか」と表現しながら，しっかり感じとつき合わせている。G10は，ミスレスポンスである。この場合にも，こういう提案は必要ない。とくにこのフォーカサーには，よほどでない限り提案は必要ない。ここでは無視してくれているから，ガイドとしては助かっている。この人のように内側とのつき合い方がしっかり身についている人の場合は，そのガイドのミスを何とかすり抜けることができるが，そういう人ばかりとは限らない。ガイドに義理立てして不本意ながら提案に従う人もいるだろうから，提案は心してしなければならないと思った。F11では，感じとつき合うというか，感じ取ることに重点をおかれていたおかげで，気がかりなことが，最初はお父さんの手術というものだったが，ここにきて「父と子の関係，うん，関係性じゃないかな。」に変わった。その後，イメージとして，鳥が胸のあたりで羽ばたいているという表現がジェスチャーとともになされている。G11では，「その鳥はどんな感じ？」と聞いてみてもよかったかなと思う。G12の「もう一度受け止めて感じてみましょうか」は，「こんな感じだなーと味わってみましょうか」のほうがよかったと思う。

G13で，ガイドは「その鳥を，いていいよって受け入れたときに」と言っているが，F13では「鳥はそこにいてもいいんだよ」とは言っているが，「受け入れた」とは言っていない。そしてF14で「鳥を受け入れられたんですね」と言っている。F16では，「受け入れられるんだって感じがしている」と言っている。ガイドが不用意に使った言葉が何回も使われている。F15, 16, 17あたり

では，イメージの中で鳥という実体を通して感じる感じと，生活の中での感じとが，つき合わされつつあるのかなと思う。G15は，完全なミスレスポンスである。「パニック」とは言っていない，「短気」と言っている。G16の「とてもスムーズに受け入れられますか?」。これはガイドの勝手な質問である。とくにスムーズには――この類の言葉は――いつも検討のときになって「なんで，ここでこんな言葉が出るの?」と，ガイド自身が問いたくなるような悪い癖である。これは，ガイド自身の日常生活の中で，受け入れるならスムーズにというような生き方みたいなものが，ふと出てきて念を押すのかなーと，この頃思ったりする。G17では，ガイドの言葉が「受け入れる」から「共存できる」に勝手に変わってしまった。するとF18で，フォーカサーは「共存できる感じ，（間）うん，共存できる」と言っている。

　このガイドは，リスナー体験のときも，フォーカサー体験のときのように，頭を空にしてできるだけ相手の感じを感じ取っていこうと思っている。それはあたりまえのことではあるが，いつもこだわりすぎるくらいそのことが気になっている。そのために，フォーカサーから許可が出る限り，フォーカサーの真ん前に座って，相手の胸元からとくに喉元の息使い，顔の表情などに集中して，表現と共に目に映るすべてから感じ取ろうとしている。今回も，F11あたりから，その態勢ができていたと思う。そして，どのあたりからか，今リスナーが感じているものと同じものを感じながら共に伴走しているような感じがあった。両者の距離は，ちょうどいい位置で保たれていたはずである。

　このような感じがいつもあるわけではない。この日は，非常に集中できていた。それはたぶんフォーカサーのおかげだと思う。そしてガイドが「共存」という言葉を感じた頃から，今，目の前のフォーカサーも同じようなものを感じてはいるが，まだ言葉になっていないんだなーというような感じがガイドの中にはあった。この感じは，ガイド自身のフォーカサー体験から出てきたものだと思う。もう少しゆっくり待てば，きっとフォーカサーの口からその言葉が出てきたと思う。もしその感じがそうでなかったら，このフォーカサーは，ガイドの言葉をすんなり受け入れてしまうようなことはしなかったと思う。

　もう一つ，G17でフォーカサーが言っていないのに，ガイドが「受け入れる」と言っている。この部分でも同じことが言えると思う。日頃，気が小さく何も

自信をもって言えないこのガイドが，ここまで言い切っているのにはガイド自身が驚いているが，唯一ガイド自身のフォーカサー体験と，F18以下のフォーカサーの言葉によって後押しされているような気がする。ただそれだけである。

でも，ガイドはこれをこれで良しとしているわけではない。ガイドが「共存」といわなければ，フォーカサーの中でその言葉にならないものが，今言葉になろうとしている。その変化のプロセスの中での感じや感覚の一つ一つを十分味わう中から，フォーカサー自身の言葉が生まれてくる，このプロセスの中でフォーカサー自身がゆっくり感じ，味わいながらその瞬間，瞬間を生きることが，フォーカサーにとって一番大切なことではないかと，それがフォーカシングの目的ではないかと，このガイドは思うのである。その瞬間を生きることができたとき。それがその後の，その人の心の中に関わりをもってくるような気がする。このフォーカサーは，そこまで自力で行けるプロセスにありながら，ガイドの不用意な言葉のために，途中で頭のほうに引き戻されてしまった（?）かもしれない。

以上このガイドの仮説は，ガイド自身の今までのフォーカサー体験から生まれたものである。

(2) 教師としてのフォーカサー法，コーチ法及びインタラクティブ・フォーカシング

リスナーやガイドの訓練としては，教師としてのフォーカサー法（Focuser-as-Teacher Model，あるいはフォーカサーに教えてもらう方法）とコーチ法（The Coach Model），およびインタラクティブ・フォーカシング（Interactive Focusing）などがある。教師としてのフォーカサー法は，フォーカサーがリスナーにフィードバックする形でリスナーに教える方法である。リスナーはフォーカサーのフィードバックを取り入れ，それを参考にしてリスニングの反応を修正するのである。フォーカサーは，リスナーが正しくとらえたいと思い，共感的に理解しようとして支えてくれるのを感じとることができる。

コーチ法は，コーチ役がついてリスニングやガイディングを行うやり方である。これは必要なときにコーチがいつもリスナーやガイドを即時的に直接手助

けできるのが特徴である。つまり(1)コーチ役がフォーカシングの場にいて、フォーカシングのリスナーやガイドが行き詰まったり、困ったりしたとき、明らかに不適切な関わりのときに、途中でコーチングをすることができる。(2)もう一つ考えられるのは、とにかくリスナー（あるいはガイド）に一人でやらせてみて、その後で取り組みを検討することである。後者の場合は即時性や直接性の点が十分ではないが、リスナーが困ってもとにかく最後まで自力で取り組ませ、自らに工夫させることができる。

今回報告した事例で用いた方法は、とにかくリスナー（あるいはガイド）が一人で最後までやるという点では後者に近いものである。しかし(1)コーチがその場で見守っていないこと、(2)リスナー（あるいはガイド）が逐語記録を作成し、自分で振り返りをしてセルフ・コメントをつけ、それらをもとにコーチ（あるいはスーパーヴァイザー）と二人で検討するという点が異なっている。この検討の中においてフォーカシングを用いることもできるだろう。

この方法の問題点は、検討の場にフォーカサーがいないので、フォーカサー自身がその場でどう感じたか、どのようにして欲しかったか、感想を直接的に聞けないことである。

インタラクティブ・フォーカシングは、フォーカサーとリスナーが交代し、両方の役割を体験するものである。これにコーチをつけることができるし、録音なり逐語記録をつくって検討することができる。

いずれの方法も一長一短があるので、実際にはその目的に応じて使い分けたり併用することが必要であると考えられる。

【参考文献】

Gendlin, E. T. 1981 *Focusing* (2nd ed.). New York, Bantam Books. （村山正治・都留春夫・村瀬孝雄訳 1982 フォーカシング 福村出版）

Hinterkop, F. E. 1983 Experiential focusing : A three-stage training program. *Journal of Humanistic Psychology*, **23**(4), 113-126.

伊藤義美 1995 教育フォーカシングの提起とその試行について 名古屋大学教養部紀要B（自然科学・心理学），**35**, 29-47.

伊藤義美 2000 フォーカシングの空間づくりに関する研究 風間書房

伊藤義美 2003a 6ステップ法によるフォーカシングの訓練について 情報文化研究（名古屋大学情報文化学部・大学院人間情報学研究科），**17**, 113-125.

伊藤義美　2003b　No.33 ぎふ・長良川フォーカシング・ワークショップ（第9回）　人間関係研究会 2003 年度ワークショップ・プログラム，16.
伊藤義美編　2002　フォーカシングの実践と研究　ナカニシヤ出版
村山正治　1995　Kさんとの「教育フォーカシング」の逐語記録　九州大学教育学部紀要（教育心理学部門），**35**(1)，21-45.
Weiser, A. C.　1990　How I teach people to focus with each other. *The Focusing Folio*, **9**(4), 146-163.

7
"グループ体験"を伴うフォーカシングの体得

増田　實

1　フォーカシング体得の要件
(1) 体験的修得への志向

　フォーカシングは，すでに述べられているように，それ自体の中に"治療的"（therapeutic）な機能とともに"成長的"（developmental）なそれが含まれている，といえる。言い換えれば，フォーカシングを個人に適用することによって，その個人の不安や悩みなどの問題解決への援助に資するばかりでなく，かれ自身の内面的・心理的成長の促進にも役立つ，と考えられているのである。

　フォーカシングのこの機能を適切・的確に活かすためには，何よりもまずフォーカシングそれ自体を充分に体得することが求められる。その体得のしかた（方法）には，大別して，概念的（conceptual, intellectual）な方法と体験的（experiential, empirical）なそれが考えられるが，前者は，主として首から上の働きによってなされる修得の方法であり，例えば，講義を受けて学ぶ，読書を通して得る，など知的・概念的な仕方である。これに対して，後者は，首から上ばかりでなく，それを含むからだ全体を通して修得する方法であり，例えば，実際にそれに触れ，行ってみて学ぶ（実習，演習），というような行動的・体験的な仕方である。ここから導かれる結果は，まさに"体得"という言葉が当てはまる，といえよう。

　以上から推量されるように，概念的な方法による修得は，比較的短かい時間でなされうるが，その結果（概念的知識）がその個人の内側に浸透する度合い

は，それ相応に薄くなる，と考えられる．それに対して，体験的な方法には，試行錯誤も加えながら時間をかけてくり返すことが必然的になされ，それに伴う体得（体験的知識）は，その個人の内側に比較的深く沁み込み，より確実に定着する，といえる．このような体験的知識は，概念的知識よりもその個人にとって活用度が大きくなる，と想定される．

このことは，おそらく多くの事象に当てはまる，と考えられるが，フォーカシングなど対人的援助に関する技法や態度の修得には，とくに留意され，また，強調される必要がある．

(2) 内的枠組みの拡大化・柔軟化

事象の修得や体得は，その個人自身の"器"がそれ相応の状態になっていなければなしえない．このことは，フォーカシング体得に際しても同様であり，また，その要件としてよりいっそう強調してとらえておく必要があろう．

この"器"は，言い換えれば，その個人自身のもつ内的枠組み（inner frame of reference）であり，かれの思考や感情，言動などを左右する内面的な基準である．われわれ個人には，その生誕とともに生得的にこの枠組みが具備されている，と考えられるが，幼少時のそれは，柔軟ではあるが小さい，といえよう．そして，成長するにしたがって，その枠組みは変化し，個人差はあるが一般的には拡大する．例えば，幼児は，些細なことで一喜一憂し，泣き笑いをくり返すことが多いが，加齢するにしたがって，この傾向は一般的に薄れていく．ここには，かれの内的枠組みが拡大化した証左がある，と見ることができる．

この拡大化は，その個人の内的な変化そのものであるが，そこにはかれをとりまく外的な働きかけが深く関与している，と考えられる．例えば，躾は，その働きかけの代表的な一つである，と見られるが，躾の一つ一つがかれの内的枠組みにくみ込まれることによって，その枠組みの中身を満たすとともに枠組み自体も拡大する．

しかし，このような拡大化は，その中身の定着に伴って安定化をも求めるようになり，そのことが逆に内的枠組みの柔軟性を発揮しにくくする．思考の保守性（頑さ）は，その一例である．このことがくり返され，そして，そのまま加齢すると，幼少時に備えられていたこの柔軟さが失われていく，と考えられ

る。

　フォーカシングの実践に際しては，その相手の内的世界の多様な動きや流れに適切・的確に沿うことが求められるが，そこでは，リスナー（心理療法家など）のもつ内的枠組みがそれ相応に培われている必要がある。それは，その人自身の内的枠組みの拡大化・柔軟化として要約することができよう。そして，フォーカシング体得においても，この拡大化・柔軟化を視野に含めて進めていくことが求められる。

2　フォーカシング体得における"グループ体験"の意味
(1) グループ体験による成果

　まず，"グループ体験"に関する参加者の声（参加後の感想）の一部を示しておこう。

　　……流れに任せていると，思いもかけなかった問題に遭遇するのだと，そして，それが今の自分にとって必要なものであるということに気づかせていただいた……力を抜いて流れに身を任せることと同時に，ここというときには流されてしまわずに自分を出していくこと，その両方ができることに近づいているような感じがしています。(N.H.)

　　自分の心の動きを体感できる瞬間があり，その感覚を大切にしたい。いくつかの言葉や表情，感じなどが自分の中にすっと入ってきて残っています。この短い間にこんなにも信頼感のある空間ができるものかという驚きと喜びを感じます。(S.M.)

　　言葉にしては言えなかったけれど，自分の中ではきちんと言えていて，それを自分ではきちんとわかっているので，それでよかった……。(I.T.)

　これらは，あるエンカウンター・グループ（encounter group）の終了時に記された生の言葉であるが，ここから知られることは，それぞれの参加者自身の中にそれまで潜んでいた考えや感じが芽生えてきた，という点である。これは，気づき，あるいは，可能性の開花などと呼ぶこともできるが，そこには，かれら自身のもつ内的枠組みがグループ体験を通して少しずつ拡がり，また，柔かくなった結果が示されている，といえる。

個人のもつ"知"の世界, "感"の世界などは, 他者との深いレベルでの関わりがなされることによって, それまでにつくられてきた内的枠組み（例えば, その個人のもつ価値観）が揺り動かされ, 不安や反発などを伴う一時的な停滞や固着を経ながら, それまでにない境地へと耕され伸展する, と考えられる。これらの参加者の声には, このことが含められている, ととらえることができる。そして, これがかれらの内的枠組みの拡大化・柔軟化の現れ（わずかではあるが）である, といえよう。

個人の内的枠組みの拡大化・柔軟化は, このように他者との深いレベルでの体験的な関わりによってなされる, と見ることができるが, このことがわずかでもなされると, それまで観えなかったものが観えるようになり, 感じられなかったものが感じられるようになるし, また, なしえなかったことがなせるようになる。そして,「これでよし」と肯定的にとらえることも多くなる。ここに示した参加者にも, これらの一端がその内側に生起した, と想像される。

(2) フォーカシング体得への活用

このような内的枠組みの拡大化・柔軟化は, 対人的事象の多くの場で自ずと活かされるようになる, と考えられる。そして, その個人の対人関係が改められるようになり, 以前にも増して豊かになっていく, と想定されるが, このことは, フォーカシングが対人的事象の一つである点から, それの体得に際しても活かされ, また, その体得を容易にするであろう, と考えられる。

フォーカシングを創始したジェンドリンは, エンカウンター・グループそのものへの関心をそれほど強く抱いておらず, それへの参加もほとんどなかった, といわれているが, フォーカシングに関連する対人的事象への関心は豊かであった, と想像される。それは, 例えば, "チェンジズ"（changes）の主宰によって示されている。そこでは, コミュニティ・ネットワークなど多彩なプロジェクトを推し進めており,「……開放性（openness）を尊重し, 親密さをきずくさまざまな道を見つけている。また, グループは構造をもっているが, ……お互いの考えの相違を尊重し, そこから生まれてくる葛藤に耐えて, ……あるがままの人間を尊重し, 変化を強要しない。しかし, 変化のために余地を可能な限りつくる。……人間関係を通じて変化が可能であることをはっきりさせて

いくのである。傾聴や焦点づけ（フォーカシング＝筆者加筆）を通じて，自分自身や他人との深い交流をする機会を提供している」（村山，1993）のである。

　この記述の中には，フォーカシング体得に対するグループ体験の有効性に関しては触れられていない。しかし，ジェンドリンがフォーカシングと対人的事象の関連について深い関心を抱いていることは，強く暗示される。そして，ここから敷衍して考慮すれば，フォーカシングの体得には，"グループ体験"的なプロセスが求められている，と考えられる。

　次に，"グループ体験"を繰り返していくと，そこで関わるその相手の内的世界と共におり，また共に歩むことが次第にできるようになっていくが，このことがフォーカシングの体得に活かされる。グループ体験では，他者と自己との間で，また，他者相互間でさまざまな心理的事態（対立，和解，葛藤，同意，敵意，安堵，焦り，静観など）が生起するが，それらに伴う雰囲気の中に佇まざるをえなくなることも多く，また，ときにはそれらに直面する。このような過程を経る中で，自他の内的世界が交錯しながらそれぞれの動きや流れが見えるようになり，また，とらえられるようになってくる。そして，相手の内的世界の流れと共に歩むこともできるようになる，といえる。

　フォーカシングは，すでに知られるように，フォーカサーの内的世界と共におり，共に歩むプロセスをベースにして展開される，といえるが，"グループ体験"でのこのような体得は，フォーカシングを体得する際の共通の基盤を提供するようになる。

　しかし，フォーカシング体得を企図するワークショップの中にこのような"グループ体験"を同時に組み入れて実施することは，望まれながら，実際には容易ではない。この両者を含むワークショップには，少なくとも数日（5〜6日）間の日程が必要とされるであろうし，それに要するスタッフの確保も求められる。これらの条件を満たして開催する余力をもてないでいるのが現状であるように思われる。しかし，いつの日か実現したいプロジェクトの一つである。

3 フォーカシングと"グループ"のプログラム
(1) "フォーカシングの体験とグループでの交流"成立までの経緯

"グループ体験"の成果をフォーカシングに活かす，という明確な企画意図をもったワークショップは，今なお見あたらない，といえるが，このような意図を多少含めたフォーカシング体得トレーニングのワークショップは，多く開催されている。フォーカシング・ワークショップ，あるいは，フォーカシング研修会と呼ばれるプログラムのほとんどはこれに相当する，と考えられる。

しかし，フォーカシング体験（主として，フォーカサー体験）を中心とし，参加者相互の交流を含めたグループ体験的なワークショップ，すなわち，"グループ体験"をフォーカシング体得に結びつけようと意図して実施するプログラムは，数多くない，といえよう。その中の一つが"フォーカシングの体験とグループでの交流"と名づけられたプログラム（詳細後述）である。

このプログラムは，ジェンドリンの初来日（1978年 九州，京都，東京でかれを中心にしたフォーカシング・ワークショップが開催された）の次年，1979年から始められた。このときには，エンカウンター・グループ・プロセスの刺激剤的な扱いとしてフォーカシングを組み入れる形で実施していた。このワークショップの名称もそれを示しており，"フォーカシング（焦点づけ）エンカウンター・グループ"と名づけられている（増田，2000）。そして，そのプログラム内容（案内）には，「ベーシック・エンカウンター・グループを基盤にしながら，ジェンドリンの提唱したフォーカシング（focusing）の技法をとり入れて"確かな"自己探求と"より深い"出会いを求めるグループ体験となるよう試みたい……。」と記されている。その当時は，まだフォーカシングについて未習熟の状況であったので，このような企画が許された，と考えられる。

その後，このプログラムの内容は，フォーカシングの習熟とともに試行錯誤も繰り返しながら修正されていった。その様相は，このプログラムのタイトルを見ることによっても知られるので，開催年に沿ってそれを示しておこう。

  1980年〜1982年 「フォーカシング」エンカウンター・グループ
  1984年 「エンカウンター・グループ」+「フォーカシング」in Hakone
  1985年 「フォーカシング」⇔「エンカウンター・グループ」

1986年　「フォーカシングを体験し，グループで話し合おう」in 箱根
1987年以降　フォーカシングの体験とグループでの交流

　これらのタイトルから想像されるように，試行錯誤の初期（1979年〜1985年）には，"グループ体験"に重きがおかれており，それに味つけされるようにフォーカシングがくみ込まれる，という内容で実施されている。企画意図にも不明確さがあり，"グループ体験"とフォーカシングがうまく融合しないまま終了することが多かったので，未消化感を残していた。

　1986年には，基本的な修正を加え，それまでとは逆にフォーカシングの体験をプログラムの中心に据えて実施している。これもまた，試行錯誤の一つであったが，スタッフ側のフォーカシング習熟度やプログラムの企画度の高まりなどが噛み合うようになり，終了時の満足感もかなり得られたのが印象に残っている。そして，このことは，その後のプログラム内容の方向性を示唆するようになった，といえる。1987年のプログラムでは，この示唆にしたがってそのタイトル（フォーカシングの体験とグループでの交流）もより明確にし，また，その内容もフォーカシング体得を志向しながら"グループ体験"をそれに活かすように改められた。この方向性を基本とした内容は，部分的な修正は加えられているが，その後も引き継がれて今日に至っている。

(2) このプログラムの概要

　このプログラムは，"人間関係研究会ワークショップ・プログラム"の一つとして毎年1回開催されている。その案内冊子の内容には，次のように示されている。「静かにゆったりと自分の内側に気持ちを向けて，『この頃どんな感じで生きているかな』とか，『いま，どんな感じ，自分のなかで何を感じているかな』，『何が気になっているのかな』などと優しく問いかけ，はっきりしないけれども，確かに感じている『それ』を感じてみる。その感じにピッタリ合う"ことば"や"イメージ"がからだのなかから出てくるのを待つ……というフォーカシング。このプログラムでは，参加者それぞれの内的プロセス（体験過程）を大切にして，フォーカシングの体験を中心にしながら，その体験の分かち合い，そして，グループ体験へと柔軟にすすめていく予定です」（人間関係研究会, 2004）。

フォーカシングの体験と"グループでの交流"

	8	9	10	11	12	13	14	15	16	17	18	19	20	21	22	23
第1日								受付	オリエンテーション	S1 リラクセーション	夕食他		S2 3グループでのフォーカシング体験			
第2日	朝食		S3 フォーカシング体験		昼食他		S4 フォーカシング体験				夕食他		S5 フォーカシング体験		パーティ	
第3日	朝食		S6 全員での交流		解散	※Sはセッションを示す。										

　そして，このプログラムでは，このような内容を実施に移すことを考慮して，上記（表示）のスケジュールを立案し，ほぼこれに沿って進められている。

　このスケジュールは，最近の例であるが，このプログラムでは，ここ数年ほぼこのような時程内容で実施されてきており，その定着が見られるようになった，といえる。しかし，ここに至るには，1987年の改訂以後さらに引き続きなされてきた試行錯誤に依拠するところが多い。また，これに加えて，ジェンドリンの再来日によるワークショップ（「ジェンドリン博士・ヘンドリックス博士のフォーカシング・セミナー」1987年日本フォーカシング研究会主宰）への参加による示唆から導き出された点も多い。

　このプログラムでは，オリエンテーションの後，リラクセーションから開始される。参加者全員が比較的広い一室に集まり，スタッフ（予め担当者を決めておく）のリードによって進められるが，身体を動かすことを通してからだ全体のリラックスが促される。これは，"からだほぐし"と呼ばれているが，ここでは見知らぬ同士である参加者それぞれの緊張感を柔げ，また，からだと気持ちに"間"をおいてからだの感じを言葉にすることができるようになることを考慮して，ゆっくり，じっくり進められる。日常の生活状態から離れ，種々の身体動作（例えば，深い呼吸，手足の屈伸など）を繰り返しながら自分自身を感じ，また，他の参加者との接触（例えば，歩きながら手に触れる，肩もみ

をするなど）を通して自分自身への感じがより確かに得られるようになっていく。そして，リラックスばかりでなく，参加者相互のやや深いレベルでの交流がもてるようにもなる。

　このように進められるこのセッション（S1）は，参加者の内面的な土壌を耕し，その芽を開き易くする，という点で，その後のプログラム進展にとって重要な意味をもつ，といえる。そして，ここには，参加者自身の内的枠組み拡大化・柔軟化の一端が見出せるようになる，と考えられる。

　夕食後のセッション（S2）では，参加者を三～四人構成のグループに分け，それぞれのグループ（三つのグループ）でフォーカシング体験を実施する。このグループには，それぞれ一人のスタッフが加わり，そのスタッフがそこでの体験を進めていくが，その進め方には，グループ・メンバーの状況やスタッフの判断などによって多少の違いが出てくる。しかし，フォーカシングの理論学習は極力排除され，それの体験として進められる。しかし，参加者の"からだほぐし"がまだ不十分である場合には，フォーカシング体験そのものを保留し，グループの中でからだの感覚が感じとれるようなエクササイズをさらに加えていくこともある。

　この"グループでのフォーカシング"では，初心者にとってもフォーカシングがとらえ易いように工夫されその体験がなされる。参加者自身がそれぞれ自分にとって楽になる状態をつくり，「いまのからだの感じをそのまま味わってみましょう。ゆっくりと味わいながら，そこから出てくる感じを"言葉"や"イメージ"にしてみましょう。」というような声かけをして始めていく。そして，そのグループの一人一人に，その実感のままを言葉にするよう促しながら進めていく。ここでは，自分の中で動いている感じそのものが感じとれるようになること，それが一つの要点である，といえよう。

　その後のセッション（S3, S4, S5）では，1対1の個別的なフォーカシングの体験がなされる。この体験は，参加者がフォーカサー，スタッフがリスナーとなって進めていくのであるが，希望によっては，参加者がリスナーとなってその体験を得ることができる。しかし，参加者は，フォーカサー体験を求めることが多い。

　これらのセッションでは，したがって，この体験を進めていくためのスケジ

ュールづくりが必要になる。参加者は，1～2回のフォーカサー体験（あるいは，リスナー体験）を得ることができるが，どのスタッフ（あるいは，他の参加者）と体験するかが一つの関心事となる。フォーカシングの体験は，どのようなリスナーと進めてもその体験の意味をそれ相応に得ることができる，と考えられるが，スタッフのもち味や参加者の好みなどもこの体験には関与する，と見られるので，このスケジュールづくりは，参加者全員に委ねられてなされる。スタッフは，別室でその決定を待つことになるが，ここには，それ以前のセッションでの体験に伴う自己開示（内的枠組みの拡大化・柔軟化）や参加者相互の内的交流が活かされてくる，と考えられる。

　このスケジュールづくりは，第2日目の朝食後になされるが，場合によっては時間がかかりS3の開始時間を越えてしまうことがある。そのときには，スケジュール全体の調整が必要になるが，この体験の個別的な時間（体験セッション時間）としての約60分は，それぞれ確保される。しかし，フォーカシング体験は，必ずしも時間内に終了することができるとは限らないので，その場合には，さらにスケジュールの微調整をしながら進めることになる。

　この個別的なフォーカシング体験は，スタッフ数と同じ数の参加者（ここでは三人）が同時進行の形で実施される。そこで，その時間での残りの参加者について考慮する必要が出てくる。このことは，このプログラムで生じるもう一つの課題であったが，いくつかの試行錯誤を経て，現在では一つの方式を得るようになってきている。すなわち，この残りの参加者は，これらのセッション中一つの部屋に集まってきていることを原則とし，そこで体験スケジュールの順番を待ちながら，また，フォーカサー体験終了後の実感を味わいながら，そして，自由な想いの中に漂いながら相互に交流し合うことがなされるのである。ここには，リスナー以外の別のスタッフが配置され，かれ（かの女）がこれらの参加者の相互交流促進などを行っていく。これは，"グループ体験"と呼ばれるほどの内的交流には至らないが，参加者にとっては，フォーカシングに関連するもう一つの体験としての意味をもつ，と考えられる。

　この部屋は，別名"待合室"とも呼ばれているが，参加者それぞれから醸し出される感情や思いの渦巻く雰囲気に満ちた場と化していく。参加者の中には，ここでの相互交流ばかりでなく，フォーカサー体験後の内面の動きを絵に表し

ていくこともある。ここには，体験の広がりや深まりを参加者自身の内面作業として進めている様相がうかがえてくる。このように，このフォーカシング体験のセッションには，それ自体の体験とともにそれに付加された体験の両面がもたらされる，と見ることができる。

　最終日の全員での交流（S6）は，体験の分かち合いに当てられる。参加者全員とスタッフが一つの部屋に円型になって座り，それぞれの自由な発言によって進められる。参加者のフォーカシング体験を通して得られるその中身は，その個人によって異なるので，それぞれの個有な発言となって示される。しかし，どのような発言であっても，参加者にとってはそのどこかに自分自身の体験とつながる言葉として受けとめる機会になっている，とうかがえる。また，この体験を通してフォーカシングがどのようなものであり，どのような意味をもつかなどが直接的・間接的に語られることも見られ，この分かち合いによってフォーカシングの体得が促進される，といえる。

4　フォーカシング体験からの体得事例

(1) フォーカシング・プログラム参加後の感想

　このプログラムには，これまで初心者や経験者，また，心理臨床に携わっている者，学生・院生，教師など，フォーカシングに関心をもっている個人が多数参加しており，その体験からさまざまな体得がなされている，と推量される。

　それらは，前述の最終セッション（S6）の中でも参加者の生の声で表されているが，ここでは，その後に文字として残された感想のいくつかを示しておきたい。これらからフォーカシング体得の様相が知られるであろう。

〈その1〉

　　初めての参加だった今回のフォーカシングで，私はすごいことを体験できました。「私って今，こんなすごいことをしたんだ」という気持ちが，二人（リスナーと）のフォーカシングをしているとき，繰り返し繰り返し湧きおこってきました。……「これが私の足よ」「私の手よ」「私の体よ」という確かな感覚があったように思うのです。

　　自分の中で力強く動く何かが，ものすごいエネルギーで私に何かを発信し

てくる。……どっしりと，下に向かって（地球の中心に向かって）ぐっと引っ張られているゾ，という感覚もあります。どんなに飛んでも，動いても，私の体はここに戻ってくる，そう確信できたように思います。

目をそっと開いたときに，私の目の中に一気に飛び込んでくる光を感じると同時に，私は「生まれている」「生まれた」のだ，と感じます。このなつかしい「生まれ」の体験が私の中に存在する壮大なエネルギーをより一層感じさせ，思わせるのです。

〈その2〉

初めての参加だったので，どんな様子なのかとか，皆さんとうまくなじめるだろうかなど，不安もありながら来ましたが，会の雰囲気も，のんびりゆったりした感じで，全体的に自分が思うように好きにしていられ，皆さんともそれなりに交流でき，楽しく過ごせました。

2回の体験のうち，1回目は，別の所で月初めにしたフォーカシングでの感じと似た感じが出てきて，それが進展したようでした。……2度目は，（ぐるぐる回転する感じが）なかなか止まらず，気持ちもちょっと悪くなったので，体験をやめさせてもらいました。大丈夫かと思ったのですが，待ち合い室に戻っても何だか落ちつかず……。

日常でも感じていた痛みで，それに言葉をつけることができ，間がおけ，また違った感じとして，もち易くなりました。終わってから，絵が描きたくなり，とても強く描け，すっきりしました。

また，今回の体験をもとに，この先，体験を重ねていきたいと思います。

〈その3〉

……修論を進める上で必要なアイテムであることも，時期，場所を選ばずにやって来た理由の一つではありますが，それ以上に，もしかすると「からだ」が求めていたのかもしれません。

自分のからだの中に湧き起こるフェルトセンス，そして，その扱い方，シフトしたときの感覚，おさめるときの感覚，どれをとってみてもはっきりと印象の中に残っています。

ゆったりと時間をすごすことがなかなか難しい現実にあって，しかも沈黙をだれかと共有することが不安で仕方なかった今までをふり返ってみて，無

言を安心して共有できる空間を体験できたことは，大きなプラスでした。心理臨床の場で役立てたいと思います。

ガイドしていただいた先生方，リスナーやフォーカサーになっていただいた仲間の方々に心からありがとうという気持ちでいっぱいです。

(2) フォーカシング体験の事例

次に，このプログラムに参加した一人のフォーカシング体験を事例として示し，その体得の様相を知る手がかりに供したい。

この事例は，このプログラム初参加の初心者が第1日目午後と第2日目午前のセッションの中でなされたフォーカシング体験であるが，ここでは，その参加者自身の体験記録からその一部を示すとともに，その後の状況をも表しておく（増田・四田，2000）。

〈第1日目の体験〉

このセッションは，参加者がグループに分かれて進めるフォーカシング体験の時間にあてられており，この事例は，その中の一つである。

フォーカシングの導入では，とくに具体的な事柄や人物を挙げず，今のからだの感じを感じることから始められた。

自分自身が深い緑色の"まりも"のような形になり，水の中で漂っているような感じ→自分で動いているのではなくて，潮の流れに身を任せているような感じ，何かになびかされているような感じもする→漂っていた感じから，揺り動かされている感じに変化し，少し恐い→自分を揺り動かす誰かの手が脇にあって，引っ張られている→（誰かに）引っ張られている感じをより強く感じる→（リスナーの「無理に行こうとせずに感じていてみてください」という言葉かけにより）脇にあった手の感触の熱さ，強さが，肩から背中にかけて広がり，心地いい，ほっとした感じに変化する→まだ引っ張られている感じは残るが，今は"そういう感じがあるな"と感じられる程度に距離を保つ。

このフォーカシング終了直後，リスナーとの話し合いがあり，その中で，引っ張られている感じがあったプロセス前後が非常に印象的であり，意味深さを感じた，とこの参加者は語っている。そして，その引っ張られている感じを避

けたい，という気持ちになったが，避けずにそのままじっくり味わえたことによって暖かい安心感を得るプロセスへとつながった。"揺り動かされている自分"，"引っ張られている自分"という自分が"居る"ということをフォーカシングの中でそのまま受けとることができた，という体験は，この後さらに深めていこうとするフォーカサーの意志の支えになった，と述べている。

〈第2日目の体験〉

このセッションでは，カウンセリング的な関わりから始められ，リスナーのガイドによって数回にわたりフォーカシング体験がなされている。

フォーカサー（私・筆者加筆）は，前日の体験をふり返り，再び（誰かに）引っ張られる感じが印象的であったことを話し，自分の日常生活での周囲の人との関わり方について触れていった。そして，対人関係において自分はどこか冷めていて，自分の自然な感情を出せずにいることに気づいた。さらに，トラブルの発生を恐れてその関係をうまく保とうとするので，素直な気持ちを抑えてしまう自分自身がいることをふり返った。

そこで，そのような場面（対人関係でトラブルが起きそうなとき）を具体的に思い浮かべ，閉眼してフォーカシングを進めた。その中で，フォーカサーは，対人関係の中でトラブルが起こること自体を恐れているのではなく，そのたびに疎外感を感じる自分を恐れている，ということに気づいた。そのため，普段他者との関わりの中でどこか冷めており，自分の感情をそのまま表現することがほとんどなかった，と言葉にしていった。

その後，さらにこの冷めている自分の感じに触れるフォーカシングを続けていくと，突然のように大量の涙がどっと溢れ出た。この感覚は，言葉で表現するのは難しい。しかし，それは，からだを通しての確かな実感であった。

このフォーカシング体験後，フォーカサーは，すべてを出し切り，一段落ついたというような充実感を覚えた。また，このセッションを通して，これまで自分の中で無意識的に触れないようにしていた部分，認めたくない部分があり，そのような自分が"居る"ということを認めていくことが，今，これからの自分にとって必要であるように思え，そして，フォーカシング体験を通して"自分を生きる"ということをもう一度見直したい，と思った。

以上，フォーカシング体験の一事例を取り上げ，その概要を示したが，ここからもフォーカシング体得の様相がうかがい知れるであろう。この参加者は，フォーカシングへの関心をさらに深め，その後，このプログラムとは別な場で5回にわたって個別的な体験を重ねている。そして，そのそれぞれのセッションを要約して，①自己確認と自己信頼を得たフォーカシング体験，②フォーカシングの"場づくり"となった体験，③避けてきた自己，"冷たさ"に浸る経験，④新たな自己としての"再誕生体験"，⑤"生"の素晴らしさを感じ，感謝した体験，であったと記し，この5回の体験は，それぞれその前回と何らかのつながりをもっており，一つの流れがあった，と述べている。それは，それまでの自己への直視→自己の崩壊→自己の再構築というプロセスであった，ととらえられる。

　この参加者は，その後，対人関係でも柔軟さを増した関わりができるようになってきた，と自覚し，フォーカシング体験は，不安や悩みなどの問題の解消・解決をもたらすにとどまらず，自己とのより望ましい関わり方をもたらす，という示唆を得たことも大きな収穫の一つである，と述べている。

【引用文献】

増田　實　2000　箱根のフォーカシング・ワークショップ　The Focuser's Focus，**3**(1)，9-10.

増田　實・四田美智　2000　フォーカシング体験に基づく自己探索の実証的研究〈その2〉―フォーカシング志向心理療法への理論―　東京家政大学研究紀要，**40**，241-242，247-248.

村山正治　1993　エンカウンター・グループとコミュニティ　ナカニシヤ出版　p.101

人間関係研究会　2004　人間関係研究会ワークショップ・プログラム　10-11.

第Ⅱ部
フォーカシング実践の諸相

8

「関与的観察」としてのフォーカシングの臨床適用 ―人間性精神, 心理療法の確立に向けて―

増井武士

1 はじめに

　筆者は以前より，心理臨床の専門性を大別して治療面接において一人の生身の私になりきることについての専門性と患者の病理とその理解や見立てや現在の状況からの予後や事後の見立てなどにおける専門性と大別した。そしてそれらがある面接におけるまとまりの質の良さがその面接が治療的であるかの大きな目安になることを示した（増井, 1990, 1999a, 2002a, 2002b）。

　私事になるがこれらの持論をある著名な精神療法家に聞いていただける機会に恵まれたとき，サリバン（Sullivan）の諸々の論の中でも，とくに「関与的観察」（一般的に関与しながらの観察といわれるあり様）と「Vocalからその患者の生体としての心を理解していく重要性」などまったく同類で同心円にあることを指摘された。そこで改めてサリバン（Sullivan, 1986）を熟読してみると，サリバンのいう関与の対象は「患者の生の内的状況」であり，「生の治療関係における内的状況」でもあり，これは筆者のいう一人の生身の一人称としての「私」になる専門性とまったく軸を一つにしている。「患者の生の状況」とは治療関係において治療者の生の人間としての理解を通じて患者の中でより「生」化させ，より生体化されることは臨床的には明白な事実でもある。また筆者のいう観察とは後述するように患者の述べる事柄や内容でなく，その言葉を発生させている「何か」についての観察であり，それはサリバンが自ら位置づけた「vocal therapy」ときわめて類似している作業でもある。ここではあえてサリ

バンの論を出したのは筆者の臨床観や方法と類似点が多いことの他に，フォーカシングの臨床適用という作業は，何ら特別な新しい作業でなく，おそらく昔から著名な治療家が行っていることと重複する作業であり，かつそうであったことを確認してもらいたかったためでもある。なお，これらの指摘は筆者の知る限りのジェンドリンのいかなる文献にも記述されていない。

2 「フォーカシングの臨床的適用」というタイトルが起こす誤解について
　　―昔より治療者のフォーカシング的内省は重視されていたこと―

　また筆者は再三示しているように（増井，1982, 1984, 1990），フォーカシングないしそれに近い内省はその立場を問わず，少なくとも人間と人間の生きた心が交流するという事実を多少とも関心を払っている理論，ないしその理論に立脚した治療者と患者の間における面接事態において，フォーカシングめいた内省を抜きにして成立しえないという事実の指摘から述べてみたい。

　例えばわれわれの大いなる先駆者であるフロイトの治療者のあり様を一つとっても，「自由に漂う平等な注意」とか示される治療者の関与の原則めいたあり様も，そのときどき，まさに今ここで起こっている患者の言語連想とその言葉になるまでの無意識の動きというべき内的processについて，焦点化し易いあり様とも間接的に推定される。例えば，前田（1988）は，分析者というのは言葉にこだわる文学者とは異なることを示し，「今ここでの2人の感情体験を感じとり，それを言葉にして相手に返す」ことの重要性を「相手から受ける心の手答えという，目に見えない言葉を頼りにしているもの」と示し，患者が語る言葉に「自由に漂う注意」は，患者の言葉通りにきちんと聴いていては不可能であり，「その中でふと何か大切らしい感じがしてきて心にかかってくる部分に注意を向ける」ことの重要性を示すとき，そのあり様はフォーカシングのそれと類似しているし，フォーカシングのとくにクリアリングスペースを中心としたあり様を抜きに成立しえないと思われる。筆者はまだ手がけてはいないが自由連想についてのフロイトの細かい原典に当たると，それにふさわしい論述が必ず随所に見出せると思われる。

　また面接場面において，少なくとも患者に「何だかこういう気がしてならない」とか「先生からそういわれると何かしら×××のような○○のような気が

してはっきりしないですが，何といってよいか……」とか，よく見かけられる患者の発言それ自体，そこでいう「何だか」とか「何か」とかいうその何かとは，漠としてはいるが，治療者ないし患者にとり「何か知れないがはっきりした何か（フェルトセンス）」であり，それは治療者の意図を越えて，日常的に見られるフォーカシング的な内省行為を推進しているともいえる。また，その内省行為の結果，患者はより内的に満足いく言葉が見つかっていくという事実も多くの治療者が知るところであろう。

　フォーカシングとは，その種の内的行為の治療的意義と方法をフォーカシングというラベルを貼って明確にした理論と方法にしかすぎないものであり，そのような内的行為の何らかの治療的意義は遥か昔のシャーマニズムにさえ遡れると考えられる（増井，1990）。フォーカシングとその臨床適用とは，そのような類のものであり，何らとくに新しいものでもなく，人間的な内省には必ずつきまとうきわめて日常的な作業だと筆者は常々考えているし，そのように理解するほうがフォーカシングの本質の理解やその適用には不可欠であるとさえ思われる。

　後述するように，少なくともフォーカシングめいた内省が治療者 - 患者間に生起しない面接は，言葉の上の上辺だけの受容のやりとりや，述べられた内容の論理性についての相互検討のようなものであろう。そこでは生きた内的状況を活性化する面接とは段階的にだが，質の異なるものであり，当然治療的関係や治療達成に関与してくる大きな要素と思われる。われわれの専門性の重要な一つは，立場を越え，先に引用した前田（1988）の示すように，患者により語られた言葉についての言語論者でなく，語られた言葉からその心に翻訳する心の翻訳家であり，その心や気持ちの論理学者であることは異論はあまりないところであろう。

　論点は前に戻るが，フロイトを始め，広い観点から著名な臨床家の理論ないし主張をざっとその眼で眺めてみても，文献的研究だけでも紙面が埋まりそうでさえある。前述したがサリバンが自らの面接行為を verbal therapist でなく vocal therapist と位置づけた根拠なり理論を熟読しても，筆者の臨床経験上，患者の述べている言葉の Vocal から患者の内的状況，ないし患者が何か伝えようとしているその何かについての声を聞くという治療者の内的行為自体は，そ

の治療者の患者の語る Vocal についての焦点化とさえいえる。そしてそのフォーカシングから出てくるよりフィットしたハンドルとしての共感や理解者としての言葉が出てこない限り vocal therapist にはなりがたい作業でさえあるともいえる。

　またこの治療面接でこの Vocal を聞く重要性を再三指摘し，その意義をとらえているのは，日本では筆者の知る限り中井久夫（1985），神田橋條治（1990）らであり，その表現はやや異なるものの，論拠は類似しており，それらをきわめて簡素な筆者なりの理解や理論から示せば，Vocal を聞くことによる面接自体が，患者のより本来的な自己感覚や desire をより賦活し，そのことにより患者の自体感の膨らみやあり様が変化し易い状況を与えるからであると示せる。なぜなら後述するように vocal それ自体は verbal よりも生体の生の状況を示すベーシックなメッセージであるからであろう。

　また，文献の列挙にいとまがないが，バリント（Balint, 1978）においても，例えば相互貫通的絶対的浸透関係とかという概念の連出は，わかりやすくいえば，黙っていても通じ合えることの大切さとかといえる類の関係とも思えるが，誠に失礼な話であるが，バリントの文献を当たるごとに続出してくるしつこいばかりのバリントなりの患者との関係のあり様について繰り返し創作されている概念と論理化は，彼自体が好ましいと感じるある関係のあり様の「何か」重要な感じについての彼ながらの懸命なフォーカシングによる，よりフィットした用語の深い探索と，実に緻密なその論理化であるとも読みとることができる。また細かい引用は割愛するが，ウィニコット（Winnicott）が好んで使用する「あいまいな」とか「程々の」とか「そこそこの」という表現はよく知られているが，それはあいまいであるが，しかし何だか程々でそこそこであるという感覚的経験抜きには理解しがたく，程々の感じとはフォーカシングめいた内省抜きに成立しにくい内的関係であろう。また，ロジャーズの自己一致とか共感的理解とか，充全に機能する自己等の概念の裏付けとなっている内的事象は，細々とした引用は控えるが，フォーカシングそのものと換言してもよいことは，原書を当たればより明確になる。

　このように大まかでラフな歴史文献的レビューめいたことを行ったのは，フォーカシングないしその臨床的適用という概念は，フォーカシングという用語

が始まってからであり，その歴史は浅いが，そこで示そうとしている内的事実の重要性は昔より理論的立場を越えて指摘されてき続けた事象であることは至る所に発見され，フォーカシングという用語が使用されたときに始まったことでないという事実をまず示しておきたかったからである。

フォーカシングとその臨床的適用という行為自体，テクニカルなものでなく，ある治療者が面接の場でいかに自己感覚を患者のための面接に役立てようという大きな課題に向かっての，きわめて人間的行為として，まず理解されない限り，それらの行為はその魂と背骨をなくした，単なる風に吹かれて生きた木から落ちていく枯れ葉を集めているようなものであることをまずしっかりと押さえておく重要性を筆者は常々考えているからである。

ここではまずその重要な点を前置きして，以下にその臨床的適用の原則やその治療的意義めいた事象から，紙面の許す限り記述し，その方法の細部については紙面の都合上もあり示せないが，その原則さえ明確にすれば後は当事者の今そこにある人間としての治療者でしかできないことばかりであるゆえ，そのほうが好ましいとも思われる。

3 フォーカシングの臨床的適用についての基本的要件
(1) 理論及び方法的前提①―言葉から心全体を聞き感じること―

以下にフォーカシングの臨床的適用についての大まかな前提や原則や方法原則のような事項を示したいと思う。それに先立ち，まずフォーカシングとかそれに類似した内省は治療者-患者（筆者の臨床場面の大半は病院なので患者と示す）関係において相互的であるという事実を示す必要がある。ある治療者がその面接において，患者の語る言葉や事柄，内容から心や気持ちについてフォーカシング的な聞き方をなし，その内省を伝えると患者も同時にフォーカシング的になるという臨床的事実のことである。例えばある患者の話自体はそれ程窮屈でなくても，言語以外の患者のいわば心とかそのあり様や声にフォーカシングして話を聞いているとたまらなく窮屈な感じが伝わるとき，〈あなたの話を聞いているとときには少し，ときにはひどく何かに束縛されていてとても窮屈な気持ちが伝わってくるんですが，これは私の思い過ごしかな？〉とかである。その時患者はフォーカシングめいた内省を行うかピッタリの場合即座に

Yesのサインを出してくるという臨床的事実がある。このように治療者は患者の何にフォーカシングするのかが問題なので，その原則をやや容易な（すなわち浅い）ものから，割合深いものと思われる順に方法的原則なりその意義なりを本論で示そうと思う。

かつて筆者はフォーカシングの臨床適用についてフォーカシングのステップに比較的束縛されたものとそうでないものとを大別したが（増井，1984），本論はむろん後者にのっとったものである。そこでは患者が語る言葉の内容でなく，その語り方やとくにその音声や音色が患者の心を伝える重要なメッセージとしてそれに焦点化し治療者のフォーカシングを開始する。そしてときには治療者が患者の音声から浮かんでくるあるイメージなりが浮かんだとき，それを患者に伝えることにより，患者-治療者相互のフォーカシングが発生し，より内的状況についての双方の疎通性が深まる。むろん患者の音声から治療者があるイメージを形成する過程はフォーカシングそれ自体ともいえ，そのイメージとは治療関係のフォーカシングでいう関係のハンドルであるとともに患者の内的世界についての重要なハンドルとなっていることはいうまでもない。

ところで，先に示した「心」とは言葉で示された「何か」であり，通常この「何か」は表現された言葉よりもっと漠然とした拡がりをもっており，言葉で規定された一義的な意味より多義的で生命的なものである。治療者はまず言葉と言葉以外のこの何かについての聞き分けが必要である。それにはこの何かについて治療がまず焦点化し，そこからの言葉を聞くためのフォーカシングから始まる。この作業は何もとくにフォーカシングに限っての話ではない。通常専門家としてのわれわれが聞こうとするテーマは言葉で示されたこの「何か」であろう。それはそのときの患者の気持ちとか心とか換言してもよい「何か」である。そしてそこから聞こえてきた「何か」と言葉との相互関係を患者，治療者の関係において行うことがフォーカシングの臨床的適用とも換言できる。そしてまたその相互関係を促進するために治療者自体とそのフォーカシングがどのように介在しているか，ないしどのように介在するのが好ましいのかなどについて本論で明確にしようとするものである。

(2) 理論および方法的前提②―言葉にならない言葉についてのフォーカシング―

　先に「心」とはおおむね言葉で示された「何か」であると述べた。このことは当然，臨床の場で考えられた言葉のみが心のメッセージでなく，むしろ言葉やそれに語られた内容は「心」のメッセージのごく一部分にすぎないと考えることは，心の理解や自己理解においても，とくに患者理解において当然とはいえ改めてその重要性を示す必要がある。例えばある入院患者に「調子はどうか」と聞いたとき，「はい! 快食，快眠，快便です!」と，とても緊張して答えたとする。そのとき少しでも経験のある治療者なら「まだまだか?」と考えることだろう。そのときの言葉の内容はとても元気であるのに，われわれは言葉以外の患者の話し方や態度から「何か」を聞いているからであろう。筆者はこの問いかけに「まあ先生，何とか生きていますよ。色々ありますけどね」とかの返答のほうがより経過はましかと思うことも多いし，事実そのようである。

　それでは言葉以外の言葉ないし「心」のメッセージとはどんなものがあるのだろうか。以下にざっと分解して列挙してみる。ここで分解と示したのは，実際われわれは，以下に分解されたものの全体を感じて話をし，話を聞いているからである。それらをざっと挙げてみると，まず態度，身振り，姿勢，行動(当然ある行動は大いなる言葉である)，雰囲気，語り方(クライエントが語る言葉にされた「内容」より，それをどのように語っているかという語り方)，音声(クライエントが語る内容よりその時の声，音色，音声)，視線，表情，服装，髪型，化粧や文字，手紙と多様である。以上，大まかに列挙した事柄は，筆者が面接の際，割合と注目している言葉でない言葉である。むろん箱庭を始めさまざまなプレイセラピー，絵画，スクイーグル，イメージや音そのものを利用する動作やダンス等も，非言語的にメッセージを伝え易い治療構造をもつ方法としてわれわれが利用していることはいうまでもないことである。われわれはこれらのメッセージを患者が語る言葉の内容とともに「聞いている」のであり，また治療者が患者の語る言葉だけに注意が向いているときは，その言葉以外の重要なメッセージを「聞きもらしている」のである。

(3) 方法的原則―患者の述べた事柄や内容と患者自体の気持ちや心とをあえて聞き分け，後者にフォーカシングすること―

治療的意義と方法的原則

　この方法的原則は何もフォーカシングの臨床的適用のためのみならず，多様な理論に共通するわれわれの仕事における専門性の重要な一つであろう。前述したように，われわれは言葉の専門家でなく，言葉やその内容，事柄から本人の気持ちや心への翻訳者としての専門家であり，この作業はより患者自体の内的状況を正確に理解していることを伝えることによって，患者自体の自体感が徐々に賦活されてくるという臨床的事実のためにある。この作業を筆者はかつて面接における耳の相互性（増井，1992）として示した。

　ところで「いったいなぜそのような聞き方が患者に有用であるのか」を素朴に考えたとき，その理由の一つは，多少とも混乱している患者の言葉からその心と気持ちを理解しようとする治療者の援助を借りて，徐々に治療者の言葉から患者の心の整理が進んでいくことが挙げられよう。この作業をもう少し臨床的，実践的ないし専門的に表現するなら，患者の言葉からその心に治療者が「耳」を傾け，そこから聞こえる言葉にならない心や気持ちを患者に戻すという絶え間ない相互作用によって，僅かずつではあるが，患者が自分の心を聞く「耳」が大きくなり，心からいろいろな言葉が聞こえる心の風通しが徐々によくなってくる仕事と換言することができよう。患者にとって自分の心を聞く耳が育つためには，一時の間，治療者の耳を借りることが必要であるともいえる。本章でいうフォーカシングの相互性とは治療関係における「耳」の相互性（増井，1992）とも換言できる。

　このことをより促進するためには，あるいはその作業に余り慣れていない治療者のためには患者が今ここで述べていること（内容や事柄）と，述べようとしている患者自身の主体の気持ちや心（主体感）とをあえて区別して一応別々に聞き分けたほうが良いと記述してもよいと思われる。俗にいう言葉尻にとらわれないためにでもある。

　例えばある患者が熱心に自分の考えを話すとき，筆者はその考えの論理性についてちらちらとは注意をするが，要は「何か懸命になり自分の考えで何とかしようとしている」その本人のそのときの気持ちを聞いており，〈私にはあな

たの話を聞いていると，懸命に何とかしなければという気持ちが伝わってくるのですが，それは私の思い過ごしでしょうか〉といった形で，それを伝えることにする。すると患者が「そうでもあるけど，どうにかして自分で何かしようとしているだろうと思えるのですが，それがひょっとして辛いのかもしれませんが……」とか，フォーカシングめいた内省が発生し，〈その辛さのようなものは私（治療者）には何かこう，いくら動かそうとしても動かない大きな岩のようなもので，あなたはもう嫌なほどその作業を繰り返して疲れ切っている場面が思いつくのですが……これも勝手な思い込みかな〉といった具合に患者と治療者双方がフォーカシング様の「何かこうだけど，ああかもしれない」という「何か」というフェルトセンスをめぐる対話が発生する事実を示している。このようにフォーカシングの臨床的適用は患者の話している内容でなく，そこに流れる気持ちや心にフォーカシングすることから開始される。その作業を換言すれば，治療者は患者が述べた事柄や事実でなく，言葉にならない部分の言葉として，患者の述べたことについての気持ちや心という言葉が語ろうとしている「何か」についてフォーカシングをして話を聞くことから始まる。フォーカシングの臨床適用は患者でなく治療者から始まるのである。

4 方法的原則―患者の内的状況に身をおいてフォーカシングを行うこと―

(1) 治療的意義と方法的原則

この原則も心理臨床上，どのような立場の方でも質のよい援助的面接を心掛けておられる治療者なら，とくに意図せずに行っていることであろう。そこでは患者が述べる内容や事柄から，仮に自分が患者ならそのような内・外的事態においてどのように感じ，どのような気持ちになるかについてフォーカシングを行いながら聞き進めることである。これは換言すれば「身」をないし「実」を入れた聞き方ともいえ，思いを入れた聞き方であり，思い込みとその区別はきわめて重要である（増井, 2002a）。筆者のいう思い入れとは常々修正可能なものであり，思い込みは修正困難なものであり，筆者が考える中立性とは黙って何も述べないことでは決してなく，その有害性は後述するが，患者の語る事態に自由に思い入れを馳せられて，患者の事情でいくらでも自由に修正できる

というきわめてダイナミックな人間的行為としての中立性であり，かつそう理解している。ちなみにロジャーズのあの有名な「グロリア」のビデオを見ると，共感とか自己一致とかが何とダイナミックに個々の人間という中で統合されているかがよくわかる。また，文献をひもとけば前述したがフロイトのいう「自由に漂う平等な注意」とは，静的なようだがそれをベースにして実際臨床の場ではきわめてダイナミックなものであることも前述した前田（1988）でも間接的にうかがい知れる。

　この思い入れを仮に自己表現といった広い意味でとるならサリバンはその是非を「能面のような面接者ではよくない」との項目で取り上げ，「その場における共有的治療者のこういうジェスチャーや信号は（中略）被面接者に対して『面接者は人間である』ことを示唆する役には立つわけで，それで充分患者の支えになる。被面接者は気持が軽くなって不安や不確実性に金縛りにならないで生で進めるのである」（サリバン，1986）と述べているが筆者の臨床的事実もまったくその通りのようである。

　患者の立場に身をおき，フォーカシングを進め患者の話の間に〈あなたの話を聞いていると仮に私なら×××のように思うけど，あなたは別かな？〉とか〈あなたの話を聞いていると私なら×××のようにしたくなるけど，あなたはどうかな？〉という治療者の一人の人間としての思い入れは，面接自体を個性化し，相互人間化し，その患者と治療者の間にしか生まれないより個的で人間的な関係の基盤を形成するのに役立つ。またその面接行為そのものを治療者が一人の人間として生きることともなる。治療者は自分を出してはいけないという漠とした決まりのようなもので自縛されている姿を多々スーパーヴァイジーから聞くが，それらは何ら臨床的根拠や事実に即したものではない。このことは再び後の伝え方の原則のところでまた改めて示すこととする。

5　方法的原則―Vocal に焦点化して話を聞くこと―
(1) 治療的意義と方法的原則

　先にサリバンが自らの治療面接を Vocal Therapist として位置づけていることを述べた。その治療根拠の大筋を筆者なりの表現をするなら Vocal それ自体は言語に比べ自己自体感をより包含する事象でありうることも示した。それゆ

え，Vocalを媒介とした面接は患者のないし治療者の自己自体感を何らかの形で明確にしたり，その場で聞こえてくるVocalについて患者に伝えることはその面接で患者にフォーカシングめいた内省を催し，かつ患者にとり漠とした心のハンドル様の機能も果たしていることは臨床的事実である。

　このような作業の治療理論的根拠としては，筆者の臨床感覚としては（神田橋，1990）それときわめて類似している。すなわち，個体ないし系統発生的に見ても音声は言語の母体となる心身状況が言語より，よりbasicに伝わる「前言語」ないし「原言語」ともいえるメディアである点である。言語の発達を個体発生ないし系統的発生的な発達から考えると，音色や音声それ自体は，言語が発生する以前に言語としての機能，すなわち伝え合う機能を有していたことはほぼ異論はなかろう。例えば，乳児が体調を言葉にならないさまざまな声で表し，その発生に対応した手当が行われるという無限の繰り返しにより，他人の意味を知り，音声から喃語へ，そして言葉に分化し，言葉が思考に進化するようにである。また系統発生的には人が言語というメディアをもつ以前に，多様な音声により警戒，敵意，好意，そしてたぶん「いたわり」とさえいえるような「心」を伝え合ったであろう。それは例えば小鳥がさえずりでいろいろなメッセージを伝え合っているかのようにである。

　その意味で，音声，音色そのものはまさに言語を含むより包括的で生命的なものであり，言語の「母言語」的なものであるといえよう。筆者が心のメッセージの中で，とりわけ音声を重視するのは，身振りや動作，視線，表情より，音声は言語とセットになった指標であり，かつ，表情などに比較し，余分な観察をしないですむ点にもあるからでもある。

　ちなみに，精神的に比較的健康な人の場合，喜怒哀楽などの情動的な動きは言葉の内容より音声や音色に大きく現れるものである。また，人の親密性や他人に対する感情もおおむね言葉の内容より音声に現れている。例えば，聞く限りあまり意味のない言葉をキャアキャア，ピーピーと楽しそうに語り合っている女子学生の対話のようにである。また，親しい友人同士が言語的にはさほど意味のない「あれはどうなっている」「それはまあまあ」「ところで君のあれはどうか」「それはぐちゃぐちゃですよ」といった対話に流れている音色と笑いのようにである。また患者の改善感は多くの場合言葉や論理より声の変化が先

立つことも臨床的事実である。

　後で細かく述べるが，このように声にフォーカシングして話を聞いていると実にいろいろな声が聞こえる。例えば患者のくぐもった声，固い声，緊張して打ち震えるような声，心細げな声，声にならないわななき，淡々と語る寂しい声，ニコニコして語るどうしようもない声等々である。それらは患者の内的状況を伝えるテーマ（主題）と筆者は考えている重要なメッセージである。それらを治療者が「聞く」ことが，患者のいろいろな気持ちや心のメッセージを聞くことに通じていく。またそれらの伝え方についての原則めいた事柄は後述する。

(2) 方法的原則―Vocal に焦点化しやすくするために治療者のイメージを利用すること―

治療的意義と方法的原則

　先に患者の語る言葉とその言葉を支えている気持ちや心とは一応の区別をして後者に焦点づけて聞き伝える意味を述べた。換言すれば，言葉の内容とそれを語る主体を一応分けるのである。しかし正確には語る内容をちらほら参考にしながら，その心に焦点づけるのであるが，一応区分したほうがわかりやすいのでそう示した。そしてある治療者がその焦点づけ能力が高まってくると自然に患者が語る内容や Vocal からのメッセージがおぼろげにイメージとして明確になってくる。このとき，筆者はこの Vocal にフォーカシングし易いように視覚的ないし感覚的イメージを利用するようにしている。また，多様なイメージを抱きながら声を聞いているときもある。例えばかん高い声，疲れた声，くぐもった声，わななくような声，おどおどした声，不安そうな声，何か引きつっている声，押さえつけたような重い声，声にならないわなないた声など言葉で示すと限りがない多様な声がある。そしてこのように表現できる Vocal は割合容易に聞ける。また伝え方の原則のような形で伝えることもできうる。しかしそう伝えると患者にとり少々傷つくことが懸念されるとき，例えば少し治療者を突き放して押さえ気味で重い声が聞こえ続けているような場合，筆者はその声から浮かぶ場面イメージを形成し，例えば〈あなたの話を聞いていると少し遠い，それも洞穴の中から通りすがる人もないのに話をしているような場面が

浮かんでくるのですが，これは私の思い違いかな〉とか，ひどく心細げな消え入るような声が聞こえるとき，〈夜か夕方かな，一人で傘もなく帰るところもないような子どもが何かいいたいんだけどいえないような場面〉とか，列挙すればきりがない。

　患者の声から聞きとれた感じをこのようなイメージで伝える利点は多い。その一つとして言葉は当然一義的で断定的であるがゆえに，いくら修正可能な形で伝えても，ときとして患者に評価的な形で受け取られる懸念が強く残る。そのようなとき，ある程度一定してまとまったイメージが治療者の内で明確になったころを見計らい〈前からお話を聞いていて私の中でこんなイメージができたのですが……〉という風にイメージで掲示する。これは筆者が一時期，言語でなく視覚イメージを治療メディアに据えた研究をしていたこと（増井, 1980, 1981）にもよるが，イメージは言葉に比しきわめてデジタル性が低くアナログ的なメディアであること。すなわち断定的でなく類推的要素に富むこと。そしてイメージは言葉に比しきわめて多義的でファジイなメディアであり，患者にとってそれはどのようにでも好きな形で受け取れる可能性が高いこと。それゆえその修正は患者にとり言葉に比較しきわめて間接的でマイルドなものとなり，修正が容易である点にある。例えば，先の例でいえば，患者は「それは雨の中ですが，夕方，他の家の楽しそうな食事の様子を見つからないようにそっと覗いている女の子のようですが」とか，「雨でなくまっ暗い闇夜でとぼとぼ歩いているような」とかであり，それを「その女の子の気持ちは言うに言えない気持ちでしょうね」とか展開することでより正確な表現と患者の内面の理解の深まりと相互理解に有用だからである。またおそらく次の点も重要だと思えるが，イメージは言葉に比しきわめて統合的で生命的であり，心にとり余分な知的で分析的で言語的思考回路の悪い弊害を受けにくいメディアであり，言語的パラダイムと異なるパラダイムをもつことも挙げられる。

　そしてもう一点重要な点を付加するなら，このような視覚イメージとは，個体の心身が適当に緩み，ゆっくりとした気持ちがないと発生しない状態であることが挙げられる。おそらく面接場面で慢性緊張が強く言語の内容に多く反応してきた治療者が患者の音声に耳を傾け，自らの内に起きてくるイメージを作ろうとする作業自体が，患者にとりよりしっかりと聞こうとする治療者の姿勢

が伝わるものだと経験的に推定できる。それゆえそれだけでも治療的でさえあるともいえる。

(3) 場面構造化によるフォーカシングの応用―眺めるレッスン―
治療的意義と方法的原則

先に繰り返し患者理解において悩む事柄と，それを感じている主体を別々に考える意義を示したが，これを場面構造化して，悩んでいる自分からそっと抜け出したつもりで，それを患者が適当な場所と思えるところまで身体の位置を移動して，色々悩んでいる自分を離れて見たときの見ている「主体」の感想や感じ，素直な印象を尋ねるという主体感覚の賦活のための構造化が可能である。このとき悩んでいる自分が事柄になり，それを眺めている自分の思いが主体感となるよう構造的に分化を促進することになる。筆者の面接時間は特別でない限り40分内外と限られているので，後半10分内外で〈今日話そうと思った7〜8割くらいは話せたかな?〉と確認し，Yesの場合，〈それじゃね，そのいろいろに話して悩んでいる自分をそこにおいたつもりでね，そこから抜け出し，あなたがここらあたりがよいなと思うところに身体を動かして，いろいろ悩んでいる自分を眺めたときの眺めるあなた自身の率直な感想なり印象を思いつくままに話してもらえませんか〉とかの導入となる。そのときなかなか悩む自分を眺められないときは，少しは眺めやすくなるまで場所を移動してもらう。むろん初回は治療者が患者の横に行き，〈ここに悩んでいる自分がいるね，そしてそこから仮に出るつもりで，どこらあたりが，その自分を眺めやすいかな?〉，〈ここらあたり?〉と直接眺める場所について行ってあげるようにしている。

そのとき，多くの患者の印象なり感想は，悩む自分を眺めて，もう少し力を抜けばよいのにとか，ときには可哀相だとか，何だかバカげたことを懸命に行っているようだとか，なぜそんなことで緊張して力んでいるのかなとかである。このように自体感を作動し易い構造化を行ったとき，多くの患者は治療者がその患者に伝えたい気持ちと重複していることが非常に多いのが事実である。この構造化を換言するなら，人が誰でももっている悩む自分についての微妙な意識能力とでもいえる類の能力を，患者にとりより適切に発動させ高めやすくすると筆者は常に感じている。これを患者が「客観的に見るんですね」と尋ねら

れることが多い。正確にはこの作業は人が元来もっている少し異なる内的能力なのだが，患者にわかりやすいため〈そんなもんです〉と答えてはいる。むろんこの感想について治療者が同意するなら，〈私も本当にそう思うよ〉と伝えるにこしたことはない。

またこの患者の感想なり印象を利用してよりマイルドな面接の終結に結びつけるために，筆者はその感想なり気持ちを悩んでいる彼（悩んでいる自分）に伝えてみて，彼の表情や彼自身が「そうよね」と頷いているかどうかを確認し，仮にどのようなフレーズなら彼の表情が少しやわらぎ，少し楽な気分になれるか，フレーズを二つ三つ見出してもらうことにしている。そして，例えば「お前もよくやったので，少しは休んだらどうか？」とか「もっと静かな時間が欲しいんだよね」とかが出てきて，彼もOKなら，それを次の面接での大まかな心掛けのようにしてもらい終結する。またときにはフレーズが見出せないとき，「なかなか面倒で頑固で気むずかしいので納得のできないような気持ちなんだよね」というフレーズがOKの場合，当面の間，なかなか納得のいかないつきあいにくい彼とのつきあい方が治療方針とすることもできる。そしてそれを伝えることで患者がOKなら当面の間の治療方針についてのインフォームが得られることにもなる。

この作業は，患者に「自分が自分に相談する重要さとその方法」とか「本当のところは自分でしかわからないいろいろな事柄があることを知る方法」とか「自分で納得のいかない限りなかなか動こうとしない自分の気持ちを知る」こととか，多様な事態に適切に伝えることができる。このフレーズ探しはフォーカシングのAskingそのものであり，それに適切に対応するためには治療者の仮に自分が患者ならどう感じるかというフォーカシング能力とその共感を抜きには，小手先だけの面接の効用はあるものの，質のよい面接は望めない。これもフォーカシングの相互性ともいえ，ある治療者の質の高い患者の立場でのフォーカシングが可能なほど，より質のよい面接が，より静かに正確に患者が自分と向き合え，悩んでいる自分とその自分に対する気持ちの関係の理解の質は，ある治療者自身における自らの関係の質と対応しており，その質がより安心して次のミクロなマクロなプロセスに展開していく事実は院生や研修医にロールプレイなどをさせてみるとより明らかになってくる。

(4) 伝え方の原則①―一人称として患者が修正しやすい形で伝えること―

　先にも述べたが，治療者が自分の意見なり気持ちを出してはいけないという漠とした決まりのようなものは臨床的にはほとんど根拠がなく，筆者の臨床的感覚と事実としては，逆に，いかに「私」の気持ちとして患者に提示するかという課題のほうがより重要な理論的，実践的かつ治療的課題であると考える。治療者が自分を殺した面接でどう患者が生き生きとするのかを考えても明らかであろう。筆者はむしろ治療面接の中で一人の人間として生きている「私」というものをどのように提示していくかということを課題にすることが歴史的に見て，また治療者がわれわれの仕事の中で自縛の世界の中で自己疎外を起こすという自己矛盾から脱却する意味においても，とても重要な課題だと考える。

　ちなみにあれほど治療者の中立性を重視する分析論者でさえ，前田（1988）は自分の臨床についての他人や患者からのコメントについて「顔を赤らめてどぎまぎ」することの重要性と「その柔軟性の中に臨床家の重要な部分がある」とも述べている。サリバンは前項の中で何も自分を見せない治療者のあり様について「考えてもみなさい。何を考えているのかの手がかりを全然示さない人，（相手と）二人でどのようにしてゆくのがよいかの鍵を全然与えてくれない人に面接を受けて人生の大事な一面を検討されるとしたらどんなものだろうかね？　きっと数分間でわれわれは沈黙症にさせられるだろう。われわれ側の不確実性はひどいものになるだろう」と述べている。この論述も筆者の臨床的感覚と事実に確実に当てはまる表現である。

　一人称で伝えるという原則は本文に逐語的に示した対応の中で充分具体的に示してきたが，面接という作業は絶対的にあるいは運命的に生きた人間同士として事実は感じ合っているのであり，その事実をどう「生かす」のかが基本であり，殺すことはきわめて大きな問題である。前述した前田も「教科書的真面目さを捨てない限り，自分の本番のものを自由に出せなくて，本物に近づけないようだ」と示し，かつ，その類の真面目さは「治療者を卑屈にさえする」と警告している。面接とは生き物であり，そのために生きた「私」の心が必要である。それゆえ例えば「あなたの話を聞いていると私の中で×××のような気持ちが伝わってくるのですが，それは私の思い過ごしかな」とか「仮に私ならあなたの話を聞いていると×××のような気持ちになり，ひどく×××のよう

に感じるんですが，それは私の勘違いかな?」といった対応は頑なにおうむ返しをしたり，妙な意味で観察的解釈を入れたれたりすることに比較して，本文を読まれている方はその違いをどう感じられるか一考してもらいたい。筆者は必ず「私」の感じや受け取った「思い」として一人称化し，できるだけそれが思い違いかもしれないという患者に修正可能な形で伝えるようにしている。この作業は私という一人称化した一人の人間として，かつ専門家として介入する筆者なりの「関与しながらの観察」なのである。仮に一般化するにしても〈大体皆そんな形で心が煮詰まってくると，通常は蒸発したいとか亡くなってしまうとケリがつくし楽だと思う人が多いのですが，あなたはそんなことない?〉とかいった，通常語りにくい，死んでしまいたい気持ちなどの浅い水準での確認や共感などに役立ち，それに多くの患者がホッとして笑って頷くことが多い。またその類の一般的共感は身を入れた共感に先行されることは，常識ともいえる面接作業であろう。

(5) 伝え方の原則②―患者を観察するのでなく，治療者が関与して程々に観察されること―

よくフォーカシングの臨床適用について，そのときの感じはどんな風かとか，そのときのからだの感じはどうかという問いかけを見聞きすることが多い。それがしつこくなると患者はいいたいこともいえない場合も多々あると推定される。それが程々にタイミングよく行われるなら言葉で語られた内容を明確にするより，患者にとり自体感での問い合わせを推進する問いかけであり，治療過程の初期においては必要な作業である。しかしそのとき「仮に私なら×××のような気になるが，あなたはどんな風な気になる?」という問いかけは，治療者の私を活用させ，面接や治療関係が人称化されると同時に患者はその人の感じをもとにフォーカシングし易くなる。という大きなメリットがある。このような作業も治療者は単なる観察者としてではなく関与的観察の統合ともいえる作業であると筆者は考える。これはフォーカシングの臨床的適用においてきわめて重要な要件である。これは治療者が患者を見るより，患者に見られることの臨床的な重要性ともいえる。

6　むすび

　紙面の都合上，フォーカシングの臨床適用についての理論的な原則が中心となり，具体的なケースについては示せなかった。これはそれぞれが原則が理解できると自分なりでやってみるしかないという一長と，具体的に示さないとわかりにくいという一短もあるが，ここでは一長のほうを大切にした。またこの他，患者が不安なことやさまざまな気持ちを自分を中央にして一定の紙面に位置づけていく心の整理図（増井, 1999b）などの方法もフォーカシングの臨床的適用に示したかったが，紙面の事情でまたの機会にしたい。

　また上述した方法は言葉が操れるという意味では大半の患者に有用な適用対象となるが，ごくまれに自閉的な統合失調症や閉じこもりを中心とした患者にはこの方法はときとして有害でもある。その方たちには，まず安心して心を閉じるときと場が必要だからである。

【参考文献】

Balint, M.　1968　*The Basic Fault : Therapeutic aspects of Regression*. Tavistock Publications.（バリント著　中井久夫訳　1978　治療論からみた退行―基底欠損の精神分析　金剛出版）

神田橋條治　1990　精神療法面接のコツ　岩崎学術出版社

前田重治　1988　個人的分析　誠信書房

増井武士　1980　イメージ・セラピーの基礎的方法　催眠シンポジウム　Vol.10　3-24.

増井武士　1981　催眠分析とイメージ　成瀬悟策　増井武士他　第27回日本催眠医学心理学会シンポジウム

増井武士　1982　Focusingの臨床適用に関する一考察　日本心理学会第46回大会発表論文集, 385.

増井武士　1984　第3章心理療法におけるフォーカシング　第7章集団法　第8章臨床場面におけるフォーカシング　第9章 (2)精神分析 (3)イメージセラピー (4)壺イメージ療法　第10章間を作ることに力点を置いた事例　村山正治・増井武士・池見　陽他　フォーカシングの理論と実際　福村出版　25-32, 86-95, 98-107, 121-138, 150-157.

増井武士　1990　フォーカシングの臨床適用に関する考察　人間性心理学研究　Vol.8　56-65.

増井武士　1992　面接での耳の相互性　北山修編　日常臨床語辞典　青土社　16-18.

増井武士　1999a　治療関係における「人間性」への必然的回帰―記述しがたい事象の真実性　日本人間性心理学会第18回大会発表論文集, 118-119.

増井武士　1999b　迷う心の整理学　講談社

増井武士　2002a　人間性精神（心理）療法の原点辺りを巡って―相互人間化としての「共感」について　第21回日本人間性心理学会特別研究報告

増井武士　2002b　臨床人間性心理療法-治療関係での「私」の活かし方　第21回日本人間性心理学会ワークショップ

中井久夫　1985　中井久夫著作集精神医学の経験　第2巻治療　岩崎学術出版社

Sullivan, H. S.　1954　*The Psychiatric Interview*. New York, Norton.（サリバン著　1986　中井久夫・松川周二・秋山　剛・宮崎隆吉・野口昌也・山口直彦共訳　精神医学的面接　みすず書房）

9

『こころの宝探し』における川(激情)と三つの魔法

伊藤義美

1 はじめに

　フォーカシングにおいて，そのやり方や教え方に，あるいは扱う領域には，実践者や研究者によってかなりの幅が見られている。例えば，ジェンドリン（Gendlin, 1981）はフォーカシングを教えるために6ステップを提示しているが，コーネル（Cornell, 1994）は五つのスキルと五つのステップを提唱している。キャンベルとマクマホン（Campbell & McMahon, 1985）はスピリチュアリティ（spirituality）を扱っており，用いるステップは6ステップであるが，その名称が異なっている。ジェンドリンの6ステップとは，1. 空間をつくる，2. フェルトセンス，3. 取っ手をつかむ，4. 共鳴させる，5. 尋ねる，6. 受け取る，である。コーネルの五つのスキルとは，1. 認める，2. 関係を見つける，3. 友だちのようにいる，4. 共鳴させる，5. 受け取る，である。また，五つのステップとは，1. からだの内側に注意を向ける，2. フェルトセンスを見つける，あるいは招く，3. 取っ手を手に入れる，4. その感じと一緒にいる，5. 終わりにする，である。ジェンドリンの「空間をつくる」「共鳴させる」「受け取る」のステップは，コーネルではスキルとされている。ここでジェンドリンの「空間をつくる」は，コーネルのスキルではそのまま用いられずに「関係を見つける」として取り入れられている。キャンベルとマクマホンのステップは，1. 目録をつくって空間を見つける，2. どれが一番か感じる，3. これと一緒にいてもOKだろうか，4. それに入り，それの中にいて，その全

体を感じる，5. それにそれ自身を表現させる，6. 人とのフォーカシングを終える，である。アモデオとウェントワース（Amodeo & Wentworth, 1986）は，1. 目録をつくって空間をつくる，2. 今，どれが注意を欲しがっているか感じる，3. これと一緒にいて，OK だろうか，4. フェルトセンスを形づくらせる，5. それにそれ自身を表現させる（オプション：尋ねる），6. あなた自身に一緒に居させる，の 6 ステップを用いている。ヒンターコプフ（Hinterkopf, 1998）はスピリチュアリティを扱っているが，ステップはジェンドリンと同じ 6 ステップを用いている。

コーネル（Cornell, 1997, 1998）の『こころの宝探し』は，来日時（1997 年 4 月，1998 年 3 月と 4 月など）に中集団もしくは大集団のワークショップでワークブックを用いて行われた。それは，フォーカシングを用いて，心にある一番難しい領域から力（パワー）を見つけようという新しいアプローチである。宝のある八つの領域は，『崖っぷち（葛藤）』『龍（自己批判）』『霧（迷い・混乱）』『川（激情）』『沼地（できない病）』『穴ぐら（抑うつ）』『荒地（やめられない病）』『山の頂（満たされない欲望）』である。フォーカシングの三つの魔法として，(1) 内なる自分自身との関係（Inner Relationship），(2) 真ん中で持ちこたえること（Standing It），(3) 欲しいと願うこと（Wanting）が用いられる。

魔法その 1 の『内なる自分自身との関係（Inner Relationship）』は，一種の空間づくりである。ここでは，「こんにちは」が魔法の鍵言葉になる。その手順は，以下の通りである。まず①「こんにちは」と挨拶する。②「こんにちは」と挨拶をしたら，腰を下ろしてそれと一緒にゆっくり過ごす。何も言わないでただ一緒にいる。③それに興味をもって，それがどんな感じでいるのか，それの身になって共感する。④「（それの）声を聞いているよ」とか「恐いんだね」などと伝えてあげて，その後はただ待っている。

魔法その 2 の『真ん中で持ちこたえること（Standing It）』は，例えば，二つ以上の相容れない感情体験に出会ったとき，二つ以上の異なる方向に引っぱられるとき，内なる葛藤に巻き込まれているとき，などに用いられる。

その手順は，まず①からだの内側で『魔法その 2』が必要だと気づく，次に②両方の部分に「こんにちは」という，さらに③「両方と一緒にいよう」といって，それら全部をからだの内側で大切に感じて，両方が気持ちよく呼吸でき

る空間をつくる，そして④その真ん中のところで待っている，である。

　魔法その3の『欲しいと願うこと（Wanting）』は，「ノー」の代わりに「イエス」ということである。不安，自己否定，行き止まりなどはすべて「ノー」だが，「欲しいと願う」魔法によって，ポジティブな前向きの願いに変えられる。「欲しいと願うこと」は希望をもつことだから，力強く，しかも安全である。その手順は，以下の通りである。①「自分にはできない」とか「それは難しい」というとき，まず「ノー」の感じを認め，自分が何をしたいかを見つけ，「私は…したい」と言い換える。②「恐がる」は「ノー」である。「…したくない」である。「…したくない」は，「恐い」と「したい」のかけ橋になる。③「したくない」「欲しくない」の裏に，「したい」「欲しい」が隠れている。④ときには，もっと優しい声をかけてあげる必要がある。「本当は私に…させたいと気づかってくれているんだね」ということで，心の奥に潜んでいる，それの愛情のパワーが現れ出るのである。

　このように，どのようにするかがかなり詳しく述べられている。

　本章では，『こころの宝探し』の領域のうち「川（激情）」と魔法その1，その2，その3を用いた個人フォーカシングのセッション事例を報告して，それらの魔法がどのように用いられ，プロセスがどのように展開するかを検討する。

2 「川（激情）」と魔法を用いたフォーカシングの実施と事例

(1)「川（激情）」と魔法を用いた個人フォーカシングの実施

　フォーカサー：女性のカウンセラー（スクール・カウンセラー）

　ガイド：筆者

　フォーカシングの実施：個人フォーカシングのセッション事例である。宝探しの領域のうち「川（激情）」を取り上げる。図9-1の用紙を用いて，「激情」をイメージする川に限らず，「今にも爆発しそうな火山」あるいは「爆発寸前の火山」のようなフォーカサーの体験を取り上げ，その体験にフォーカシングすることにした。ガイドが一人しかいない集団状況でのフォーカシングでは，このような体験にフォーカシングすることはかなりの困難を伴うことが多い。これに対して個人フォーカシングでは，フォーカサーはそこにいてくれるガイ

No.　　（男・女）　氏名　　　　　　　　　　歳　　年　月　日

こころの「川（激情）」や「火山（キレる寸前）」と取り組む
　なにか「氾濫する川や爆発する火山」のような思いをしていないでしょうか？
　　　例えば、・感情が込み上げてきて押さえきれない
　　　　　　　・どうにも辛くて耐えられない
　　　　　　　・思い出してもムカムカ腹が立ってしかたがない

1. 「川」や「火山」と思われる体験を一つ選んでください。それは、どのようなことでしょう。

2. それを思い浮かべるとき、からだの内側ではどんな感じがするでしょう。

3. ちょっと離れたところにいて、それに「やあ、こんにちは」と挨拶してみましょう。「こんにちは」と言ったとき、どんな感じになるでしょう。

4. 次の手順にしたがって、それ（その部分）にかかわってみましょう。
   1) まず、親しい友人のように、その部分の近くに立つか座ってみましょう。
   2) その部分の身になって、その見方に立って共感してみましょう。
   3) 「どんな感じがしているのかな？　話してくれない？」と声をかけてみましょう。
   4) その部分が話してくれるどんなことにも関心をもって耳を傾けましょう。
   5) どんなことでも話してくれたら、その部分に向かって「あなたの声は聞こえているよ」と伝えましょう。
   6) その部分といっしょにいて、言い分をすべて話してもらいましょう。
   7) 「そろそろ終わりにしてもいいかな？　まだ終わる前に聞いてほしいことがあるかな？」とからだに聞いてみましょう。
   8) その部分が「もっと時間ほしい」と言っているなら、「また、戻ってくるからね」と伝えましょう。
   9) いま、感じているからだの部分に「ありがとう」と感謝しましょう。
   10) ゆっくりと意識を部屋のほうに戻してきましょう。
   11) ここで、どのような体験をしたでしょう。メモしておきましょう。

5. その他、思いついたことや感想を書きとめておきましょう。

図9-1　こころの『川（激情）』や『火山（キレる寸前）』のフォーカシング用紙
(Cornell, 1998 を修正)

ドのプレゼンス（presence）とガイディングによって柔軟に，有効に対応できると考えられる。フォーカシングの時間は約44分で，テープ録音がなされた。

フォーカシングを途中で終えざるをえないとき，どのような体験をするか知りたいとのフォーカサーの希望があり，プロセスの途中で終わることを意図的に入れることになった。なお，「川（激情）」の用紙（図9-1）には，魔法その1のやり方が載せてある。しかし魔法その2とその3については何も触れられていないので，この二つの魔法については，フォーカサーはガイドのガイディングに従うことになる。

(2) 個人フォーカシングのセッション事例

ここでは，個人フォーカシングの部分の逐語記録を提示しておく。

　　　F：フォーカサー　　I：ガイド

（フォーカサーは閉眼し，ゆったりとリラックスして，フォーカシングを始める準備をする。ガイドはフォーカサーに「氾濫する川」や「爆発する火山」のような体験や出来事とか思いをしたこと，似ているようなことを思い浮べて，選ぶようにしてもらう。）

F1：はい。

I1：はい，どうでしょう。それをちょっと簡単におっしゃっていただくこと可能ですか。

F2：うーんとですね。うーん。何かことがあるとき（ウム）あのー，まずは反対の声を述べるっていうのを聞くと（ウム），何かすごく思わずムカーッとくる。

I2：まずは反対の声を述べる。そういうのを聞くと，思わずムカーッとくる。

F3：ムカーッとくる。（ウム，ハイ）爆発とまではいかないんですが，何かそれがいつもそうなると，（いつも，いつも，アアー）いつも，いつもそうなると。

I3：いつもそうだとね。

F4：嫌だなーって。（ウム，ウム）（沈黙5秒）

I4：はい。じゃあ，どうでしょうか。そういうことで，いきましょうか。そういったことをですね。自分の中で思い浮べてみて，ああー，こんなふ

うだな，こんな感じだな，こんなことだなってふうにですね。自分の中で，そのことについてその感じを感じ，味わってみると，どんな感じがしてくるでしょう。

F5：すごく熱くなってくる。（ウーム，熱くなってくる）熱くなってくるというか，それと，こう，真っ黒の（ウム）あの，イガイガが，こう（イガイガ）その中に顔が，顔が書いてあって（ウム），眉を上げて，怒り顔をしているイガイガがあるような…。

I5：眉を上げて，怒り顔しているような，イガイガがあるような。

F6：うん。

I6：はい。（沈黙5秒）じゃあ，そういう感じということで，どうでしょう。そのことにですね。それはそれとして，少しそれから離れてみて，あるいはそれを離れたところに置いてみてですね。ほどよく離れてみて，やあ，こんにちは，みたいなね。ちょっとあいさつするような感じで，何か声を出してもいいですし，あるいは何か動作でもいいんですけども，ちょっと，こう，あいさつしてみるとどうでしょうか。何かこんにちはとか，何かあいさつしてみたときに，どんな感じ。

F7：すごく緊張します。（ウム，すごく緊張する）この辺がグッと張ってくるような。《両手で，首の後のあたりをさす。》

I7：あぁー，その首の後のほうが，グッと張ってくる。

F8：こう，距離がある，ある距離がとれるっていうか。（ウム）とっても，すごく緊張します。

I8：距離はとれるけども，何か緊張する。（はい）はい。じゃ，どうでしょう。もう少し離れてみるような感じで，自分が下がってみる。（沈黙11秒）少し離れた感じになって見ると，そういう首のあたりの，その緊張みたいなものは，どうでしょうか，なんか変わる感じでしょうか。

F9：（沈黙11秒）ずいぶん遠くにやらないと，（ウーム）こう，息苦しい感じ。

I9：あー，ずいぶん遠くにやらないと。はい，息苦しい感じ。こう，息苦しい感じがなくなるようなところまで下がったり，向こうのほうにそれを置いてみたり，自分で調整みたいなことできるとすれば，どんなふうに

なるでしょうかねェ。できるでしょうかねェ。
F10：（沈黙7秒）望遠レンズで，ずっと遠くの，点のような形。（ウム，アーン）黒い点にしておけば，何か（ウーム）恐くない。
I10：望遠レンズのような黒い点にしておく，それぐらいに離れちゃうと…。
F11：（沈黙20秒）でも，何か（ウム）点でも，何かしっかり，こっち向いてる感じがありますね。（アー）何か見られてる（ウム），そんな感じがすごく。
I11：あー，しっかりこっち見て，見られてる感じ。なるほど。
F12：こう，点のほうが，鋭い。（鋭い）鋭い感じ。自分は少し呼吸ができるけど。（ウム）でも，何か，見られているっていうような，何か，こう，そんな感じが。
I12：見られてるっていう感じが。（沈黙5秒）どうでしょうか。そういう見られている感じがしない形で，何か自分を護ってみるとかすると。何かもってきてもいいですし，何か身につけてもいいと思うんですけども，どうでしょうかねェ。
F13：と…うーんと…（間）なんか植木で囲う，自分の周りを。（アー，自分の周りを植木で囲う）植木の塀があるという感じですねェ。（ウム，植木の塀がある）そうすると，あっ，ほんとほんと，ちょっと楽ですね。
I13：自分の周りを植木の塀で囲んでみる。そうすると，ちょっと楽になる。
F14：（沈黙6秒）うーんと楽ですね。
I14：うーん。じゃあ，どうでしょう。それを植木の塀で少し囲んでみて，その楽な感じを，よく味わってみると。
F15：…（沈黙17秒）
I15：そうしていて，どうでしょう。もう少し近づいてみること，その囲んだ状態で少し近づいていくみたいな，あるいは向こうから来てもらっても，いい感じでしょうか。それとも近づいたり，近づかれるのは，何か，まだ嫌な感じでしょうか。
F16：…（沈黙11秒）と，植木の外っ側にいるとしても（ウム）近づいてきているとしても（ウム）何か，あんまり入ってこれないよみたいな…（アー）思いがあって（ウム，入ってこれないよって）何か（中に入っ

てこれないよ)するだろうな感じはしますけど。
I 16：あー，はい。どうでしょう。その間から，すき間からのぞくような感じで，相手の様子っていうのをうかがう感じで見ることできるかしら？どんな感じがするでしょう。
F 17：(沈黙11秒) 植木の周りを行ったり，来たりしている。
I 17：ああ，植木の周りを行ったり，来たりしている。うん，はい。
F 18：何か考えているような感じ。
I 18：うーん，考えているような感じ。行ったり来たりしている。何か考えているような感じ。はい，どうでしょう。じゃあ，その部分というか，相手の人の，その立場になって，どんな感じをもっているか，こう，推測でもいいんですけども，相手の立場に立ってみて，どんな感じか，感じてみるっていうことできるでしょうか。
F 19：うーんと，垣根に対してとまどっている。
I 19：あー，垣根に対してとまどっている。
F 20：なんか意外，意外だなあと感じて…（ウム）とまどいがある。
I 20：とまどっている，意外だなーって。
F 21：うん。
I 21：はい。はい，どうでしょう。自分はこちらの垣根の中にいてですね。そのすき間からでもいいんですけども，今，どんな感じがしているのかなー，ちょっと話してみてくれないかなあーというふうに，ちょっと声をかけてみるようなふうにしてみると，どうでしょう。こちらは中にいて，安全なところにいて，少しこの相手の人の部分に，今，どんな感じがしているのかなと，よかったら話してみてくれないと声をかけてみるとどうでしょう。もしその部分がなんか話してくれたら，どんなことにも関心もってね，ちょっと言い分を聞くような感じで，耳を傾けてみるとどうでしょうか。そしてそれが話してくれたら，その部分に向かってですね。ちゃんとあなたの言うこと聞こえているよ。私，聞いているよ，というふうに伝えてみるような感じで，どうでしょうかネェ。そんな感じで一緒にいて，言い分をすべて話してもらうような感じでいると，どんな感じ，どんなことが聞こえてくるでしょう。

F22：（沈黙33秒）何か，こう，連絡のとれる箇所を開いてほしいと言っているような。
I22：あー，連絡のとれる箇所を開いてほしいって。
F23：それで，そう言われると，こちらが（ウム）（沈黙7秒）それもそうだなーみたいな思いが。
I23：あー，それもそうだなあ。はい。他はどうでしょうか。それもそうだなあーみたいなねェ。
F24：こう，連絡とりたがっているんだなーみたいな。
I24：あー，連絡とりたがっているんだなーみたいな。うむ。
F25：こう，知りたがっている，垣根の内っ側，知りたがっているなあ。
I25：垣根の内側を知りたがっているなあと。はい。（間）向こうから，こちらのFさんのほう，こちらは見えないんでしょうか。まったく隠れちゃって，おおわれちゃってる感じでしょうか。それとも…。
F26：よく繁った茂みなので，（ウーム，よく繁った茂み）ほとんど見えないだろうなーと。
I26：あー，よく繁った茂みなので，ほとんど見えないだろうなーと…。はい。
F27：見えないから不安定だろうなと。（ウーム）向こうのほうは。（向こうのほうが）私は自分を護るためだから，すごくいいんだけど（ウム，ウム，私はいいけども）向こうからすると，見たがっているから見えないから，不安定，イラつくかなーって。（アアー，不安定，イラつくかなって）（沈黙7秒）
I27：Fさん，時間が今日きちゃっているんですけども，どうでしょうかねェ。途中かもしれないけども，ちょっと今日はここで，終えてもいいかなー。それともどうかなー，まだ聞いてほしいことあるかなということを，ちょっとからだに聞いてみると，いかがでしょうか。まだ途中だけども，今，終わってもいいかなと，また続きは別のときにね，続き，ここからできるということで，とりあえず，今，ここでちょっと中断ということになるんですけども，終えていいかどうか，でしょう。
F28：こっち側は，すごく終えてもいいよって感じなんですけど（ウム，ウム）

垣根の外のほうのが（アー）何か，こう，何か騒がしいっていうか，（騒がしい）おけない状態。（おけない状態）

I 28：はい。どうでしょう。その部分に，あのー，何か騒がしい感じだねと。まだ，終わってほしくないのかな，時間がほしいのかな。でも，また戻ってくるからね。（間）そのとき，また，ちゃんと，この続きをやりましょう。お相手するからねと言ってみると，どうかしら？（沈黙14秒）もし難しければ，じゃあ，どういうことがあれば，終われそう，一応終われそうかどうか。それを尋ねてみると，どうでしょうかねェ。

F 29：（沈黙16秒）うん。あの，どうしたいんかなって尋ねたほうが，何か（ウム，ウム）ピッタリきて（アー）尋ねてみると，（ウム）とにかく中に入れてくれって。（ウム，中に入れてくれ）だから，中に入れて（ウム）そして，何か両方を，こう見てる。（ウム）これとこれと，両方だなーっていうふうに，全体として見ていると（ウム）なんかこのまま終わってもいいなって感じです。

I 29：両方を見て，これで全体だなというふうな感じで見ていると，これで終わってもよさそうな感じ。

F 30：何か落ち着いてくる。

I 30：落ち着く。外と内との両方を見る。

F 31：うーん。（沈黙10秒）何か今ね，垣根の上にいてね。（ウム）それで，こう，見渡している感じ？（ウム，ウム）あー，あそこにはこれだなって，こっちはこんなんだっていう感じで。

I 31：ああー，垣根の上にいてね。

F 32：上にいて，両方を見てると，とても，こう（ウム）

I 32：見てると，どういう感じしたでしょう。両方に開かれた感じでね。両方の間にいて，そのまましばらく一緒にいるとどうでしょうかねえ，その感じと一緒にいると。

F 33：（沈黙11秒）はたから見たら，こう（ウム）初めての，この状態で，ひとまず終わっておける感じがあります。（ウム，アー，ハー）

I 33：こういう状態，こういう感じをちょっと憶えておくような感じで，こういう感じだな。で，次回はここから始めれるよねと，そういうふうに憶

2 「川（激情）」と魔法を用いたフォーカシングの実施と事例　　137

えておいてください。そして今，その感じてるからだの部分に，どうもありがとうと礼を言う感じでね。つきあってくれてありがとうと礼を言うっていうか，感謝するようなふうにしてみると，どうでしょうかねェ。そしてご自分の意識を部屋のほうに，ここに戻してきてみると，どうでしょうか。

F34：（沈黙22秒）《目を開ける。》何か，こう，まだやりたさというのが残りますね。（残りますか）

I34：やはり残って，何か後ろ髪を引かれるような感じ。

F35：そうです。

I35：気残り，心残りのような感じで，（そんな感じ）お別れしちゃうみたいな。

F36：それだけによく憶えていますね。（アー，なるほど）あー，これと，これと，これだなと。

I36：未完了なものはね。

F37：あの，そろそろ時間ですと，パッとその言葉が入ってきたとき，シュワッと，こう，何かシュワッとしたものが入りますね。（アー，シュワッとしたもの）なんていうのかな，ブクブク，こう，泡がたっているのにシュッと，水かけるみたいな。（アブクが）消える。消え，消えさせるというか。シュワッと，ある部分だけね。（ウム）全部が消えるんじゃなくて，ある部分がシュワッと消えて，まだここではブクブクしとるよみたいな，が，もっとやりたいみたいな。

I37：一部分，どっか一部みたいなものは，頭の中で，あー，時間だから止めなくちゃみたいな（あー）そういうのが。

《少し間をとる。中断の後で，フォーカサーは再び閉眼して行う》

I38：さっきの感じに戻ってみますかね。意識を自分のからだの内に向けてみて，注意を向けてみて先ほど印をつけておいた，いちおう終わるということで，マーク，印をつけておいた場所に戻れるなら戻ってみると，どうでしょうか。

F38：（沈黙12秒）うん。あのねー，戻って，あの（ウム）ちょっと様子が違っていて（ウム，様子が違っている）あのー，茂みにね，こう，通路を

ちゃんと，もうつくってる。
I39：茂みに通路をつくっている。
F39：通路をつくってる状態で，いま，ここにイメージがありますねェ。
I40：先ほどは通路はなくて。
F40：なかって，終わったんだけど。（沈黙7秒）
I41：今は，何か通路がつくられている。通路というと，内と外を行き来する通路なんですか。
F41：そうですね。（アアー）こっちからつくった感じがありますねェ。
I42：こちらから，内のほうから。
F42：内のほうからつくった。
I43：あら，あら…。つくる前の状態というのは，感じとしてはあまり覚えていない。
F43：いま，思い出そうと思ったら，思い出せますけど（ウム）この，スーッとして，パッと浮かんだ瞬間，最初に浮かんだ瞬間は，何か通路ができてるイメージがフッとあります。
I44：あー，浮かんだ瞬間はね，通路ができてるような感じ。
F44：（沈黙14秒）でも，私からは出ていこうとしない?!
I45：私からは出ていこうとしない。
F45：入ってくるなら，どうぞ。（アー，入ってくるなら，どうぞ）でも，何かあまり入れさせない。（あまり入れさせない。あまり歓迎しない）見るぐらいなら，どうぞ。（アー，見るぐらいなら，どうぞ）見るぐらいなら，どうぞって。

《人が部屋に入ってきて中断する。》

I46：通路がつくられていて，あまり歓迎しないけども，のぞくぐらいなら，どうぞという…。相手の姿みたいなものは見えるかしら。
F46：うーん。見えます。（ウム，ハイ）
I47：どうでしょう。通路は一応あるとして,その部分にどんな感じがしてるのかな。ことばにできればね，話してみてくれないと，関心をもって見るような，耳を傾けてみると，どうでしょうかねェ。
F47：（沈黙47秒）なんか，こっちに来てほしいと言ってる感じ？（ウム，こ

っちに来てほしい）そう，向こう，外側に，私が出てきてほしいと．
I 48：あー，私に向こう側へ，外側へ出てきてほしいと．（ええ）（沈黙5秒）あなたの言うことは，よく聞こえているよと，他に何かどんなことを話したい，言いたいでしょうかと，ちょっと聞いてみると，どうでしょう．一応相手の言い分をよく聞くような感じで．
F 48：（沈黙14秒）何でも言ってほしいって．
I 49：何でも言ってほしい．（沈黙6秒）何でも言ってほしい．
F 49：（沈黙29秒）て，言われると，すごくとまどうんです．
I 50：うーん．何でも言ってほしいと言われると，すごいとまどう．うむ．（沈黙6秒）そのことを伝えてみると，どうでしょうか．そういうこと聞くと，言われると，すごくとまどうんだよねって．
F 50：（沈黙20秒）うーん．自分に合わせてほしい．（ウム）と，言ってるから，私は，それはできない．
I 51：自分に合わせてほしい．（ウン）それはできない．
F 51：（沈黙10秒）すごく，そう言い合ってると，すごく何か，もう，また嫌な感じがしてくる．（嫌な感じがしてる，ウム，ハイ）（沈黙13秒）
I 52：嫌な感じ．（沈黙9秒）じゃあ，通路をもう少し小さくするというか．場合によっては，通路をふさいじゃうということも，できるかとも思うんですけども．
F 52：（間）やっぱりふさいで，全然関係ないのが，一番楽です．（ウーム，アー，ふさいで関係ないのが一番楽，ウーム，ハイ）（沈黙6秒）こう，何か，関心をもたれないように，したいという思いがすごくしてました．
I 53：あー，関心をもたれないようにしたい．
F 53：のぞき見さえお断わりと書こう，貼り紙がしたくなってくる．
I 54：のぞき見さえお断わり．（沈黙14秒）そういう貼り紙してみますか．のぞくのお断わり．
F 54：何かすごくね，そうすると（ウム）何か痛むんですよね．自分が（アー）何かすごくきつい，きつい態度っていうか．（きつい態度みたいな感じでね，痛む）そう，やりたいんだけども，そうやると何か自分がやったことをいつまでも自分の中から離れなくて，しんどいですねェ．

I 55：あー，それをやっちゃうと，何か後に残っちゃうというか，離れなくてしんどいなあー。

F 55：そう，やりたい気持ちだけ伝えたいけど，（ウム）（沈黙9秒）本当は，言いたい気持ちがですね。言葉が見つかりました。（笑）（アア）（沈黙5秒）

I 56：言いたい言葉が見つかった。

F 56：（沈黙25秒）

I 57：それこそ，仮に言ってみたとしたら，どんな感じになりそうでしょうか。

F 57：（沈黙15秒）何か生き方が違うんだなーって。

I 58：あー，生き方が違うんだな。（沈黙10秒）生き方が違うんだな。

F 58：（沈黙12秒）何か「生き方が違うんだな」と言ったとき，何か，こう，茂みが，うん，何かこう，透かしのいい（ウム）茂みに（アア）変わるっていうか，あまり多く繁ってなくて。

I 59：透かしの多い茂みに変わる，ような。

F 59：何か，こう，何重も取り巻いてはいるけれども，そんなに厚くなく，おおい茂る感じじゃなくって。

I 60：厚くおおい茂る感じじゃなくて。

F 60：（沈黙5秒）何かいてても，お互いに見える感じ。（アー，お互いに見える感じ）（沈黙20秒）

I 61：生き方が違うんだなーというのは，ご自分の中でつぶやいていた，それとも相手の人に伝える感じで。

F 61：うーんと，伝えられた，言葉として。

I 62：あー，言葉として伝えられた。

F 62：うーん。（ホー）

I 63：そうすると，そういうふうに伝えた，伝えた相手の人は，どんなふうにそれを受け取ったでしょう。そしてどんな感じでしょう。

F 63：（沈黙14秒）相手はよくわからないですけども（ウム）それを伝えることで，こっちが（ウム）こっち側の自分の，何かつっかえみたいなものがとれていく。うん。

I 64：ああ，こちらのつっかえみたいなのが，とれていくみたいな。（ウム）

F64：つっかえがとれていくし，こう，垣根が薄らいでいく？
I65：うむ。垣根が薄らいでいく。こちらの中でね。そんな感じ。
F65：(沈黙21秒) 向こうは，何にも変わっていないみたい。
I66：うーん。あー，向こうは何も変わっていない。
F66：(沈黙18秒) こっち側が，それが言いたくて，言えなかったから，言えなかったから，しんどい。
I67：ああー，言えなかったから，何かしんどい感じが…。
F67：(沈黙31秒) うーん。何か今，何かすごく，あー，わかった，わかったみたいな感じがしますね。
I68：あー，わかった，わかったって。
F68：(沈黙58秒) 何かすごく自分の中，落ち着いている感じがします。(アー，そうですか。落ち着いてる感じ) はい。
I69：それをちょっと味わってみていただいて，どうでしょうか。ちょっと，時間のほうがきてまして，そろそろ終わりにしてもいいかな。あるいは，終わる前に何か聞いてほしいことがあるかなみたいなふうに，ちょっとからだに聞いてみるといかがでしょうか。
F69：(沈黙13秒)
I70：もう少し時間がほしい，もっとほしいっていうようなこと，もし言ってる感じならば，また戻ってくるからね。ということで，ひとまずそんなことを伝えてみてみると，どうでしょうか。(沈黙5秒) そして今，感じている，その部分にどうもありがとう，また礼を言うような感じで，そんなことで終われるならば，終わりにできるでしょうか。
F70：はい。
I71：では，ゆっくりと意識を部屋のほうに戻してきてみてください。
F71：はい。(沈黙10秒)《目を開ける。》

(この後，振り返りと受け止めを行ったが，省略する。)

3 考 察

ここでは，フォーカシングのプロセスにそって簡単に検討する。

(1)「氾濫する川」もしくは「爆発する火山」

フォーカサーは「氾濫する川」もしくは「爆発する火山」として，「何かことがあるとき，まずは反対の声を述べる」人のことを選んでいる (F1, F2, F3, F4)。コーネル (Cornell, 1997, 1998) は「激流としての川」を挙げているが，わが国では川というと激流よりも穏やかな静かな流れをイメージし易い。また，洪水や濁流のような氾濫する川のイメージがあるのではないか。だから激流という表現よりも「氾濫する川」とした。感情が込み上げてきて押さえきれない，ムカムカ腹が立ってしかたがない，などは，今にも「爆発する火山」のほうがより適切だと思われる。

(2) 距離をとること（空間をつくること）・魔法その1

「爆発する火山」や「爆発寸前の火山」のような感情体験なので，それに脅かされ，巻き込まれ易い性質のものである。いわゆる近すぎる距離にあるといえる。したがってまずそれと距離をとること，つまりそれのための空間をつくることが必要となる。I6，I8，I9は，内的に距離をおくようにする働きかけである。フォーカサーは「遠くに置いて，黒い点にしておく」(F10) が，また「見られてる感じ」(F11)，「鋭い感じ」(F12) がある。そこでガイドが「見られている感じがしない」ように工夫するように提案する (I12) と，「自分の周りを植木で囲う」(F13) ようにすると「ちょっと楽になる」(F13)「うーんと楽」(F14) になることがわかる。

そこの「楽な」場所にいてその後の関わり方として，「その部分というか，相手の人の立場になって，どんな感じか感じてみる」(I18)，「今，どんな感じか話してみてくれないと声をかけてみる」「何か話してくれたら，どんなことにも関心をもって，言い分を聞くように耳を傾けてみる」「ちゃんとあなたの言うこと聞こえているよ，聞いているよ，というふうに伝えてみる」「言い分をすべて話してもらうような感じでいると，どんなことが聞こえてくるでしょう」(以上，いずれもI21) と提案している。これらは，コーネルの『内なる自

分自身との関係（Inner Relationship）』（魔法その1）をつくる一連の作業と関係している。このアプローチには，コーネルの特徴がよく現れている。関係（relationship）は，距離（distance）＋（プラス）つながり（connection）とされている。サイコシンセシス（精神統合）でいう脱同一化（dysidentification）の状態でもある。

　これに対してフォーカサーは，相手は「連絡のとれる箇所を開いてほしいと言っている」(F22)けど「そう言われると，それもそうだなーみたいな思いが」(F23)してくる。さらに「連絡とりたがっているんだなー」(F24)，「垣根の内っ側，知りたがっているなあ」(F25)，「よく繁った茂みなので，ほとんど見えないだろうなあー」(F26)，「見えないから，不安定，イラつくかなあー」(F27)と，フォーカサーは相手の気持ちを思いやっていくことになる。

(3) 終わる時間がくるという設定・魔法その2とその3

　途中だけど，終わる時間がきたという設定で終わる（中断する）ことになっていた。そこで時間がきたことを告げるが，フォーカサーは「こっち側は終えてもいいよって感じだが，垣根の外のほうが騒がしく，（このままでは）おけない状態」(F28)であった。ガイドはまずそのことをよく認めてやるやり方を，次に「何があれば終われそうか」を尋ねるやり方を提案した(I28)。それにどうしたいのかを尋ねると，「とにかく中に入れてくれ」(F29)ということであった。この「どうしたいのか」の問いかけは，コーネルがいう『欲しいと願うこと（Wanting）』（魔法その3）である。これまでも筆者は，この種の問いかけをフォーカシングのガイディングにおいてよく用いてきている。フォーカサーはその欲求を受け入れて，すぐにそれを垣根の中に入れた。そして「垣根の上」(F31)にいて，両方を見ていると，全体として見ていると，「このまま終わってもいい感じ」(F29)になり「落ち着いてくる」(F30)のだった。この垣根の上にいて両者を見ているという動きは，自然に出てきたものである。以前にこのフォーカサーは，ガイドにしたがって，二つのもの（部分）を前に並べておいて，『真ん中で持ちこたえること（Standing It）』（魔法その2）というのを行ったことがある。そのことが，今回では自発的な動きとして出てきたのである。一度どのように扱うかをフォーカサーが学べば，そうした対処の仕方

が自然に立ち現われてくると考えられる。やり方を覚えれば，からだが覚えていて自然と必要なときに用いることができるようであり，この事実は大変興味深い。この『真ん中で持ちこたえること』は，ジェンドリン（Gendlin, 1986）の夢フォーカシングにおけるバイアス・コントロールその1，その2にある原理である。

(4) フォーカシングの再開・「生き方が違うんだなー!」

再開して終わったところに戻そうとしたが（I38），終わったところとはちょっと様子が違い，浮かんできたのは「茂みに通路をちゃんとつくってる」（F38, F39）状態だった。しかしこの以前には，通路のことは触れられなかった。再開すると内と外をつなぐ通路がついていたのである。終わる直前には，外側にいる人を垣根の中に入れた。そして両者を垣根の上から見ていると，落ち着いてきた。これは，そこで中断して終わるためにとられた緊急避難的な措置であったと思われる。再開した時点では，また垣根によって外と内とが分かれ，両者をつなぐ通路が内からできていた（F41, F42）。フォーカサーのプロセスを元に戻して，そこから改めてじっくりと動き始めることになったと考えられる。「私からは出ていこうとしない?!」（F44），相手も「あまり入れさせない。見るぐらいなら，どうぞ」（F45）といった感じである。ここで再び『内的な関係をつくる』（魔法その1）ようにする（I47, I48）。相手は，「外側に，私が出てきてほしい」（F47），「何でも言ってほしい」（F48）という。これに対して，「言われると，すごくとまどうんです」（F49），「自分に合わせてほしい。それはできない」（F50）と，フォーカサーの内的自己とのやりとりがなされる。このように「言い合っていると，また嫌な感じがしてくる」（F51）ので，「(通路を)ふさいで，全然関係ないのが，一番楽。関心をもたれないようにしたい思いがして」（F52）くる。「のぞき見さえお断わりと書こう，貼り紙がしたくなってくる」（F53）が，そうすると「何か痛み，すごくきつい態度。やりたいけど，そうするとやったことがいつまでも自分の中から離れなくて，しんどい」（F54）感じになる。そしてとうとう言いたい言葉が見つかることになる（F55）。それは，「生き方が違うんだなー!」（F57）である。それを伝えると，「茂みが，透かしのいい茂みに変わる」（F58），「何重も取り巻いているけれども，そんな

に厚くなく，おおい茂る感じじゃなく」(F59) なる。「いても，お互いが見える感じ」(F60) である。生き方が違うことを相手に伝える (F61) と，「相手はよくわからないけど，それを伝えることでこっち側の自分のつっかえがとれていく」(F63) し，「垣根が薄らいでいく?」(F64) 感じになる。「向こうは，何にも変わっていないみたい」(F65) だが，「こっち側が，それが言いたくて，言えなかったから，しんどい」(F66) 感じが明確になる。しかし「今，すごく，あー，わかった，わかったみたいな感じ」(F67) がして，「すごく自分の中，落ち着いている感じがし」(F68) てくる。こうしてフォーカシングのラウンドが終わった。

(5) 振り返りと受け止め

その後の振り返りでは，次の点が語られ，受け止められることになった。

①途中で止めると目醒めが悪いような感じがする。ちゃんと行くところまで行くと，スッキリする。それまでのプロセスで道をつけたがっているが，それが意識化，言葉化できないで終わったから，そう感じたのか。

②2回目が始まったら，両方を見渡せる垣根の上にいて，垣根にトンネルのような道，内側からつけられた通路があった。

③外の何に抵抗しているのかが，今はっきりしてきた。外側の相手が私に関心があり，私のことをことごとく知りたがることが嫌なんだなということがわかった。

④垣根をつくることでホッとして自由な感じが出てきた。垣根の上に立って両方を見渡していると，終わりにしやすかったのは，私も向こうに関心をもっているからだった。両方を見渡せないと，とても不安だった。垣根の上に乗ることで両方を見渡せて，全体として落ち着くことができた。

4 おわりに

コーネルの『こころの宝探し』はワークブックを併用して中集団や大集団で行われているが，本章で報告した事例は個人のフォーカシングである。個人フォーカシングでは，集団状況では困難である，個別の柔軟な対応が可能となる。コーネルの5スキルと5ステップ，および魔法（その1，その2，その3）な

どは，すべてジェントリン（Gendlin, 1978, 1981, 1988, 1996 など）に含まれていると思われる。フォーカシングを推進するための有効な要素や部分をとりだし，それを一般の人にも理解し易い，実践し易い形にして提示しているところに特徴がある。これは，今後におけるフォーカシングの実践や研究の一つの方向であり，こうした面での発展も期待されるところである。

【参考文献】

Amodeo, J. & Wentworth, K.　1986　*Being Intimate : A Guide to Successful Relationships.* New York, Arkama.

Assagioli, R.　1965　*Psychosynthesis : A Manual of Principles and Techniques.* Psychosynthesis Resarch Foundation.（国谷誠朗・平松園枝訳　1997　サイコシンセシス―総合的な人間観と実践のマニュアル―　誠信書房）

Campbell, P. A. & McMahon, E. M.　1985　*Bio-Spirituality : Focusing as a Way to Grow.* Loyola University Press, Chicago, Illinois.

Cornell, A. W.　1993　*The Focusing Guide's Manual*（3rd Edition.）Berkeley, Focusing Resources.（村瀬孝雄監訳　1996　フォーカシングガイド・マニュアル第3版　金剛出版）

Cornell, A. W.　1994　*The Focusing Student's Manual*（3rd Edition.）Berkeley : Focusing Resources.（村瀬孝雄監訳　1996　フォーカシング入門マニュアル第3版　金剛出版）

Cornell, A. W.　1996　*The Power of Focusing:A Practical Guide to Emotional Self-Healing.* New Harbinger Publications, Inc., Oakland, CA.（大澤美枝子・日笠摩子訳　1999　やさしいフォーカシング―自分でできるこころの処方―　コスモスライブラリー　星雲社）

Cornell, A. W.　1997　アンのフォーカシング・セミナー　こころの宝さがしワークブック

Cornell, A. W.　1998　アンのフォーカシング・ワークショップ　こころの宝さがしパート2ワークブック（あなたの宝をあなたのために）

Gendlin, E. T.　1978　*Focusing*（1st ed.）. New York, Everest House.

Gendlin, E. T.　1981　*Focusing*（2nd ed.）. New York, Bantam Books.（村山正治・都留春夫・村瀬孝雄訳　1982　フォーカシング　福村出版）

Gendlin, E. T.　1986　*Let Your Body Interpret Your Dreams.* Chiron Publications, Wilmette, Illinois.（村山正治訳　1988　夢とフォーカシング―からだによる夢解釈―　福村出版）

Gendlin, E. T.　1996　*Focusing-Oriented Psychotherapy:A Manual of the ExperientialMethod.* New York, Guilford Press.

Gendlin, E. T.　1998　フォーカシング・オリエンティッド・サイコセラピー（概要）　日本心理臨床学会第17回大会（名古屋大会）大会記念特別講演　配布冊子　日本心理臨床学会第17回大会準備委員会

Hinterkopf, E.　1998　*Integrating Spirituality in Counseling: A Manual for Using the Experiential Focusing Method.* American Counseling Association, Alexandria, VA.（日笠摩子・

伊藤義美訳　2000　いのちとこころのカウンセリング―体験的フォーカシング法―
金剛出版）

10

夢のフォーカシングにおける治療関係と技法上の特徴

田村隆一

1 はじめに

　筆者は，「夢とフォーカシング」（ジェンドリン，1988）の翻訳に関わって以来，フォーカシングで夢を扱ってきた。その実践からは，ジェンドリンの方法に加えて筆者独自の技法的工夫があると感じるようになった。ここでいう技法には，当然のことながらガイドの存在の様式も含まれる。本章では，二つの事例を提示し，筆者独自の技法上の工夫とその際のガイドとしてのあり方を考察したい。

2 夢のフォーカシングの手順

　まず，夢のフォーカシングの手順について簡単に説明する。基本的には「夢とフォーカシング」（ジェンドリン，1988）に従っているものの，筆者独自の工夫も加えている。

(1) 夢の概要を聞く

　まず，フォーカサーに夢の概要を話してもらう。まずは全体像をつかむために，ガイド側からはあまり質問などはせずに，自由に語ってもらう。いつ頃見た夢かも聞いておく。

（2）夢を最初から詳しく聞きなおす

　夢の最初の部分から順番に，ゆっくり詳しく聞きなおす。一つ一つの場面，場面の順序，登場人物，場所など，確認しながら聞いていく。聞きながらガイドは夢を想像し，自分の中ではっきりしないところを聞いていく。最初は忘れていても，聞くことによって思い出すことがある。

（3）夢全体のフェルトセンスを聞く

　夢全体を，改めて思い浮かべてもらい，夢全体からどんな感じ（フェルトセンス）がするか聞く。

（4）夢に対して質問を投げかける

　フェルトセンスが形成されたら，夢の全体または一部に対して，質問を投げかける。この質問はフォーカサーに尋ねるのではない。フェルトセンスに照合してみて何らかの変化が生じるか確認するという作業である。

　基本的には，「質問早見表」（表10-1）の質問を一つずつしてみる。最初は，質問早見表の1から6ぐらいまでを聞くとよい。早見表に書かれた質問例を参考にしながら，聞いていく。筆者は夢を聞いた後に，まず夢全体のフェルトセンスを聞いている。質問早見表の2番の質問群を先に聞くことになる。

　一つの質問を投げかけたら，フォーカサーのからだの中で，感じが変化するか，少し待ってみる。何かが出てきたら，出てきたものをとりあえず受け止めて（acknowledge），味わう。30秒から1分程度待ってもとくに変化がないようだったら，あっさり，次の質問に移る。

　質問は順番に聞いてもかまわないし，順序を変えてもかまわない。後は，大きな変化が起こるまで，質問をしては，からだの感じが出てくるか確認するという手順を繰り返す。質問の1から6は，夢をふくらませる質問である。質問によって，夢の中でほとんど気にとめていなかった側面がはっきりしてくる。

　早見表の質問6までをある程度終わったら，質問7以降を使う。これらもガイドの思いつきで，どの質問から試してもよい。全部を聞く必要はもちろんない。何かが出てきたら，後は通常のフォーカシングと同じように，体験の流れについていくことになる。

表 10-1 質問早見表

1 何が心に浮かんできますか
   夢について，どんなことを連想しますか。その夢のことを考えると，何が心に浮かんできますか。
   夢の一部を取り上げてください。それについて，どんなことが浮かんできますか。

2 どんな感じがしますか
   夢の中でどんな感じがしましたか。その夢がもっていた全体の感じを感じてください。
   生活の中で，どんなことがその感じに近いかな。
   この感じ全体からどんなことを思い出しますか。どんなときに同じような感じを感じましたか。

3 きのうのことは
   きのう何をしましたか。心の中でどんなことを考えていたのかも思い出してください。

4 場所は
   夢に出てきた主な場所を心に描いて，それを感じてください。
   そこから，何を思い出しますか。そういう感じのする場所はどこでしょうか。

5 夢のあら筋は
   夢のあら筋を要約してください。
   「私の生活の中でどんなところがその話に似ているだろうか。」
   「最初に……それから……それから……」

6 登場人物は
   夢の中の，知らない人物を取り上げてください。（全員知っているときは，最も重要な人）
   この人物から何を思い出しますか。
   この人物を思い浮かべてみると，からだはどんな感じがしますか。
   よく知っている人の場合－その人はいつもと同じ姿でしたか。

7 それはあなたの中のどの部分ですか
   登場人物があなたの心のある部分を象徴していると仮定してみましょう。
   その人を一つの形容詞で表すとしたら何がよいでしょう。
   もしその形容詞で表されるような部分が自分の一部としたら，どう感じますか。

8 その人になってみると
   夢の登場人物の一人（あるいは夢の中に出てきた物，動物）になってみましょう。
   イメージの中でその人（物，動物）になってみましょう。
   その人になりきって，おおげさな演技をしてみましょう。
   その人は，どんなことを言いたいでしょうか。どんな気持ちでしょうか。
   その人は，どんなことをしたいでしょうか。
   その人になると，どんな感じがするでしょうか。
   その人になりきって，「私が今したいのは……」「私が言いたいのは……」に続けてみましょう。

9 夢の続きは
   夢の最後か重要な場面を思い浮かべましょう。そして，そのまま待ってみましょう。
   次にどんなことが起こるでしょうか。
   何か出てきたら，それに対して何かをやり返したいという衝動を感じますか。
   それは何でしょう。

10 象徴は
夢で出てきた物や人が,何かの象徴だとしたら,どういう感じがするでしょう。
例：動物-人間の本能,生命のエネルギー　子ども-新しい自分　食事-何かを自分のものにする

11 身体的なアナロジーは
夢で出てきた物や人が,あなたのからだの一部を表しているとしたら,それはどこでしょう。

12 事実に反するものは
夢の中で目立って事実と違っているのは何ですか。夢の中と現実とで,感じ方の異なる部分は。
夢はいったい何を変えたのでしょう。

13 子どもの頃のことは
夢に関連して,子どもの頃のどんな思い出が出てきますか。
子どもの頃に,この夢と似た感じを感じたことはあったでしょうか。
子どもの頃のことを考えると,どんなことが思い浮かんできますか。
子どもの頃のどんなことと関係があるでしょうか。
その頃,どんなことが人生の中で起こったのでしょうか。

14 人格的な成長は
あなたはどんなふうに成長しつつありますか。
あなたは何と闘っているのですか。何でありたいのでしょうか。何をしたいのでしょうか。

15 性に関しては
夢を,現在あなたが性的なものについて,したり,感じたりしていることの物語だと考えてみましょう。
もし夢が,あなたの性的なものに関連があるとすると,夢は何を言おうとしているのでしょうか。

16 霊性に関しては
夢は,創造的な可能性,霊的な可能性について何かを語っていませんか。
あなたの中の,何か芸術的な感覚,何かを表現したり創り出したりすることと関連がありますか。

ジェンドリン (1988) 『夢とフォーカシング』をもとに作成（田村 (1999b) に掲載したものを再掲）

3 事 例

　ここでは夢のフォーカシングの短い事例を二つ提示し，夢のフォーカシングのプロセスの概要を示したい。いずれもフォーカサーは20代の女性である。ガイドは筆者。文中のフォーカサーの発言は（F）で，ガイド（リスナー）の発言は（L）で示す。夢の概要を説明する部分は要約している。

〈事例1：大きな虫の影の夢〉
夢の概要
　数ヶ月前に見た夢。夢の中で，目が覚めて起きあがって，パッと後ろを振り向くと，自分の部屋の白い壁に巨大な虫の影が映っている。カブトムシみたいな虫。びっくりしてギャーっと叫ぶ。
　（夢を語っているうちに，現在の部屋と家具の配置が違うことに気づく）小学校とか幼稚園のころの家具の配置だった。

逐語録
L：夢全体を思い浮かべると，どんな感じになります？
F：落ち着いている。何かこう，……うん，ざわざわしたりドキドキしたり，そういう怖いとかよりも，ホッとしてるとまでの落ち着きはないけど，それを落ち着いて見れるっていうか。うわーって思って見ている感じ。
　（略）
L：この夢からどんなことを連想します？
F：（沈黙）（吹き出す。笑い。）虫が飛んで行っちゃった。青空に。夢の中では夜だったんですけど，なんでか青空。朝，午前中ですね。すっきり，さわやか。（うつむいて，指を額に当てて）……しかも，小さくなってます。カブトムシが，本来の大きさになって，窓から出て行っちゃったみたいな……。
L：例えばね，本当は小さなものなのに，……自分の中だけで，……（フォーカサーが急に笑顔になる）すっごく大きくておびえていたとか，いうことあります？
F：ああ，ありますね。何か，うん……（上を見上げて）寂しい感じが。
L：そのことを思い浮かべると寂しい感じ。
F：（唇を嚙みしめて，目を閉じる。）……ある人が浮かんで。（左手を頰にあてて）……その人に対して，そんなことはなかったのかなと，思ったときに，私自身も，寂しいし，その人自身のことも，考えると何か寂しい。
L：その人の立場に立っても，その人は寂しいだろうなって。
F：私がそう思ってることも寂しいだろうし。処理に困ってるっていうか。

L：その人に対する感覚っていうのが，今までと，変わったっていう感じ？
F：……あったって，いう，……あったんですけど，それを頭でわかろうとしているというか，実感としてというか，フィットしていない。
L：まだ，やっぱり大きな存在なんですか。
F：そう思いたい……。
（略）
L：話，変わるけど，さっきね，白い壁はね，子どもの頃の，……その頃と，その人と，何か関係ありそうですか？
F：（表情が変わる。苦笑）うん。関係ありそう……。今，言われて，あれええって。うーん。（うなずきながら）うん。……さっき，カブトムシが青い空に行ったとき，すっきりさわやかっていったけど，やっぱり，もうちょっと，居てほしい，って。その足を一本，つかまないけど，つかめたらなって，思いましたね。（目尻を指で触る）
L：ちょっといとおしい？
F：カブトムシが，羽をパタパタ，ちっちゃくなって，本来の姿とか現実で，寂しい，かわいそうではなくて，寂しい，と同時にいとおしさみたいな，あったかいものであったり。
L：あったかい感じ？
F：あったかい。うん。柔らかい。そうですね。でも，カブトムシは行っちゃいましたね。カブトムシはカブトムシで楽しそうに。（笑い）私は朝だし，起きようかって。（笑い）何か，にやけてくる（笑い）。なんでー，なんでだー。見たくない。見たくなくて，ずっとそこにあって，アピールされてたんですよね。ややこしい。（笑い）もう，今無理，とか思って。にやけてきた。（笑い）

考　察

　夢を詳しく聴いていく段階で，部屋の中の家具の配置が現実と違うことに気づいた。夢の中の家具の配置は子どもの頃のようだった。巨大な虫の影が部屋の壁に映っているという，無気味な夢ではあるが，フェルトセンスを確認すると，フォーカサーは怖さをさほど感じていない。この夢では，連想を聴いてい

る段階で,イメージが動き出して,カブトムシが小さくなって空に飛んでいってしまった。筆者はその変化をとらえて,「本当は小さなものなのに,自分の中ではすごく大きくて,おびえて……」と返すと,最初のシフトが起こっている。

フォーカサーの中に「ある人」が思い浮かび,「寂しい」感じが出てきた。自分がその人のことを,本当は大きくないと思うことも寂しいし,相手も自分からそう思われることが寂しいのではないかという感じが出てきている。しかし,それを「頭でわかろう」としていても,実感としては「フィットしていない」感じもある。ここで筆者は,プロセスが停滞していて,これ以上待っていても変化が起こりにくいと感じた。ふと,思い浮かんだのは,部屋の家具が子どもの頃の配置のようだったという部分である。子どもの頃のこととの関連を問いかけると,次のシフトが生じている。

飛び去ったカブトムシに対して,「もっといてほしい」「足をつかめたらな」という感じがでてきて,いとおしさ,暖かさを感じている。無気味な巨大カブトムシが,いとおしい,暖かい存在へと感覚が逆転している。「ある人」との関係では,「カブトムシはカブトムシで楽しそうに」「私は朝だし,起きようかって」と,二人の間に新たな関係性が生じていることを象徴しているかのようである。

この事例のように,数個の質問を投げかけただけで,とくにガイド側から工夫をしなくても展開していく事例は多い。なお,ここで出てきた「ある人」が具体的に誰を指すとか,その人とフォーカサーがどのような関係にあるかなど,内容については一切聞いていない。とくに夢のフォーカシングでは,本人が話したいと思わないのであれば,まったく具体的なことは話さなくても,十分その感覚に共感できるし,支障はない。

〈事例2:頭上からライトの光を浴びる夢〉
夢の概要

1,2週間前に見た夢。受付のようなところに,並んでいる。自分の前には,受付で何かを書いて別の場所に向かっている人がいる。立って待っていると,急に頭の上からライトをパーッと当てられる。不意打ちをくらったような感じ。

ライトが当たってから次に進むんだとわかる。

逐語録

L：どこかに行くわけよね，受付をしたら。そこってどんな感じの所なんでしょうね。うきうきするとか?

F：何か，早く済ませたい所。行かなきゃ，やらなきゃいけないのは，わかってるんだけど。（笑い）

L：やらなきゃいけないのはわかってる。（笑い）何か想像しました?

F：はーい。（笑い）そうなんよって。（笑い）何か……そうよ，具体的にこれがそうかっていうよりは，早く済ませたいとか，（笑い）やらにゃいけないんだからとか，ああって思ってたかも……。

L：その，前は思っていなかったってこと?

F：最近の，本当に細かいことなんだけど，早くやっとけば良かった。あー，やらないといけないこと，いくつかあったなーって。

L：今どんな気持ち?

F：やっぱりかって感じ。うん，わかってるんですよ，多分。今やっちゃえばいいんだけど（笑い），あったんですよ（笑い）それが，やっぱりか。（笑い）そうですね，やっぱりか。（笑い）難しい……

L：今，夢全体を思い浮かべてみて……，どんな気分になります?

F：（沈黙）（ささやくような小さな声で）あんまりいい気分ではない。

L：あんまりいい気分ではない。

F：何か，……うーん，別にすごい嫌な気分じゃないんですけど，何かすごい，自分ではライトを当てられることは，その次の受付に行くのに，ああ，そういう手順なんだな，って思ったけど，当てられたくない。

L：当てられたくない?

F：当てられてる自分を思うと，え?って感じ。

L：え? って感じ。（笑い）その正反対でね，（ちょっといたずらっぽい口調で）もしかしたら，本当は，ライト当てられることが，うれしいんじゃないか，と思ってみたらどんな感じがします。

F：すごい，何か，ライト当てられる，（笑い）多分，ライト当てられるって

いうか（笑い），舞台とか立ってて，ライトが当たって，うわーってやってるのが，すごい好きなんだと思うんです。ここは当てますよって，言われて，当てられるのは，すごい，イェィっていう感じなんだけど。普段は，それはいやだ。（笑い）無防備な……（笑い）うん（笑い）普段は，すごいいやですね。いやっていうか。うん。普段は，急に当てられるのもいやだし，当てられるのが好きって，思われるのもいやです。

L：ああ，当てられるのが好きって，思われるのはいや。

F：思われるのもいや。うー（悲鳴のような声），首が，すっごい……（こんなことを直接聞かれるのはたまらないといった表情で，首を手で触ってこすりながら）（笑い）本当はすごい好きなんだけど……。

L：じゃあ，その正反対でね，自分はライトを浴びるようなのが，とてもいやなんだとか，辛いんだとか，恥ずかしいんだとか，そういう部分っていうのは，自分の中にはあるんですかね？　そういう部分はあるんだけども，今まではそれを無視してっていうか，押し殺して，見ないようにして，無理して表舞台にあがってたと，仮にすれば，そういう，今まであったけど，あまり目にとめてもらえなかった自分っていうのかな，怖いとか……。

F：ああ，怖いはありますね。

L：怖い。

F：うん。何か……ライトで，ただ外に当たってるだけじゃなくって，中までサーっていう感じがして，それはすごい怖い，怖い，うん。怖い，うん。

L：じゃあ，あなたの中にね，怖がってる小さな女の子がいるとしてね，怖がってるから，その女の子を，何かやさしくだっこしてあげるなりね（フォーカサーがにっこり微笑む），少し安心させてあげるなり，怖かったねって声かけて……。

F：うん。（柔らかい表情になって，目を閉じる）……（長い沈黙）ああ，抱きつかれた，感じ。

L：抱きつかれた。

F：うーん。（小さな声で）あー。（髪をかきあげて上を見上げる，まばたき）あるシーンがばーって……。こういう場面があったなって。（何度もうなずく）うん。（ため息）なんかちょっと，ここだけ（胸の辺りを指して），

ちょっと何か感動的。(笑い) うん。うん。(にっこり笑いながら何度もうなずく)
L：今の御気分は?
F：何か，あったかくなった，感じがします。(うなずく) はい。

考　察

　この夢も事例1と同様に，非常に短い夢である。光を浴びた後，受付を済ませて，どこかに行くというだけの夢であり，夢の中の登場人物も，はっきりしない人が数名出てくるだけである。「どこ」に行くのかはフォーカサーにもわからなかったため，「どのような感じの場所」に行こうとしているのかを筆者は尋ねた。すると，早く済ませたい，やらなきゃいけないのはわかっているという感覚が出てきた。

　それは，「やっぱりか」という感じであり，ライトを当てられたくない感じでもあった。ここで筆者はバイアスコントロールに入っている。

　バイアスコントロールとは，夢で出てきたものに対して，夢主がある様式で関わっている際に，その関わりの様式の正反対の様式を提示して，感じてもらうことにより，変化を促す技法である。この場合，フォーカサーは，「ライトを当てられたくない」といっている。ここでは，その逆の「ライトを当てられることが本当はうれしいのではないかと思ってみる」ことを提案する。

　舞台の上でライトを当てられることは，すごく好きな部分もあるが，無防備な状態で当てられるのは嫌だという感じ，また，ライトを当てられるのが好きだと思われるのが嫌だという強烈な感情が出てきて，笑ってはいるものの，「うー」と声を出し，首をこすって，その感情が自分自身に受け入れがたいようであった。通常であれば，ライトを「当てられたくない」と「当てられたい」の二つの気持ちを，両方同時に感じてみて，そこから何かが生じるのを待つという形をとるが，ここでは，さらに一歩進んで，ライトを当てられるつらさのほうに焦点を当てた。

　ここでのつらさは，ライトを「当てられたくない」と「当てられたい」の対立ではない。筆者には，むしろその二つの対立のもっと下にある，かすかな感覚を感じた。それは，とても弱い幼児のような感覚であり，普段は顧みられる

ことのない，気づきにくい，小さなうずきのようなものである。このガイドの中に生じた感覚を，無理して舞台に上がっていたようなつらさのようなものがあるのではないかと提案してみている。

すると「怖さ」が出てきた。この時点での「怖さ」は，新たに出てきた感覚ではあるが，フォーカサーには受け入れにくそうな感覚であり，怖さをゆっくりと味わうということができそうになかった。

ここで，内的な子どものイメージを導入する。怖さを直接感じるのではなく，小さな女の子のイメージを浮かべ，その女の子が怖がっているので，その子に対して優しく接してみることはできるかという提案である。提案をしている最中から，フォーカサーの表情が和らいで，優しい態度が生じてきている。その状態から，イメージが展開し，女の子が抱きついてくるイメージとなる。

4　夢のフォーカシングにおける治療関係と技法
(1) ガイド側の楽観的確信と「夢で遊ぶ」姿勢

筆者はフォーカサーに「夢で遊びましょう。決してまじめにやらないでください」ということにしている。こういうとフォーカサーが笑うことがあるが，この笑いは重要な変化の第一歩である。この時点で，夢に対するフォーカサーの感覚が僅かに変化しているからである。

夢のフォーカシングを行っていると，夢に対する感覚が正反対に逆転することがしばしばある。夢を思い出したとき，きわめて否定的な感覚（恐い，醜い，許せない，腹が立つなど）をもっていたのに，ある瞬間に正反対の肯定的な感覚（楽しい，面白い，きれいな，元気が出るなど）に逆転する。

ここには，ガイド側の楽観的確信が関係しているのではないかと思われる。筆者はこれまで，このような感覚の逆転が劇的に生じることを多数見てきた。その経験ゆえか，気持ちの悪い夢，恐ろしい夢，わけのわからない夢を聞くと，その瞬間に，うれしくなって笑顔がこぼれてしまい，「いいですねえ！」と声が出てしまう。理屈抜きに，思わずうれしくなってしまうのである。このような反応に対してフォーカサーは，笑ったり，意外な顔をしたりする。こんなにひどい変な夢を，ガイドが本心から喜んだりうれしくなったりするはずはないといわんばかりの表情のときもある。

このガイドの反応、とくに表情や声の調子といった非言語的側面からの刺激は、フォーカサーの体験様式を揺さぶり、変化のきっかけになると考えられる。フォーカサーには不快な感覚があり、それを何とかしたいけれども自分からは何ともできない感じがある。それに対してガイドは、すでに夢に対して肯定的な関わりを感じており、その感覚に浸ることに快感すら覚えている。筆者は、フォーカシングが成功する場合のフォーカサー側の状態として、フェルトセンスに安心して浸り、そこから何かが出てくるのを待つことのできる状態を floatability と呼んだ（田村, 1987, 1990）が、ガイド側の floatability がフォーカサーの floatability に影響を与えることが示唆される。

(2) ガイドのフェルトセンスを利用する

筆者は自分の中に生じたフェルトセンスやシンボルを、しばしばフォーカサーに投げかける。基本的にはガイド側に生じてきたフェルトセンスを十分味わった上で、ガイド自身の感覚を伝える。感想のような形にしたり、質問の形で問いかけ、フォーカサーのフェルトセンスと共鳴させるよう提案してみる。

「お話をお聞きしていたら、私の中に『心もとない』っていう言葉が浮かんできたんですよね。」
「うーん、何だか、今私の中には、小さな子どもが、迷子になって、泣いているような、イメージが、出てきたんですけどね。」
「聞いてると、そのつらさの中に、うきうきするような感じが私の中に出てきちゃったんですけど、ちょっとその感じに、『あなたはもしかしてうきうきしてる気持ちがある？』って聞いてみることはできますか。」

ガイド自身の感覚なり連想なりを伝えることが、しばしば大きな変化をもたらす。ガイドの感じているものを、ゆっくりとガイド自身がフォーカシングしながら、つぶやくように言語化することも、変化につながることが多い。

「今、私の中では……、何だか……、おなかのあたりが……、暖かーく、なってきてて……、それが、……じわーっと……、広がって……」

(3) 内的な子どものイメージの使用

筆者は事例2にも示したように，自分の中に小さな子どもがいることをイメージさせることがある。内的な子どものイメージを扱うアプローチは他にもあるが，フォーカシング中に使用するのは，フォーカシングの基本的態度を簡単に実現しやすくするためである。夢や新たにからだから出てきたものに対して，フォーカサー自身が否定的態度をとれば，それ以上プロセスは進みにくい。不快なイメージやつらい感情に対しては，友好的な態度はとりにくい。とくに夢の場合，そもそも夢というイメージを使っているために，新たなイメージを容易に導入できる。筆者は，何らかの否定的なイメージや感覚が生じてきたときに，用いることが多い。また，夢に対していくつか質問を投げかけてみたが，進展がない場合にも有効である。例えば次のように教示する。

「あなたの中に2歳ぐらいの小さな女の子がいて，その子がとても寂しくってたまらないと思ってみて，その女の子に優しく声をかけてみてください。『あなたはとっても寂しいの?』『だっこしてあげようか?』とか，『私に何かしてほしいことはある?』って……」

(4) 注意スイッチング機能

夢のフォーカシングの技法的特徴の一つは，注意スイッチング機能ではないかと筆者は考えている。注意スイッチング機能とは，筆者がフォーカシング技法の機能を分類する中で提案したもので（田村，2002b），現在フォーカサーが注意を向けている対象から，別の対象へ注意を移すことを促して，行き詰まった状態を打破したり，シフトをねらうものである。フォーカシングでは，「解釈」は，何らかの抑圧された（あるいは潜在的な）内容に対して行うものではない。内容よりも変化が重要となる。

内的な子どものイメージの導入では，そのイメージに意味があるのではない。「怖い」という感覚に注意が集中し，動きにくい状態のときに，突然別のイメージを想起させる。しかも，同時に出てきたものに対して受容的になる。この急激な変化に伴う心的構えの変化が，プロセスを進展させるのではないか。

夢の内容を語っている最中に，「子どもの頃のことと関係がありますか」と

か,「この夢で感じる雰囲気と,似たような雰囲気をもった場所は,現実の生活の中で,思いつくところはありませんか」という質問も,子どもの頃や場所が意味をもつのではなく,フォーカサーが集中している対象とはまったく違う側面へ,いきなり注意を移すことが変化をもたらすのではないか。現在の問題としてとらえているときに,突然過去をもちだしたり,夢のストーリーに注目しているときに,いきなり現実生活で同様の感覚をもつ場所に注意を向けさせる。あるいは,夢の登場人物に対して語っているときに,「その夢を見た頃に何か出来事はありませんでしたか」と聞いてみる。ゲシュタルト的なワークを行う。フロイト的に急に問題を性的なものと結びつける。これらもすべて,まったく異質の対象への突然の注意の転換である。

　このように考えれば,ガイドの役割は,いかにフォーカサーの「裏をかく」かということにもなる。バイアスコントロールの役割も,今までフォーカサーがもっていた感覚と,正反対の感覚に注意を向けさせることによるのであって,バイアスコントロールばかりを何度も繰り返しても,効果は限定されるのではないだろうか。

　ジェンドリンはしばしばセラピストの役割について,プレゼンスが最も重要であるという。しかしそのプレゼンスとは何かは具体的には示されていない。ジェンドリンのいうプレゼンスは,たしかに存在することそのものが重要な役割をもつものであろう。しかしそれに加えて,フォーカサーが通常では目を向けない部分に注意を向けるよう促したり,通常の関わり方とは異なる関わりを,セラピストが態度で伝える,あるいはそれが伝わることが,変化に重要なのではないか。このフォーカサーとは異なる視点,感覚,態度が変化をもたらすとするならば,一人でのフォーカシングに比べて,ガイドが存在することの意味がはっきりすると思われる。

5　おわりに

　夢のフォーカシングは,ガイドの積極的「介入」をも可能にした,大きな技法的発展であると筆者は認識している。これを夢以外にも拡張したのがフォーカシング指向心理療法といってもいいのではないか。夢のフォーカシングにおける技法と治療関係のさらなる考察が,新たな技法的多様性と柔軟性を生み出

す可能性を秘めている。一つの技法的バリエーションとしてではなく，ガイドの存在と関わりそのものに貴重な示唆を与えてくれる素材である。

【参考文献】

ジェンドリン, E.　1988　夢とフォーカシング(村山正治訳)　福村出版

田村隆一　1987　Floatability：フォーカシングの成功に関わるフォーカサー変数　人間性心理学研究，**5**，83-87.

田村隆一　1990　フォーカシングにおけるフォーカサー‒リスナー関係とFloatabilityとの関連　心理臨床学研究，**8**(1)，16-25.

田村隆一　1999a　夢フォーカシングにおけるシフトの特質　福岡大学人文論叢，**30**(4)，2361-2373.

田村隆一　1999b　フォーカシングと夢分析―臨床上の有効性と留意点―　現代のエスプリ，**382**，122-130.　至文堂

田村隆一　2002a　夢のフォーカシングとシフトの質的差異―最も古い夢フォーカシングの事例からの考察―　村山正治・藤中隆久編　クライエント中心療法と体験過程療法　第12章　ナカニシヤ出版　187-201.

田村隆一　2002b　フォーカシング・セッションにおける治療関係フェーズとフォーカシング技法の機能―理論的構造化の試み―　福岡大学臨床心理学研究，**1**，15-20.

11

夢フォーカシングの事例：ドリームワークの体験とその意味

伊藤義美

1 はじめに

　臨床場面においてクライエントによって夢が報告されることがしばしば見られる。この夢の理論やその解釈や分析には，フロイト，ユングをはじめ，幾つかの立場がある。ジェンドリンのフォーカシング（Focusing）を用いるドリームワークは，(1) すべての専門家の理論が利用できること，(2) 基準は夢を見た人自身のからだの反応であること，(3) この方法は教えることができること，という三つの利点があり，16の質問（第10章と第14章を参照）を活用するものである（Gendlin, 1986）。フォーカシングによる夢の解釈がジェンドリンによって提唱されてから，わが国でも夢のフォーカシングが実践され，そうした事例が少しずつ報告されるようになっている。しかしその報告は，部分的であったり，概略であることが多く，完全な逐語記録を提示した事例はあまり見られない。ジェンドリン自身も逐語記録という形では発表していないようである。夢フォーカシングをどのように行うか，どのような経過を辿って進み，どのような体験や効果をもたらすのか，などを検討するためには具体的な資料に基づいて検討することが必要だろう。

　本章では，筆者がどのように夢フォーカシングを行うか，またフォーカシングによるドリームワークがフォーカサーにどのような体験と意味をもたらすか，を逐語記録と夢フォーカシングの体験の振り返りをもとに報告し，検討することを目的とする。

2 夢フォーカシングの事例

　ここで報告する夢フォーカシングの事例のフォーカサーは，四十歳代のE夫人である。ここで報告された夢は，E夫人が199X年7月の午前4時30分頃にみた『赤ちゃんの夢』で，「赤ちゃんは誰だろう，誰だろう？」と，しばらく天井を見ていたということである。フォーカシングを用いたドリームワークは，E夫人が夢を見た約2週間後にジェンドリンのやり方を参考にして行われた。実施の状況は，椅子に腰掛けての90度法である。実施時間は約70分で，テープ録音がなされた。そして夢フォーカシングの逐語記録が作成され，その逐語記録と録音テープをもとに夢フォーカシング体験の振り返りと夢フォーカシング過程の検討を，フォーカサーとガイドの二人で簡単に行った。

(1) 夢フォーカシング―口いっぱいに小粒をほおばる赤ちゃんの夢―

　　　　F：フォーカサー（E夫人）　　　**I**：ガイド（筆者）

I1：えっとよろしいですか。（はい）あの，まず最初楽な感じでゆったりと座っていただいて，身体の上でも気持ちの上でもゆったりと楽な感じで，そんな状態をつくってみてください。（はい）（間）あの，これは自分の中で起きてくることを大事にしますので，それがこわれないように，何かこう，まあ，仮にこちらの言う言葉が邪魔になれば，邪魔になったとか，待って欲しいとか自由に注文つけてみてください。（はい）目をつぶってもいいですし，つぶらなくてもけっこうですけど。（はい）それじゃ，夢ということで少し，こう，どんな夢だったか，最初話していただいて，それからそれについてフォーカシングをしていただきたいと思います。（はい）

F1：あの，赤ちゃんが，3ヶ月ぐらいの赤ちゃんが，あの，金色の小さな粒，あの，仁丹のような小さな粒を（ウム）口いっぱいにほおばっていて，（ウム）私が一生懸命に出そうと（ウム）してるんだけど，出ないんで，あたふたしている夢をみたんです。（ホー）

I2：3ヶ月ぐらいの赤ちゃん。3ヶ月ぐらいの赤ちゃんが金色の仁丹（ほどの大きさの）ほどの大きさのものを口いっぱいに（ええ）ほおばっている。（ほおばっている）で，それを口から出そうとして，あたふたしている。

（ええ）
F2：ええ，いっこうに出ないんです。っていう…。（いっこうに出ない）
I3：今，おっしゃった夢。それは，それですべてですか。
F3：ええ，それだけです。
I4：はい。ああ，そうなんですか。じゃ，今の夢をご自分の中でよ～く感じてみる。全体的な夢の感じを感じてみて……，どうでしょうか。どんな感じがしてくるでしょう。
F4：あの，すごく怖かったんです。
I5：すごく怖かった。（怖かった）怖かった。
F5：あの，思いどおりにならないまどろっこしさみたいな，んと（ウム）それから怖さゆうの，何か（ウム）フッと，こう目が覚めてからも，ズッと何か引きずってて天井見てたんですけど…。（ホー）
I6：うむ，思い通りにならないまどろっこしさと怖さ。（間）怖さって，どんな感じの怖さですか。
F6：あの，恐怖感。何というのかな，えっと，あの，死ぬんじゃないかみたいな。（ああ，死ぬんじゃないかみたいな。ウーム）
I7：死ぬっていうのは，その，赤ちゃんがですか。（赤ちゃんが）ううん（沈黙6秒）死ぬんじゃないか。（沈黙24秒）思い通りにならないまどろっこしさと，赤ちゃんが死ぬんじゃないかという恐怖感。
F7：ええ。（沈黙8秒）
I8：それは，いつご覧になった夢でしょう。
F8：2週間ほど前。
I9：2週間ほど前に。（ええ）（沈黙7秒）それをごらんになった前の日，どんなことがあったか思い出すことができますか。
F9：うんと，あ，あの前の日じゃなくて，（ウム）その夢を見た朝に（ウム）娘，中学1年の娘に「今日，お母さん，赤ちゃんの夢見たんだわ」って言ったら（ウム）「わっ，お母さん不思議だね，私も赤ちゃんの夢見たの」って娘が言ったんです。
I10：うーん，娘さんも赤ちゃんの夢を見た。
F10：ええ（ホー）それで「どんな夢だった？　私の夢はねっ」て，私のを話

したんですけど。（ウム）娘は，「内容は忘れたけど，とにかく赤ちゃんだったよ」っていったもので。（ウーム）ああ，何かすごく不思議な気がしたんですけど。（ウム，アー）前の日は（沈黙10秒）あれは確かオリンピックのテレビを（ウム）遅くまで観ていたような…。（ウーム）

I11：オリンピックのテレビを遅くまで。（沈黙22秒）その他，どうでしょう。その夢からこんなことが浮かんでくるとか，こんなことを連想するとか。そんなものって，何かあるでしょうか。

F11：あの，そのー，赤ちゃんが死んでしまうかもしれないみたいな。死の恐怖っていうのは，あのー，主人の父が今わずらってますから（ウム）その，いつそういう知らせが入るかなみたいなのは（ウム）いつもあるような気がします。あまり気にはとめていないけど，（ウム）やっぱり，あの「お母さん，夏休み旅行に行こうよ」っていうと，「いやー，おじいちゃんが，いつ知らせがあるかもわかんないから，今年は行けないわー」とか，そういうこといってますから（アー）身近で，死っていうのと関連しては，おじいさんのことが頭にありますね。（ウム）

I12：死に関しては，おじいさんのことが…。（沈黙11秒）その他は，どうでしょうか。何か身体から浮かぶものがあるとすれば…。

F12：あ，あの，赤ちゃんが（ウム）顔しかないっていうか。（ホー，顔しかない）ええ，身体はない。顔しかない赤ちゃんみたいな感じでした。

I13：どういう感じの赤ちゃんでしょう。顔しかない。

F13：あの（沈黙6秒）あのー，赤ちゃんの顔で（ウム）あの，いわゆる赤ちゃんの顔で（ウム）あの，身体とか胴とかがなくて（ウム）その赤ちゃんの顔を自分が抱かえて，出しているみたいな。（ホー，顔を抱かえて出してる）と，そのイメージは，この腕の中には顔だけがあって（ウム）その胴とか手とか，そんなのは全然ついてないんです。（沈黙12秒）（顔だけで，他はついていない）ついていない。でも，赤ちゃんの顔にはまちがいなかったです。（ウム，赤ちゃんの顔）

I14：性別なんかは，わかる？

F14：わかりません。（性別は，わからない）ええ，何か赤い，赤い顔で，赤い顔っていうのか，新生児の（ウム）あの，3ヶ月，3ヶ月って，どう

して思ったのかな。（ウム）でも顔は，その新生児の顔っていうのかな。（ウム）（顔は，新生児の）ええ。

I15：3ヶ月だけど，顔は新生児の顔。

F15：いや，3ヶ月って，それは娘に「今日ね，お母さん，赤ちゃん，3ヶ月の赤ちゃんがね」って話した，その3ヶ月っていうのが，こう，頭にこびりついてるから…。（ウム，アー）

I16：むしろ新生児のほうが，より近い。

F16：そうですね。顔自体のイメージは，そう，新生児ですね。（ウム，ウム）（沈黙16秒）

I17：そこにはEさんご自身が出てきて。

F17：赤ちゃんの顔を，こう，抱えているのが，私やと思います。（ウム，アー）（沈黙6秒）

I18：赤ちゃんを抱えているのが私。（ウム）（沈黙8秒）今の，私ですか？

F18：今の私です。（今の私）ええ。

I19：場所みたいなものは，どうなんでしょう。

F19：場所は…場所というよりも（ウム）その口の中の，その金色の粒の状態のほうが（ウム）すごく残っています。

I20：あー，金色の粒の状態。（ああー）それは，どんな感じだったですか。

F20：あのー，えっと，なんていうのかな。筋子っていうのか，タラコっていうのか。（アー）あれがバンとはじけたような（はじけたみたいな）…口の中で，もういっぱいになっていて（ウム，口の中でいっぱいになっていて）（沈黙9秒）それで，あの，いっぱいになっていて，それで，あの，3粒でしたね。3粒，三つ，玉が口から糸をつらなって，出てるんだけども絶対落ちない。（ウム）

I21：三つ出ているけど，絶対落ちない。（うん）ほー（沈黙11秒）Eさんがそれを一生懸命，外へとり出そうとしておられる。

F21：あっとなってる口の中の，そのタラコのはじけたみたいな（ウム）その金の粒の，いっぱいに。と，そのわきから，こう，3粒が糸状に糸でつらなったみたいにたれていて。（ウム）（沈黙10秒）状況，場面としてはそういう場面で，で，何か怖いっみたいな（怖い）必死さみたいな，

そういう気持ちの，何ていうのかな，感じがすごく残っているんです。（ウム）何ともいえん怖さみたいな。（アー）話しているうちに背筋がズーと，ゾクッとなる感じがしますね。（エエ，アー）（沈黙7秒）

I22：すごく怖かったんですねェ。

F22：うん。（沈黙10秒）

I23：今，話された夢の状況とか，そこで感じたみたいなもの，また，ご自分の中で味わってみると，何か自分にとってすごく影響というかね，インパクト，印象的な場面は，どんな感じでしょうねェ。

F23：（沈黙35秒）あー　私，今思うんですけど，（ウム）このゾクッとした怖さみたいなのは（ウム）あの，前，夢のお話したときに，（ウム）おじいさんがベッドで（エー）あの，家政婦さんが寝ていて（ウム）何かそんな夢を見て，お話したときに何かゾクッとしたのと何か類似している。（アー）ゾクッという感じですかね，何か。怖さ，怖さみたいな（ウム）何か似てますね。（ウム）（沈黙22秒）私，今，お話しているときに（ウム）ソバガラが何か，ソバガラの枕がフッと横ぎったんすけどね。（ウーム）

I24：ソバガラの枕。（沈黙16秒）何か，今の感じと，何かつながっていそうでしょうかねェ。（沈黙10秒）その感じを感じていながら，いっしょにいながら，そこからもし何か浮かぶものがあればね，浮かばせてみると，どうでしょう。

F24：あの，その，なんでソバガラの感じの感じが出たかっていうと，（ウム）あの，口の中のタラコの，このブツブツというザラツキ度みたいな。それが（ウム）あの，枕の中のソバガラのザラザラ，ガサガサとする（ウム）何かあの感じと何か似ているみたいな。（ホー，ウム）うーん，そんな感じで。（ウム）あの，ソバガラ，ソバガラっていうんじゃない。ソバガラかな。あの，えーっと，あー，ソバガラ，ソバガラじゃないですわ。あの，今，あー，何かだんだん変化しますね。（ウーム）スッとソバガラのイメージが浮かんだんだけど（ウム）今，私の頭にバチッとなんかあるのは，ソバガラじゃなくて発泡スチロールの玉ですね。（ウーム，発泡スチロールの玉）うん，うん（ウム）あの枕の中に発泡スチ

ロールの玉みたいなの（ウム）あの，安眠枕っていうのがあって，その中に発泡スチロールの玉みたいなのがたくさん入っているんですけど。（ウム）何かその不安定なガラガラってする感じ…。（ウム，ガラガラってする感じがよく似てる）うーん。（沈黙16秒）

I25：発泡スチロールのガラガラとした，そういう不安定な感じが，今の感じとよく似ているかどうか。こんな感じかなっていうことで，自分の中で重なるか，どうかね，試してみるとどうでしょう。

F25：（沈黙15秒）ああ。（沈黙6秒）そうですね。あの，自分の今の感じ…。（ウム）（沈黙10秒）うむ。…あの，すごく何ていうのかな，満たされているのか，満たされていないのかわからないし（ウム）不安なのか不安でないのかわからないし…嬉しいのか悲しいのかわからない。（ウム）何か，こう…（沈黙8秒）ガサガサっと動いている感じがあるけど，何の形で動いているのかわからないですね。

I26：ガサガサと動いているけど，何の形で動いているのかわからない。

F26：（沈黙10秒）それが何というのか，夫婦の関係がそうなのかな…。（夫婦の関係が，そうなのかな）（沈黙10秒）あの，何か，いまいち目的がないっていうか。（ウム）（沈黙7秒）（何か，いまいち目的がない）…子どもも育ってしまって，育っているし，（ウム）（沈黙7秒）夫の仕事は一定しているし，（ウム）（沈黙7秒）自分の…やることもだいたい何ら変化がないし，（ウム）（沈黙13秒）何か…うん。（沈黙5秒）何か得体の知れない空虚さみたいなものありますね。（ウム，何か得体の知れない空虚さ）うーん。（沈黙8秒）そういう状態が満足かというたら満足でないし，（ウム）不満かいうたら不満ではないし（アー）…でも満たされてるかいうたら満たされてない感じがあるし…。（ウーム）（沈黙12秒）何かが少しずつ動いてるんだけど（ウム）どんな形で動いているとも，何に向かって動いているとも，何かわからずにザラザラ，ザラザラとしているような。（ウム）そんな，そんな感じと，あの発泡スチロール（ウム）枕の中の発泡スチロールのザラザラッとした動きとなんか感覚的に似てますね。（アア）（沈黙6秒）

I27：感覚的に何か似ている。

F27：うーん。何か，角があるわけでもなく（ウーム）どんな形に動くっていうわけでもなく。（ウム）でも何か，こう，ザラザラッと，こう，動くっていうか。（ウム，何かザラザラッと動く）うーん。（沈黙29秒）

I28：そういう感じとまたいっしょにいるというか，感じているとどうでしょうかねェ。

F28：（沈黙9秒）うん，すごく何か大きな動きを期待しているみたいなものが。

I29：うーん，あー，大きな動きを期待しているような，大きな動き…。（沈黙6秒）

F29：でも，何かどうしようもないような…。

I30：どうしようもないような…。

F30：（沈黙16秒）何か，そういう中でジワジワッといてるのが，何かすごく，何かしんどいなーっていうか。（うむ）

I31：そういう状況でジワジワッといてるのが，何かしんどいなー。（うーん）

F31：（沈黙1分8秒）でも，もし何か大きな動きがあったら，タジタジするだろうなってみたいな，怖い感じがありますね。（アーウム）

I32：大きな動きがあれば，タジタジする，怖い感じが…。（うん）（沈黙40秒）それは，まあ，どっか，そういうのが起きたら怖いという，まぁ，怖さではなくて，むしろタジタジするっていう感じでしょうかね。

F32：（沈黙1分11秒）何か，その大きな動きっていうのは（ウム）生活が変わるような動きのような感じですね。（アー，生活が変わるような動き）その生活が変わることに対してタジタジ，タジタジとかするんだろうな。（アー）

I33：変わることによってタジタジッとする。（沈黙8秒）先ほどの夢ですと，赤ちゃんは，その，口の中に入れて，これは入れてるって感じ？　飲み込んでるとか，そういうんじゃなくて何か口にいっぱい入っているって。

F33：いっぱい入ってるって感じ。

I34：いっぱい入ってるって感じですかね。で，それをEさんが，こう…。

F34：出そうとして（出そうとして），こう，あの，出そうって，こう…もが

いている感じだけが残っている。（アー，もがいてる感じ）出そうって，赤ちゃんが苦しくてもがくんじゃなく（エー），私が出そうともがいている。（ウーム）そのもがいている感じが，すごくこう，残ってる。（ウム，私が出そうとして，もがいている感じが残っている）うーん（沈黙13秒）何か出ないで，いいものがあるのかな，何か出したくても出ないっていうか。（ウム，出したくても出ない）出したくても出ないって，私，言いながら，フッと思ったんですけど。（ウム）主人に対する不満が出したくても出ないっていうところで，すごい共通でビヤーッと，パッと結びついたんですけども。（ウーム）

I35：出したくても出ないっていうところが（うん）主人への不満が出したくても出ない。（うん，うん）あー，なるほどね。

F35：（沈黙24秒）出したくても出ないっていうのが，すごく何かピッタリって感じですね。（ウーム）出したくても出ない…。（ウム）（沈黙15秒）そうですね。何か主人に対する不満が出したくても出ないというか出ない。出ないんじゃなくて出しちゃいけないみたいな。（ウム，アー，出しちゃいけない）絶えず，こう，ムカムカ，ムカムカ盛り上がってくるから，しんどくなってる。（苦笑）（アー，ムカムカ，ムカムカ盛り上がってくるから，しんどくなっている）うん，うん。

I36：こう，出すには，何かが必要なんでしょうねェ。仮に出すとすると…。

F36：あーん，面と向かってくれないっていうか。（ウム，アー）面と向かって，受け皿にしてくれたら言えるのに（ウーム）その…受け皿の方向が違うというか。受け皿があるのかどうかもわからないし（ウム），何かこっち向いてない感じがするっていうか。（アー，こっち向いてないような感じ）耳がこっち向いてないって感じ。（ウーム，ウーム）（沈黙6秒）（こっち向いてない）（沈黙34秒）

I37：ご主人がこっち向いてくれるような，そんな場面って想像しにくいでしょうか。

F37：（沈黙15秒）うん。何か，いやー，想像はできるんですけども（ウーム）こっち向いてくれたときは，きっと届けないだろうなって…。（ウム，アー）

I38：こっち向いてくれたときは，届けない。
F38：こちらが言わないだろうな。（アー，言わないだろうな）うん，何か言ったら，何かつぶすっていうか。（ウム，ホー，言ったらつぶす）つぶしちゃ悪いわみたいなところで，言えなくなってしまうんじゃないかなと，自分が…。
I39：つぶすというのは，夫をつぶすということ。（うーん）言ったら夫がつぶれちゃう。（うん，うん）うーむ，あー，それもできにくいなあって。（うーん）
F39：やっぱり舅・姑のことが，ひっかかっていますね。（アー）ああー，そうだなー（舅・姑のことがひっかかってる）うん，そうだ！（沈黙53秒）《F：コホッ，コホッ，コホンと咳をする。》（間）
I40：舅・姑のことでひっかかっている，その感じっていうのはどんな感じ？《F：コホッ，コホッと咳をする。》 夢の中で何かありますか，その感じというのは。
F40：（沈黙8秒）こう，出すに出せなくて。こう，その，金の粒を出すに出せなくて，イラついてるみたいな（ウム）そこらへんの感じは似てますね。うーん，似てるっていうような，それを飲み込んだら死ぬんじゃないかな，とかいうのは（ウム），私がそれを主人の器へドボッと入れてしまったら，彼がつぶれるんじゃないかなーみたいなところと似てますね。
I41：あー，そのつぶれるっていう（うーん），うむ。
F41：（沈黙30秒）何か，そうですね。出そうと，もう必死になっている，そんな感じと（ウム）彼に届けたいけど届けられんというところの「うーん」という感じが，すごく似てますね。（笑）（ウム）（沈黙35秒）やっ，赤ちゃんっていうのは，私のような気がしてきましたわ。（エエ，赤ちゃんは私のような）うん，とり出すのも私なんだけど（ウム，とり出すのも）その銀，金色の玉を一生懸命口の中にいっぱい含んでいるのも，私のような気がしてきた。（ウーム，金色の玉をいっぱい口に入れてるのも私）うーん。（沈黙11秒）私の両面なのかな。うーん，そんな，そんな感じが，ものすごい今，してますね。（私の両面かなって）うーん。（沈黙7秒）何か…（沈黙37秒）だから出そうと，ものすごくもがいている

母親の，その，もがきの苦しさみたいなのもわかるし（ウム）口にオワーッと，もういっぱいになっている，その苦しさもわかるし，わかるっていうか感じられるし…。（ウムウム）あー，両方とも私かな。（両方とも私かな）そんな感じがしてます。

I42：両方とも苦しいですね。（うーん，そうですね）（沈黙13秒）いっぱいになってる私も苦しいし，出そうとしても出せれない私も苦しい。

F42：ゴクンと飲み込んだときが，その，あの大きな動きのときとイコールですね。（ウーム，ウム，飲み込んだときが，大きな動き）うーん（ウム）何か，もう，ザワザワって動いているときに（ウム）なんか自分の，何か，何か大きな動きを期待しているみたいな。（ウム）その大きな動きがゴクンと赤ちゃんが飲み込んだ，（ウム）そのときの大きな動きといっしょなのかな。（ホー，ウーム）

I43：飲み込むっていうのは，どういう感じでしょうか。そういう何か，金色のいっぱいあるのを飲み込むという…。

F43：（沈黙9秒）飲み込むいうことは（ウム）赤ちゃんが死ぬことやと思います。（アー，飲み込むということは，赤ちゃんが死ぬこと）（間）うん。

I44：Eさんにとって赤ちゃんの部分っていうのは，どんなんでしょう。その部分が，死ぬっていうことなのかしら。

F44：（沈黙7秒）あー，だから口の中にいっぱい含んでいるのは（ウム）あの，舅・姑のグチャグチャした，もう，もう一私にまとわってくるトラブルの数ですね。（アー）うん，次から次から湧き起こってくるトラブルの数ですね。（ウム，アア）それがもう口いっぱいになっているのかな。（アー，口いっぱいになってる）（沈黙6秒）（トラブルの数が口いっぱいになっている）（沈黙46秒）あっ，枕っていうのは，何かわかってきました。（ウム）あの，舅がベットで寝ているのに暑く（ウム）あの，体位を変えるのに（ウム）あの，枕を通気性のいい枕に変える，変えないで。（ウム）あの，私らは変えてあげたほうが暑いからいいんだよっていうのに（ウム）姑は従来のあるのでいいといって，ガンとして譲らないんですね。（ホー，ウ丿）うん，あっ，《手を打って》そのことが枕に関係している。（ウム）あー，そうか。うん，うん（沈黙35秒）ああー，その，

枕のことが気になっているのかな。（ウム）うーん。（沈黙43秒）

I45：飲み込むとこに行っても，よろしいですか。（はい）先ほど口にいっぱい飲み込むということは，私が死ぬいうことだっておっしゃったですねェ。（うん）そちらのほうは，いいですか。それは，ちょっと行きにくいですか。

F45：大きな変化というのは，そのことやなー，と思うんですけど。（ウーム，ウム）（沈黙12秒）うん，ゴクンと飲み込むということは，そのいろんなトラブルを蹴飛ばすことかなー，とかいうの…。

I46：ああ，飲み込むことは，いろんなトラブルを蹴飛ばすこと。（うーん）うむ，蹴飛ばすということは，なんですかネェ。

F46：関わらないっていうこと。（関わらない）いっさい関わらないっていうことかなあーとか。（いっさい関わらない。ウーム，ハイ）

I47：ご自分の中で，飲み込むというのは，どんなことなんだろうと感じながら，そこから何か浮かぶものがあれば，浮かばせてみると，どうでしょうか。自分のどんな部分だろうってみたいな…。

F47：（沈黙11秒）あっ，すっきりしたい思いがありますね。すっきりしたいんですね。

I48：あー，すっきりしたいという思いがある。

F48：何かすっきりしたい思いがありますね。（すっきりしたい）（沈黙16秒）うーん，飲み込んだら死ぬか，生きるかわからんけど，すっきりするいう思いが先に出てきますね。（アー，ウム）

I49：飲み込むと，何かすっきりするという感じ。

F49：（沈黙7秒）口の中のワッとしたところから，もう脱出できるみたいな。（脱出できる）離れられるみたいな。（アー，ウム，フム）。

I50：外へ出すのは難しいから，むしろ飲み込んでしまう。飲み込んだほうが，今の自分には，こう，どこかすっきりするんでしょうかネェ。

F50：うーん。こう，出そうとしても出せなくて（アー）イライラしてるから。（アー，出せなくてイライラしてるから）それに，出すことをするときに，怖いから，（ウム）いっそ飲み込んだほうが早いことすっきりするかなー。

I51：出すのは怖いから，いっそ飲み込んだほうがすっきりするかな。(沈黙8秒) 飲み込もうと思えば，飲み込めるような，そんな感じでしょうか。
F51：いやっ，しろくろすると思います。
I52：あー，しろくろする。うーむ。
F52：しろくろするだろうけど(ウム)すっきりしたいって思うほうが強いですね。(アー，すっきりしたいって，今の状態イヤッて) うん，しろくろする苦しさのメージよりすっきりするときのイメージのほうが強いですね。
I53：あー，すっきりするときのイメージのほうが強い。(うん)(沈黙12秒) 仮に今，飲み込んだとして，すっきりするような感じっていうのは，味わうことできますか，ご自分のイメージの中で。そういう空想，想像の中でね，(うん)飲み込んだとして，スッキリする感じっていうの味わうことできるでしょうか。
F53：あのね，フッと何か変なことがよぎったんですけど。(ウム) 私，飲み込んだとき，主人と切れている感じがあります。
I54：飲み込んだとき，主人と切れている感じ。(うん，うん) あー，うーむ，そうですか。
F54：(沈黙12秒) 何かグッと飲み込だとき，スッと何かが去るみたいな。あー，去るのは，あ，主人や，みたいな感じがシュッと，今，横切りました。(沈黙10秒)
I55：飲み込んだとき，去るのが主人みたい。(うん)(沈黙35秒) あまり飲み込むっていうことも，そんなにできにくい感じもありますか。
F55：でも私，最後は，その，一番最後は，それかなーみたいな。
I56：最後は，(うーん) 最後は飲み込むということ。(うん) うーむ，仮に，本人が去ったとしても飲み込む。
F56：飲み込む。飲み込むみたいな感じ。(ウム，飲み込むみたいな感じ)(沈黙21秒) でも，それ苦痛じゃないみたい。
I57：あー，苦痛じゃない。
F57：うん。(沈黙40秒) 何か飲み込んだ後のイメージングをズッとしてましたけど，苦痛感は，何もないですね。

I58：あー，苦痛感は何もない。
F58：うーん。それより，こう，いっぱい口の中にあるときのほうがしんどいというか，（ウム）たまらんっていう感じで。
I59：いっぱいなときのほうが苦痛っていうか，たまらんっていうか，しんどい。（うん，うん）うむ。（沈黙19秒）飲み込むっていうのは，例えばどんなことを表しているんでしょうか。何か行動，大きな行動みたいなことだとすると。
F59：（沈黙25秒）私，今，「飲み込むってこと，どういうことなんでしょうね」って言われたときに（ウム）「あー，死んだのやっ」と思ったんです。だけど「誰が死ぬの」って思ったとき，私かな，おじいちゃんかな，主人かなー，と思ったんです。（ホー）
I60：死。（ええ）誰の死なんだろうって。
F60：誰なんかな。（ウム）（沈黙26秒）誰なんかな…。（沈黙9秒）私，おじいちゃんかなーと思ってたんですけど。いや，違うみたいなのが，どっかで（ウム）どっかでおじいちゃんじゃないって感じてますね。（ウーム，ウム）うーん。
I61：おじいちゃんではないのかな…。
F61：ない。ないですね。私なのかな。主人なのかな。
I62：死っていうのは，物理的なそういう死でしょうか。それとも，何か象徴的な死でしょうか。
F62：うーん。そこがわからない。（あー，そこがわからない）だから何か，なくなるってことが，なのかなあ。（うむ，なくなる）あるものがなくなってしまう。（あるものがなくなるって）だから死って，その肉体の死滅なのか。（ウム，ウム）それとも何かがなくなってしまうっていうことなんか，何なんだろう。（ウム，ウム）（沈黙17秒）いや，おばあちゃんかな。（ウム，おばあちゃんかな）おばあちゃんかな？（沈黙9秒）何か定かでないけど（ウーム）何かなくなる。あるものがなくなるっていう感じですよね。（あるものがなくなる）で，あまり苦痛感がなくって，でも何か去っていくっていうか，遠ざかるのは主人のような気はある。（ウム）そのなくなることと，遠ざかることとは別のことです

ね。(沈黙19秒) ちょっとわからない。(ハイ)
I63：仮になくなるっていうことは，わりと，あるものがなくなるってことは，わりとスッと入れるって感じでしょうか。(うん，うん) うむ。でも，何かは，中味は，わからない。
F63：何かわからないけど，決して苦痛のものではない感じ。(苦痛のものではない。はい) うん。
I64：飲み込んだときに，その口の中にあった，そういう金色の丸いものは，それはどんなようになるんでしょうか。それは，そのままありそうですか。それとも何か変わりそうというか。
F64：(沈黙7秒) うーん，変わるんじゃなくてまったく消えちゃうみたいな感じ。(消えちゃうような感じ)
I65：まったく消えちゃうような感じ。(うん，うん) 飲み込めばまったく消えちゃうような感じ。(うん，うん) そのときに，何かを，あるものが失われていく。
F65：うん。なんか主人が私からの距離が遠くなるのと (ウム) 別に何かがなくなる感じですね。
I66：あー，主人が私から遠くなる，その他に何かがなくなる。(うーん) 何かがなくなったときの感じって，何か浮かびますか。その，どんな感じだろうって。
F66：あの，楽さみたいなのはありますね。(ウム) 楽さ。私自身が感じる楽，楽な感じ。(楽，楽な感じ。ハーハー) あの，嬉しいとか，悲しいとか，そういうのじゃなくて，楽な感じっていう。
I67：楽な感じ…なくなったら，楽な感じ…。(間)
《テープ取り替えのために30秒ほど中断》
うんと，先ほどの続きですと，何ですかね。やはり飲み込むほうに，何んか行きそうな感じでしょうかねェ。
F67：そんな感じですね。何ていうか，出せそうで出せないしんどさみたいなよりも (ウム) 飲み込んだほうが楽みたいな。
I68：飲み込んだほうが楽みたい。飲み込んじゃえば，何か，消えちゃって，何か楽な感じ。(うーん) でも，何かあったものが失われる。(うーん)

それは，ご主人との間のことでしょうか。それはわからない…。

F68：（沈黙7秒）うん，そうなのかなー。（ウム）（沈黙29秒）何がって，いうんじゃなくて（ウム）そんな感じが。（そんな感じがね，何かあるんですねェ）うーん，何かが去っていく感じ。（ウム，ウム）自分の中からそれが去っていく。主人，うーん，そうですね。あの，主人が遠くなるんじゃなくて，自分が主人から遠くなるのかもわからない。（ウム，アー，自分が主人から遠くなるのかも）あっ，そうなのかもしれない。（ウム，自分が遠くなる）うん，飲み込んだときから私が主人から遠くなっていく。（ウム）主人が去っていく…私が主人から去るのかなー。わからない。（ウム）ただ，何か距離は広くなるって感じ。（ウム，距離は広くなる）うーん。（沈黙15秒）

I69：私が主人から遠くなる。そういう感じのほうがより近いんでしょうかねェ。

F69：そうですね。（ウム）うん，そのほうが楽みたいな感じ。（そのほうが楽みたい）（沈黙16秒）近すぎて，今，近すぎてしんどいのかなー。（ああ，ああー，近すぎてしんどい）近すぎて，しんどいのかなー。（沈黙16秒）（ウム，近すぎてしんどい）（沈黙7秒）ああ，近すぎて，受け皿がこっちを向いてても，見えないのかもわからないですね。（ウム）焦点がボケていて。（うーん）（沈黙6秒）

I70：仮に受け皿があったとしても，近すぎて見えないのかもしれない。（あああー）あー，うむ。

F70：あー，だから，こう，距離が離れると，楽になる感じがあるっていうのは。（ウム）（沈黙8秒）受け皿が受け皿として感じられるようになるからかなあー。（ウム，ウム）（沈黙31秒）

I71：主人との距離が離れるっていうことかなって。今は近すぎて，しんどいのかなって。ちょっと自分の中で言ってみると，どうでしょうか。何か身体のほうから何か感じが返ってくるでしょうか。

F71：何かね，焦点が合わなくてボケてるっていうイメージがボーッと出てきます。（アー，ウム）（沈黙6秒）（焦点が合わなくてボケているような）（沈黙1分8秒）あのー，何か巻き込んでいて，しんどいのかなー。（ウ

ム）

I72：巻き込んでいて，しんどい。夫を巻き込んでてしんどい。
F72：夫を巻き込んでて，しんどいのかなーと，（ウム）そんな感じも。（ウム）
I73：近すぎて，夫を巻き込んでいるような感じ。（うん，うん）うむ。（沈黙8秒）飲み込むことによって少し，こう，距離がおけるかな。（うん）夫からね。そうすると楽な感じがする。
F73：《F：コホッ，コンと咳をする。》（沈黙10秒）あーと，そうか。うーんと，口の中でワッとあふれているのが（ウム）その舅・姑のトラブルで。（ウム）それがもう，即主人と（ウム）混同してるんですね，きっと。（ウム）主人の親だからっていうので（ウム）即，主人になってる部分もありますね。（ウム）もうちょっと離したらいいのかな。（ウム）
I74：主人は主人，舅は舅，姑は姑というふうに。（うん）ゴッチャになっているかもしれない。（うん）
F74：（沈黙20秒）主人に，そのトラブルを…向けるっていうことは，（ウム）主人の親のことだから主人にとったらどうしようもできないことだし（ウム）（沈黙17秒）何か私の中で，そんな酷なことしたらダメよ！ って。（ウム）そんな思いますね。（フム）（沈黙9秒）でも，そうやりたいみたいなところもあるし，（笑）（アー）あんたの親じゃない！ みたいなところで，やっつけたい願望と，（エー）でも，それをしたらとってもひどいことをするみたいで，「そんなのしちゃダメ！」みたいな。（ウム）あっ，その葛藤がしんどいんですね。（ウム）（沈黙5秒）
I75：その葛藤がしんどい。
F75：うん。（沈黙18秒）いっそ主人とほんと距離が離れたら，他人ごとのように（ウム）私の中で葛藤なく（ウム）出せるかもしれない。（ウム，アー）
I76：葛藤なく出せるかもしれない。（うん）距離が離れると。
F76：うん。（ウム，なるほどね）（沈黙7秒）そうしたい願望が，うずくまってるみたいな感じ。（ウム，ハイ）
I77：（沈黙5秒）と，どうでしょうかねえ。ひょっとすると，そういうことかもしれませんし，それはわりと自分の中では，納得のいくような感じ

でしょうか。あぁー，そうかなって。

F77：あー，それは，何かあるみたい。（うーん）主人と距離を離したい願望がありますね。（ウム）うん，それは，その主人に気兼ねなく，自分が吐ける状態につくりたいからだと思います。（ウム，気兼ねなく吐ける状態につくりたいから）うん，他人さんやったら，吐いてると思います。（うん）主人だから，主人の親のことを吐けない。（ウム，アー）私の中で，すごい，あの，しちゃダメみたいなことがあって。（ウム，ウーム）

I78：しちゃダメっていう，そういう感じがあって吐けれない。（うん）うむ，で，夫，主人からということから少し離れれば，もう少し楽な感じで，吐けるかも知れない。

F78：うーん。主人が他人やったら吐いてると思います，とっくの昔に。（ウム，アー）（沈黙10秒）

I79：どうでしょう。ちょっと時間のほうもないんで，あれなんですけど。（はい）いちおうこの辺でひと区切りつけておくこと可能ですか。（はい）はい。じゃあ，ここで，ひと区切りつけましょうか。はい。

F79：ありがとうございました。

(2) フォーカシング直後のフォーカサーのコメント

フォーカシング直後のフォーカサーの感想として，次のことが語られた。

「取り組む中で，『赤ちゃんが自分かな』と思えたのは思いもよらなかった。身近で赤ちゃんが生まれるわけではないし，赤ちゃんは誰やろうと思っていた。自分かもしれんというのは，すごい覚悟がいる。初め赤ちゃんに胴体や手足がないのは，あまり気にならなかった。赤ん坊は，結局，自分の意思が表現できないということで，私の嫁の立場で，自分の意思が反映しにくいところが，赤子というのを使っているのかもしれない。（I：まだ未熟で，十分に大きく育っていない）だから，他人によってなされるまま。

〔進め方で〕1回ゾクッとしたことがあった。もし飲み込んだら，どんなことが起こりますか，どんな気持ちになりますか，と言われたときには，そのことを考えたくなかった。（I：飲み込むとか吐き出すとかせずに，口の中に入れている状態だった。自分ではどうにもできず，抱かれている）自分の意思で，何

かすることを自分では何か遠ざけていたところが，私の中にあることにフッと気がついたんだす。このことをしようとしていないな，と。自分で意思をもつことや何かをすることを遠ざけていた。（I：顔だけの赤ちゃんは意思がなく，いわば手も足も出ない状態である立場。意思をもつことは，何かが大きく変わる可能性がある）飲み込んだとしたら，と言われて，少なからず抵抗を感じていたので，ああ，飲み込むのか，そんなことを考えることしなかったなと思った。飲み込むことに，瞬間，こだわりがあった。

　フォーカシングの流れとしては，私はすごく楽でした。線書きというか，ある種の方向づけは特に感じなかったし，進める主導権はまったくこちら側にあると感じられた。自分がどこまで展開するか，展開したい深さでも，何かすごく任されている感じ。自由さというか。だから，〜しなきゃとか，〜ねばならないという感覚は，一度も入らなかった。だから楽だったのじゃないか。（I：フォーカサーが自分の夢に取り組んで，そこから何か新しいものやヒントになるものを得ていけるところは，おもしろいし，役立つのかなと思う）」。

3　夢フォーカシングの事例の検討
(1) フォーカサーとの振り返りと話し合いを通しての検討
　フォーカサーと二人で録音テープと逐語記録をもとにフォーカシングによるドリームワークを振り返り，話し合ったり検討したことを簡単に記述していく。

1) 夢内容の細部の確認とそのままの保持・共有
　F1では，夢が報告されているが，13や14で夢の内容の細部を確認したり，もう少し詳しく尋ねても良かったと思われる。それは，夢主が憶えているかどうかは別として，夢の内容をできるだけ夢主と同じようにそのままを共有し，保持しようとするためである。しかしあまりにも内容や細部にこだわることは望ましくない。夢主は，「強烈な部分を話した」と振り返っている。そして夢の内容の細部については，その後の展開の中で明らかにされている。

2) 夢フォーカシングの過程とフォーカサーの体験

・I4 は，「夢の全体的な感じ」（質問2）を尋ねているが，ジェンドリンは16の質問のうちまずは，「どんなことが浮かんでくるでしょうか」（質問1）と連想を尋ねることを勧めている。この質問1による連想を尋ね，それ以後の質問の順序は任意で良いとしている。本例では，I11やI12などで質問1による連想をきいている。どの質問を，いつ，どの順序で用いるかは検討が必要だろう。これらの質問は，フォーカサーが自分で自らの夢のフェルトセンスに問いかけるようにして，フォーカサー自身が推し進めていくことが重要となる。

・I9 は，「昨日のことは」（質問3）の連想を導く質問である。この夢は，2週間ほど前に見たものであることが報告されている。前日のことは，よほど印象的なことがないと憶えていないと思われる。ただ，「不思議」にも，夢を見た日の朝方に娘も「赤ちゃん」の夢を見ているのは，興味深い。「この娘とは感覚的に近く，通じ合うものがある」とのことである。

・F11 は，感じ（「死の恐怖」）からの連想であり，現実生活で実際に進行中の関連あること（義父の病気）を思い浮かべている。またI13は，感情（質問2）を尋ねている。

・I12 の「何か身体から浮かぶものがあるとすれば」によって，フォーカサーは赤ちゃんのことをより詳しく話す運びになる（F12, F13, F14）。ここで，「身体」というのをフォーカサーは「赤ちゃんの身体」と受けとっており，赤ちゃんのことが強烈にあることを示している。「赤ちゃんの状態や様子からくる怖さ，不気味さ，奇妙さ，不自然さ」を感じていた。フォーカサー自身が，まさしく赤ちゃんのようになっていたと思われる。つまり，「その人になってみると」（質問8）と問いかけなくても，フォーカサーはすでに自然とそうなっていたと考えられる。

・F14 の「赤い顔」というのは，「苦しさのためによる赤い顔」である。「赤ちゃんの顔を片手でかかえて，もう一方の手で赤ちゃんの口いっぱいの金の粒を一生懸命にとりだそうとしている。左側の口元から3粒が糸状に出ている」。これが赤ちゃんについての細部の説明である。

・3という数字が，「3ヶ月」と「3粒」として出されている。「3ヶ月の赤ちゃん」ということから，「3ヶ月前にどのようなことがありましたか」と尋ね

ることもできる．ちなみに義父は，患ってから3年目に亡くなっている．また義母は，義父の死の3ヶ月後に家を出ている．
・I20とI23は，感じ（質問2）を尋ねている．I24は，感じからの連想である．
・F23とF24に出てくる枕は，ソバガラと発泡スチロールが上下の二層に入っているもので，枕に頭をのせると微妙な音が発生し，枕の形が少し変わる．フォーカサーは，そこに一抹の不安定さを感じている．この枕は，フォーカサーが実際に夫婦の寝室で使っているものである．
・F25の「何の形で動いているのかわからないですね」は，「不定形な動きの怖さ」→「夫婦の関係や気持ちの不定形の動き」を結びつけている．
・I28は，そのとき感じている感じとしばらくともにいることを求めている．
・F31とF32の沈黙のときには，フォーカサーは「得体の知れない恐怖感とまさに向かい合っている．想像はつかないけど，感覚的には何かが押し寄せている．とらえどころのない怖さに襲われている」と振り返りで語られている．
・I36の「出す」には「二重の意味がある」．「私の思いを出すということと，今，ここの場でそれを出すということ．ここのところでは，人にそこまで踏み込まれたくない，でもフタをしようとしても出てくる場面．また，『何が必要なんでしょうねェ』でなくて，『何かが必要なんでしょうねェ』と言われて良かった．自分の内部のグチャグチャしているものを，どうぞ，だいじょうぶですよと，好意的に迎え入れようとしているように感じられた．それでその後に思いが堰を切って出てくることになる」．
・F39やI40あたりの咳は，「まず夫のことが出て，次に舅・姑のことが出てくる前ぶれとなる．舅・姑のことを語るときは，必ず咳が出る．そんなこと言ってはいけないというブレーキが自分にかかり，喉をモゾモゾさせている」．後のF73においても同じように咳が出ている．咳は，一種の身体運動的表現（象徴）である．
・F41の『赤ちゃんは私』は，「まさにそうだなと思った．他人に動かされてオロオロしている私が赤ちゃんで，そういう赤ちゃんが死ぬということは，それまでの私が死んで違う私に生まれ変わること．それまでの私に嫌気がして，サヨナラしたいというところが見つめられた．不満を出すと他人に迷惑をおよ

ぼす。だからといって自分の中にため込むのでなく，無視してダーッと行ってしまうこと。私にとって，飲み込むことは，いろんなトラブルを蹴飛ばして無視することです」。ここでは，死と再生のテーマが体験的にイメージされている。

・I43 は飲み込むことの感じ（質問2）を，I44 は赤ちゃんの部分はどんなところか（質問7）を尋ねている。前者は連想を導く方法で，後者は登場人物と関わる方法である。

・I47 の感じながらの連想は，「この心境の私にはすごく良かった。何かリラックス感を与えてくれた。『…感じながら，そこから何か浮かぶものがあれば…』は，私の感じ方を変えることができた。それまでの一方向に限られてきていたものが広がった。なにか柔らかくなった。前にフッと広げられる感じ。後から押し出されるのでなく，自分からホウッと前に出られる。大きな自由度があり，方向も私に任せられている感じがした」。

(2) 本セッションで用いている質問と応答について

このセッションで用いている質問は，質問1（I11，I12，I59 の3回），質問2（I4，I6，I13，I20，I23，I24，I28，I40，I43，I47，I51，I66 の12回），質問3（I9 の1回），質問4（I19 の1回），質問7（I44，I47 の2回），質問8（I43，I47，I51，I53，I59 の5回。なお，I43，I47，I51，I59 は質問2とブレンドしている）である。このように連想を導く方法（質問1〜3），とくに質問2「どんな感じがしますか」を最も多く用いている。登場人物と関わる方法（質問7〜9）では，質問8「その人になってみると」が質問2と合わさる形で用いられることが多い。物語をつくる要素（質問4〜6）は，質問4「場所は」が1回用いられているのみである。暗号解読の方法（質問11〜13）や成長における次元（質問13〜16）はまったく用いていない。この他の応答は，いわゆるリスニングとしての伝え返しの応答を基本としているが，共鳴あるいは確認を求める質問（I25，I71，I77）を入れており，これもフォーカシングの特徴であろう。

(3) 夢フォーカシングでフォーカサーが得たもの

振り返りの話し合いとフォローアップによると，フォーカサーは夢フォーカシングによって次のことを得ることができた。

①自分の抱えているテーマ（姑との確執で，主張できない嫁）がはっきりと浮かび上がり，自分のテーマを大変よく理解できた。②しかもそのテーマを乗り越える方法（飲み込むこと）が示唆されていた。③その結果として，気持ちがスッキリして落ち着き，何か強さ（ライフエナジー）が湧いてくる思いがした。④また，義父が亡くなる2，3ヶ月前から亡くなって落ち着くまでのフォーカサーの気持ちの過程は，夢フォーカシングで体験した感じの過程とまったく同じであった。したがってその後の実生活での事実（夢の現実化）をあまり動揺せずに受けとめることができた。

このようにフォーカサーは，夢フォーカシングでの体験が，その後の日常生活で実際に起こることを予知していたという感じをもっている。この④の予知的な体験は，夢を扱う夢フォーカシングならではの特徴であろう。

(4) その後の経過—フォローアップから—

その後の経過として，フォローアップから次のことが明らかにされた。
「おじいさん（義父）が亡くなって3ヶ月後に，おばあさん（義母）が主人と大ゲンカをして，とうとう家を出て行き，ようやく私は解き放された。しかし，義母が家を去ることは，長男の嫁としての私には屈辱感で，つらい仕打ちをされた気がした。つまり姑は，私を蹴飛ばした。それで生活上は楽になったけど，私はいい嫁をできなかったしんどさを抱くことになった。主人は，それまで舅・姑のことで私に負い目を抱いていた。ところが夫婦の共通のネタがなくなって，夫婦にすき間風が吹き出した。私の存在感みたいなものがなくなってしまった。主人の心も私から去り，私の存在感が薄らいでいった感じがした。しかし，ある種の距離感ができて，今ではその距離に心地良ささえ感じている」，とのことである。

4 おわりに

本章では，夢フォーカシングが実際にどのように行われるのかを提示すべく，

夢フォーカシングのセッション事例の逐語記録とフォーカシング体験の振り返りをもとに報告した。本事例のフォーカサーにとってフォーカシングを用いたドリームワークは，自分が抱えているテーマが明確に理解できた，気持ちが落ち着いて強さが湧いてきた，夢フォーカシングの予知的な意味を体験をすることができた，などを含めてかなり意義深い体験になったと思われる。どのように夢フォーカシングを行うのが効果的であるか，など夢フォーカシングをめぐる問題は，今後，さまざまな事例を積み上げ，検討を加えていく中で明らかになるであろう。
(貴重なフォーカシング体験の一部を，このような形で公表することを快諾いただいたフォーカサーのE夫人に感謝いたします。)

【参考文献】

阿世賀浩一郎　1993　夢フォーカシング技法の面接場面への適用に際しての幾つかの実用的示唆　人間性心理学研究，**11**(2)，83-94．

Gendlin, E. T.　1986　*Let Your Body Interpret Your Dreams*. Chiron Publications, Wilmette,Illinois.（村山正治訳　1988　夢とフォーカシング　福村出版）

伊藤義美　1991　教育フォーカシングとその試行について　名古屋大学教養部紀要B（自然科学・心理学），**35**，29-47．

伊藤義美　1992　フォーカシングにおけるからだと状況の交互作用について　日本人間性心理学会第11回大会発表論文集，90-91．

伊藤義美編　2002　フォーカシングの実践と研究　ナカニシヤ出版

春日菜穂美・渡辺裕子・井上澄子　1994　フォーカシングによる「気づき」と両親との関係の変化―夢のフォーカシングの適用事例―　日本人間性心理学会第13回大会発表論文集，78-79．

三坂友子　1994　夢Focusingにおける「謎の主題役」法の作成と適用事例　日本人間性心理学会第13回大会発表論文集，76-77．

村山正治編　1991　フォーカシング・セミナー　福村出版

田村隆一・三坂友子　1993　夢のフォーカシングの事例　フォーカシング・フォーラム，**8**(1)，1-7．

12

インタラクティブ・フォーカシング：その基本と方法

宮川照子

　インタラクティブ・フォーカシングは，ジャネット・クライン（Klein, J., 1940）によって開発された。フォーカシングは，自分のフェルトセンスとつきあいながら，からだのメッセージを受け取り，現実に起きている事柄を言葉にしないですむ。この具体的な話をしないでいいところが，フォーカシングのありがたいところでもある。インタラクティブ・フォーカシングは，具体的に聴いてほしい事柄があるときに力を発揮する。目の前にいる聴き手に話を聴いてもらいながら，二人の関係の中でフォーカシングのプロセスが進むのである。
　インタラクティブ・フォーカシングは，現実に起きている事柄を話しつつ自分の深いところで体験していることに気づかされ，同時にきちんと聴いてもらえたと感じ，さらに深いレベルで内的体験を共有してもらったという手応えを感じる。聴き手も話し手の話に触発されながら自分の内側に触れ，新鮮で豊かな人との関係を体験するだろう。練習として体験をする場であっても，二人の関係は変化するという実体験をすることができ，またさらに癒しあう二人の関係をも体験することができる技法である。
　インタラクティブ・フォーカシングの手順そのものはたどりにくいものではないが，インタラクティブ・フォーカシング特有のデリケートで馴染みのない部分を理解していただきたいので基本的なことのみを少し詳細に説明したい。
　ジャネットはセラピーでインタラクティブ・フォーカシングを使う。セラピーで係争中の二人にインタラクティブ・フォーカシングを利用する場合，そこ

にセラピストの存在が必要なように，練習場面でも緊張関係にある二人が共通の話題について話をするときは，その間にコーチが必要なことがある。話し手も聴き手もインタラクティブ・フォーカシングの枠組みからはみ出さないこと，そして話し手も聴き手もともに平等に話をし，話を聴いてもらえるように交通整理をする必要があるからである。コーチがつかず二人で練習をするときもインタラクティブ・フォーカシングは枠組みを守らなければならない。枠組みを守って初めて深い体験をすることができるのである。

1　四つの大切な基盤

　ジャネットはインタラクティブ・フォーカシングを練習するときに欠かせないものとして，四つのことを挙げている。インタラクティブ・フォーカシングという建物の基盤になる礎。これがなければインタラクティブ・フォーカシングという建物は，崩れてしまう。練習をするときにはどの場面でも留意しなければならない大切な土台である。

四つの大切な基盤	
1. ボディセンス	話し手も聴き手もボディセンスに触れながら。
2. 安全であること	自分の責任で安全であることを守る。
3. 共感的リスニング	話し手がどんなボディセンスに触れながら話をしているか聴き手のボディセンスを感じながら話を聴く。
4. 話し手が主役	話し手が話を聴いてもらいたいように聴いてもらう。

(1) ボディセンス

　インタラクティブ・フォーカシングをするときに最も大切なことは，話し手も聴き手も自分のボディセンスに触れながら話をし，話を聴くことである。ジャネットはフェルトセンスという言葉を使わずにボディセンスという言葉を使う。セラピーにおけるクライエントはフォーカシングを経験しているとは限らず，フォーカシングのフェルトセンスよりボディセンスという言葉のほうが理解し易いからである。ここでもボディセンスを使うが，インタラクティブ・フォーカシングをしていてボディセンスよりからだの感じというほうがわかり易いことがある。ボディセンスよりもっとからだ全体で感じるもの，その場の空

気とか雰囲気，とりわけ話を聴いてくれる人との間に流れる波動のようなものを感じるときは，からだの感じという言葉の方が伝わり易い。インタラクティブ・フォーカシングは話し手と聴き手の関係の中でプロセスが深まるので，相手をからだ全体で感じることが大事なことになる。

(2) 安全であること

　目の前にいて話を聴いてくれる人との間にある穏やかで安心していられる感触，相手を大切に思うことができ，そして二人ともが自分自身でいられる安全な感じをおろそかにしてはいけない。相手との間に何か大丈夫でない居心地の悪さを感じるときは，むしろインタラクティブ・フォーカシングはしないほうがいい。安全であるという安心感なしには，インタラクティブ・フォーカシングの手順をたどることはできても，インタラクティブ・フォーカシング特有の深い体験をすることはできないし，心地よくない後味が残る。この人となら安心して話ができるという安全な感覚がプロセスを進めてくれる。不安とまではいかなくても何か気が進まないと思うときは，理由があってもなくても，インタラクティブ・フォーカシングをやらない選択をする勇気をもってほしい。と同時に，言いにくいことを話すときの居心地の悪さが克服できるものであるなら，インタラクティブ・フォーカシングの枠組みの中で，勇気をもって挑戦していただきたいと思う。

　体調がよくないときもインタラクティブ・フォーカシングができないことがある。疲れているとき，心身ともに何かエネルギーが十分でないと感じるときはインタラクティブ・フォーカシングはできない。フォーカシングは自分の内的作業を一人で進めることができるので，体調が悪いときもそれなりにプロセスが進みからだで納得することができるが，インタラクティブ・フォーカシングは相手がいて具体的な話を聴いてもらい，あるいは相手の話を聴くものなので，気が重いと感じるときは無理をしてインタラクティブ・フォーカシングはしないほうがいい。いずれにしても，これは自分で決めることである。安全を守るのは自分の責任である。

(3) 共感的リスニング

共感的リスニングは，インタラクティブ・フォーカシングの中で最も大切な，そして同時に最も難しい部分である。練習を重ねる必要があるが，これはまた，練習の甲斐がある部分でもある。

聴き手は自分のボディセンスに触れながら，話し手がどんなボディセンスを感じながら話をしているか，ボディセンスでボディセンスを感じようとしながら話を聴く。話し手の話に耳を傾けるとき表面に現れているものだけに注意を向けるのではなく言葉が立ち現れてくるからだの感じ，言葉になる以前のもやもやしているところを含めてからだの感じを感じようとする。

ここで聴き手がどれほど自分のボディセンスを感じながら話を聴くことができているかが，のちに述べる「二重の共感のとき」にものをいう。逆にいえば，ここで聴き手が自分のボディセンスを感じていなければ，のちに触れるボディセンスのエッセンスを抽出することはできない。

聴き手のボディセンスに触れながら話を聴くインタラクティブ・フォーカシングのリスニングは，非常に難しいことであるが，まことに豊かな充実した経験をすることができる。練習を重ねていただきたい。

(4) 話し手が主役（Focuser As Teacher）

話し手は共感的にわかってもらえているかどうか自分のからだで確かめながら話をし，目の前にいる聴き手を十分活用する。自分のためにそこにいる聴き手に，注文をしたり，お願いをしたりすることができる。Focuser As Teacher（教え手としてのフォーカサー）として，話し手は気持ちよく話ができるように，聴き手にさまざまなお願いをする。「今の言葉をもう一度繰り返してください」「全部の言葉を繰り返す必要はありません」「もっとゆっくりお願いします」など。話し手が聴いてほしいように聴いてもらう。それは，話し手の責任でもある。

この四つの大切な基盤を常に心がけながらインタラクティブ・フォーカシングの手順を進める。話を聴いてもらうことは心地よいことなので，ともすると日常的なおしゃべりになってしまったり，目の前にいる人を置き去りにして勝

手に一人で話してしまうことがあるが，どこまでもインタラクティブ・フォーカシングは話し手と聴き手がいて，二人の共同作業であることを忘れないでいただきたい。

2　実際の練習

それでは　具体的に練習を始めよう。

インタラクティブ・フォーカシング

1. 話し手　　　話をする。
2. 聴き手　　　言葉を伝え返す。
3. 話し手　　　聴き手の言葉を自分のからだに共鳴させる。
　　　　　　　必要があれば言いなおす。
　（1-3）を繰り返す。
4. 二重の共感のとき
　聴き手は，共感的に聴いていた自分のボディセンスに改めて注意を向けてそこから出てくるエッセンスを伝える。話し手は，自分に優しい気持ちで共感的に今の話を振り返り，話し終えた自分を今どのように感じているか自分の内側に注意を向ける。
5. 聴き手　　　話を聴きながら感じたことを話し手に伝える。
6. 役割交代　（1-5）
7. 関係性の確認
　今，目の前にいる人をどのように感じているか。
　また自分自身をどのように感じているか。

（始める前に）

　気持ちが落ちつくまでゆっくり時間をかける。インタラクティブ・フォーカシングをする相手と向かい合って座り，相手との間の距離や座る角度など，二人が心地よくいられる場所を確かめる。

　注意をからだの内側に向けて気持ちが落ちつくのを待つ。たっぷり呼吸をしながら呼吸の動きと一緒にいる。新しい空気がからだの中に入ってきて，からだが気持ちよくなっていくのを呼吸とともに感じる。からだがゆるみ，からだの中が柔らかくなってそこに自分の空間が感じられると，落ちついてそこにいることができるだろう。

　自分のペースでそこにいられる落ちついた気持ちになったら，目の前にいる人に，何のことを聴いてもらおうか自分に問いかける。からだの中の柔らかい

空間に相談するように何のことを話したいか聴いてみる。考え出そうとするのではなく，ある事柄が立ち上がってくるのを待つ。ゆっくり時間をかける。これは，困っていること悩んでいることなど気がかりでもいいし，嬉しかったこと楽しかったことなど喜びでもいい。話をする事柄が決まったら，そのことについてどのように話そうか考える必要はない。話の筋道は考えない。その事柄の最も大切な部分は何か，その大切な部分を思い浮かべるとどんな感じがするのか，からだの感じを確かめてそれを大事にしながら目を開ける。

　相手の準備ができるのを待つ。長く時間を必要とする人に合わせる。ここで，どちらが先に話をするか相談をする。あらかじめ話を聴いてほしいと頼んで始める場合でもそれでいいのかどうかを確かめる。話をするつもりで始めても自分の内側に触れてみると，今はまず相手の話を聴きたいという気持ちになることがある。その逆もあるので，目を開けて準備ができたときに二人で相談する。

(1) 話し手　話をする

　話し手は自分のからだの感じに触れながら，目の前にいる聴き手にゆっくり話をする。ひとりごとのように自分に話さない。聴き手に聴いてもらう。

　からだで感じるものは，からだそのものの感じ（physical sensation）であったり，うごめいている感情であったり，ときにはイメージであったり，もやもやしたわけのわからないものであったりもする。それをそのまま認めて受け入れる。からだの感じはからだの内側に限らず，からだ全体で感じる部屋の空気やその場の雰囲気，相手と自分を包む空気であったりもする。その全体をからだで感じながら話をする。

　話したいことを事柄として客観的に，理路整然と話さない。どこまでも自分のからだに注意を向けながら，内的な体験を大事にする。話したいことを夢中で話してしまうことがあるが，どこかで立ち止まってひと息いれて，自分のからだの感じに注意を向けてゆっくり話をする。

(2) 聴き手　話し手の言葉を伝え返す

　聴き手はまずリラックスする。緊張していると話し手の波動がからだの中に

入ってこないので，始めるにあたってからだをゆるめて気持ちの上でもリラックスすることを心がける。

　聴き手は，自分のからだの感じに触れながら，話し手がどういう気持ちでどんなからだの感じを感じながら話をしているかという部分をていねいに感じようとしながら話を聴く。思いやりのある気持ちで話を聴き，話し手の言葉をそのままゆっくり伝え返す。全部返す必要はない。自分のからだの感じに触れて響く言葉を返す。また必ずしも正確でなくてもいい。話し手にとって十分でなかったりずれていたりするときは，話し手が教えてくれる。正確に返そうとするあまり言葉を覚えていようとすると，からだの感じが感じにくくなるので，話し手を信頼してからだの感じを大事にしながら言葉を返す。

　このとき，聴き手は自分の気持ちや聴き手が自分で感じることを言葉にしてはいけない。聴き手として人の話を聴きながら感じることは当然あるが，ここではそれはそれとして認めながら相手に伝えない。後でそれを伝える場がある。これは係争中の二人，夫婦喧嘩をしている二人を想像すると，なぜ聴き手が自分の気持ちを伝えてはいけないかが理解し易い。対立する相手と話をするとき黙って相手の話を聴くのはなかなか難しい。相手の言葉をそのまま返すどころではなく，むくむくとわき上がってくる感情や自分が思っていることを言いたくなる。これを言葉にするとインタラクティブ・フォーカシングは成立しない。どれほど自分の気持ちが抑えがたくとも，ここではそれを認めてやりながら，ひとまずそれを脇においておく。聴き手は話し手の身になって話を聴き，言葉を伝え返す。たとえ同意であってもそれを口にしない。聴き手は自分が感じることを大事にしながら，今はそれを相手に伝えない。話し手が感じることと聴き手が感じることをはっきり区別する。係争中の二人でなくとも自分の気持ちを伝えられないのは非常に窮屈である。窮屈で不自然な枠組みがあるからインタラクティブ・フォーカシングは力があるともいえるだろう。

　さらに窮屈なことであるが，聴き手は話し手に質問をしてはいけない。話を聴きながら話し手が言わんとすることが理解できなくても，聴き手は質問をしない。話のつじつまが合わないと思ってもそのまま言葉を返す。どこまでも話し手が話していることをそのまま認めて受け入れる。理解できないことを伝え返すことは難しいが，聴き手のボディセンスに触れる部分をそのまま返す。話

し手が言いたいこととずれているときは，話し手が修正してくれる。

(3) 話し手　共鳴させる

　これは大切なところである。

　話し手は，聴き手から返ってくる言葉を聴き流さない。自分が話したことが聴き手の言葉で返ってくるのだが，その言葉を自分のからだの中で共鳴させてこれがはたして言いたかったことかどうかを確かめる。聴き手の言葉が自分が言ったことと違うときは当然訂正する。また，さっきはたしかにそう言ったけれど，今相手の言葉で聴いてみると自分の気持ちに変化が起きていることに気がつくことがある。そのときは改めて自分のからだの感じをじっくり味わいながらていねいに言いなおす。ときとしてこんなふうに話すはずではなかったと自分で戸惑いを感じることがあるが，この微妙な変化を大切にする。自分のボディセンスに共鳴させることでプロセスが進み，体験はより深いものになりそこから新しい気づきが得られる。

　話を聴いてもらうことは心地よいことなので，ただひたすら話をしてしまい，この共鳴させる部分を忘れてしまい易い。ここはインタラクティブ・フォーカシング特有の深い体験ができる大切なところなので，聴き手の言葉を改めてていねいに聴いて，自分のボディセンスに響かせてみよう。

(4) 二重の共感のとき

　(1)から(3)を繰り返し，話が一段落したら話し手が聴き手にお願いをする。わかりにくいお願いである。

　「今の話が私にとってどういうものであったか，私の身になって，聴き手のボディセンスを感じてください」。

　聴き手が自分のボディセンスに注意を向けて内的な作業をしているあいだ，話し手は自分に思いやりのある態度で今話したこと全体を振り返り，話し終えて今どんなふんなふうに感じるか自分の内側に注意を向ける。話をする以前の自分と話し終えた後の自分の違いを確かめる。

　聴き手は，共感的に聴きながら感じていたからだの感じ全体に改めて注意を向け，そこからボディセンスのエッセンスのようなものが抽出されてくるのを

待つ。時間を十分かける。このエッセンスは象徴的な言葉であったり，イメージであったり，短い詩的なフレーズであったりする。聴いた話の繰り返しや要約ではいけない。

聴き手は，そこで感じられたものを話し手に伝える。それは，話し手にとっては思いがけない言葉であったりイメージであったりして，まずは驚くことが多い。話し手は，ともかくその言葉やイメージをからだの中に入れて，そこで自分のボディセンスと共鳴させてみる。そして感じたことをフィードバックする。

聴き手は，ボディセンスのエッセンスが現れてくるとき，今聴いた話からなぜこんなものが出てくるのか自分でも意味がわからないことがある。けれども，「私のボディセンスが感じたのは」と，とにかく伝える。聴き手として自分でも納得していないとき，言いにくく言いよどんでしまうことがあるが，それが意外に思いがけない展開をすることがある。聴き手の言葉から，話し手はどんなもらい方をしてもよい。自分がほしいものをもらう。

話し手が，その言葉やイメージを自分のボディセンスに共鳴させてみると，そこで新しい発見をしたり，まったく思いもしなかった視点に気づかされることがある。これは，話し手にとって話を聴いてもらえたという手応えと同様，宝物をもらうようなまことに豊かな新しい体験である。密度の濃い交流をした後で話し手も聴き手も，ともに話し手の内的体験を共感的に感じるこの「二重の共感のとき」を，ジャネットは，「黄金のとき（Golden Moment）」と言っている。

このプロセスは，馴染むまで難しいと感じるだろう。要はボディセンスとじっくりつきあうことである。聴き手が自分のからだの感じを大事にしながら話し手の話を聴くことが何よりも求められる。そして自分のからだの感じに注意を向けるとき，自分のボディセンスを信頼し，じっくりとボディセンスと一緒にいる。何かが出てきたら，自分では満足しなくてもボディセンスがそういうのだからそうなのだろうとボディセンスを頼りにして，ともかくも話し手に伝えてみよう。

ここでやってはいけないことは，聞いた話の繰り返しや話の要約である。それ以外ならともかく先に進める。練習を重ねることで聴き手も楽しむことがで

きるようになるだろう。話し手にとってはどんなものがもらえるか楽しみなところである。

(5) 聴き手が感じたこと
　ここで初めて話を聴きながら聴き手の内側に触れていたことを伝える。
　練習では二つのうちどちらかの方法を選択する。二人ともそれぞれ自分の話を聴いてほしいときは，(a)を選択する。
(a)聴き手が感じたことを簡単に伝えてひとまず終わりにする。そしてしきりなおして役割を交代する。
(b)二人が共通の話題で話をするときは，今までの聴き手は話し手になり，話し手が聴き手になる。
　始めるときはまったく別の自分の話を聴いてもらうつもりであっても，話し手の話に触発されてそのテーマに関することを話したいと思うことがある。その時はその旨を伝えて相手に聴き手になってもらう。話を聴きながら感じたことを話しつつ，自分のこととしても展開させて聴いてもらう。
　(b)を選択するときは，新しい聴き手はとりわけ注意深く言葉をそのまま伝え返す。今自分が話したことについての相手の気持ちが話されるので，聴き手は思わず聴き入ってしまい，そのまま言葉を返すことを忘れてしまう。あるいは自分のことについて言われて，思いがけないことであったり，何か気恥ずかしい気持ちがわいてきたりして言いにくいことがあるが，話し手の言葉をそのまま伝え返す。
　とりたてて二人の共通のテーマを話す必要がないとき，あるいはリスニングの練習をしたいと思うときは，(a)を選択することをお薦めする。(b)は複雑な気持ちの処理が必要で，混乱が起こりやすいからである。

(6) 役割交代　(1)-(5)を繰り返す。
　話し手も聴き手も時間をかけてゆっくり気持ちが落ちつくのを待つ。あらためて自分のからだの感じに触れて，そして始める。

(7) 関係性の確認
　お互いに話し終えて，今，この時の新しい関係を確認する。相手についてど

う感じているか，そして自分自身についてどう感じているか，からだの感じに触れながら確かめて伝え合う。注意を自分の内側に向けてじっくりと味わいそして伝える。

　インタラクティブ・フォーカシングは，話し手と聴き手の共同作業である。話し終えて今このときの相手と自分を振り返ることで，自分も相手も変化していることに気づき，そして二人の関係が新しくなり，深まっていることに気づくだろう。関係性の確認をすることによって，「二重の共感のとき」と同様豊かな深まりを体験することができる。

〈タイム〉

　インタラクティブ・フォーカシングは不自然な枠組みがあるので窮屈であるが，それを守ることを求められる。枠組みからはずれてしまうとインタラクティブ・フォーカシングは成立しない。必要があってどうしても枠からはずれるときは，タイムをとる。手でTの字をつくってもいい。相手にわかるようにジェスチャーなり声なりで伝える。

　相手，あるいは，自分が勘違いして枠からはずれていることに気づいた時は，タイムをとって互いに軌道修正をする。話に聞き惚れて聴き手の役割を忘れてしまっているとき，今自分たちがどこにいるかわからなくなっている時もタイムをとってはっきりさせる。話の内容にひきずられて思わず笑いだしてしまい，話し手あるいは聴き手でいられない時も，タイムをとって落ちつくための時間をとる。

3　シングル・ウイング（片翼）の練習の仕方

　二人が共通の話題を話す必要がないとき，話を聴くことはできるが話をする必要がないとき，あるいはその逆の場合もシングル・ウイングの練習が，簡潔で能率的である。

　(1) 話し手が話をする，(2) 聴き手が伝え返す，(3) 話し手が共鳴させる，までをくり返し，(4) の「二重の共感のとき」までをする。リスニングの練習をしたいときや「二重の共感のとき」の練習をしたいときにいい方法である。練習ではあるが話し手は十分聞いてもらえたという満足感を味わうことができ

る。

　ワークショップでは，三人でシングル・ウイングをするのもいい方法である。一人オブザーバーがいることによって，枠組みからはずれないよう見ていてもらえる。また，オブザーバーはオブザーブしながら，自分だったらどんな言葉の返し方をするだろうかと想像しながら話し手の話を聴く。実際に言葉は発しないので緊張感が少なく話し手の言葉を自分のからだに共鳴させやすいので，リスニングのいい練習になる。「二重の共感のとき」は，オブザーバーも参加する。聴き手もオブザーバーも自分のボディセンスに注意を向けて，そこから出てくる言葉やイメージを話し手に伝える。話し手は，二人からもらえるのでなかなかいい経験をすることができる。それぞれの人にフィードバックをする。まったく異質なものを二人からもらうのはいいものである。

　Aさんがフォーカサー，Bさんがリスナー，Cさんがオブザーバーで始めたら次はBさんがフォーカサー，Cさんがリスナー，Aさんがオブザーバーになる。その次はCさんがフォーカサー，Aさんがリスナー，Bさんがオブザーバーである。必要な時はオブザーバーがタイムキーパーになる。

4　おわりに

　インタラクティブ・フォーカシングは，豊かな新しい体験ができる技法である。そのためにたくさんの約束ごとがあり不自然な枠組みがある。その枠組みを踏みはずすとインタラクティブ・フォーカシングにならない。四つの大切な基盤を忘れないで，インタラクティブ・フォーカシングの枠組みからはみ出さないようお互いの体験を大事にしながら手順に従っていただきたい。枠組みが崩れると具体的な話をするだけに，インタラクティブ・フォーカシング特有の経験ができないばかりでなく，安全が脅かされ大きな混乱が起こりやすい。自分一人でする作業ではなく相手の存在があって初めて体験できることなので，相手を大切に思いやる気持ちを大事にしながらその枠組みを慎重に守っていただきたい。二人でするときもグループでするときも同じであるが，とりわけ新しい相手やグループでする時は慎重に進めなければならない。

　話し手も聴き手もからだの感じを感じながら話をし，聴くことによって，話し手は，今までになく深いところで自分の話を聴いてもらえたと感じ，この二

人の関係の中で豊かな体験を共有することができる。聴き手もまた話を聴くことの豊かさを身をもって体験するだろう。インタラクティブ・フォーカシングは人を変化させ関係を変化させる大きな力をもっているが，また同時に不自然で窮屈な枠組みを守らなければならないものであるということを忘れないでいただきたい。そして奥行きの深いインタラクティブ・フォーカシングを経験することで新鮮な発見をしていただきたいと思う。

【参考文献】
Klein, J. 1998 *Interactive Focusing : The Path of Healing through Empathy and Compassion.* Center for Interactive Focusing.
Klein, J. 2001 *Interactive Focusing Therapy : Healing Relationship*, Center for Interactive Focusing.（前田満寿美訳　インタラクティブ・フォーカシング・セラピー　誠信書房（近日発刊））
Klein, J. In press *Something is Happening Inside-Me : What I learned in School Today* Volume One. The Building Blocks.
Interactive Focusing Center　http://www.InteractiveFocusing.com.

13

子どもとフォーカシング

天羽和子

1 はじめに

近年フォーカシングに関する翻訳書や著書は多数出版されている。自分の身体の中にあるメッセージを聴くために，多くの人がフォーカシングに興味をもって学ぶようになってきたことは大変喜ばしいことである。しかし残念ながら，大人より心とからだが直結していると思われる子どもたちのために，フォーカシングを学びたいという大人向けの本はほとんど見当たらない。

本章の目的は，子どもと日々接する人々に「子どもとフォーカシング」を理解していただき，どう子どもとの生活に使っていけるか概略の指針を示すものである。

2 子どもの世界

(1) 子どもの詩から見る子どもの心

1)「胸の音」幼稚園　5歳：三浦勝渡
  おかあさん，ドクドクきかせて（はい，どうぞ）
  んー　なつかしいねーこの音

2)「のうみそ」幼稚園　6歳：吉野敬
  "のうみそ"ってなにでできてるかしってる？（なにからできているの）
  おもいでで　できてるんだよ　おもいでが　いっぱいつまってつくられてるんだよ

3)「ふとんはタイムマシーン」小学3年生：浅野由騎
　　ふとんはタイムマシーンだよ　ふとんに入ったら　明日になるよ
　　だから「おやすみ」じゃなくて「行ってきます」って言うんだよ
4)「わたしは」小学5年生：武正倫
　　わたしは急ぎます　学校へ行く時　食べる時　寝る時　勉強する時　走る時　運動する時　いつも　いつも　急ぎます
5)「止まる」小学6年生：大場ちはる
　　車は交差点で止まる　えんぴつは紙の上で止まる　鳥は電線に止まる　人はなやんで立ち止まる
6)「秋」中学3年生：田畑明日香
　　夕日がいい　花もいい　紅葉も美しい　でも何よりも　あと少しで別れる友との　大切な時間を　すごせる事が　一番　いい

　これらの詩はある新聞に毎日掲載されている「こどもの詩」の中のいくつかである。このわずか数行の「詩」から子どもはいかに心とからだが直結しているか理解できる。その子だけの心の声があると同時に，私たちの心にも響きあう広い世界を感じさせてくれる。そしてさらに，もうすでに遠くに感じていた，自分の通ってきた心の道も思いださせてくれる。

心の中にあるものを外に出し，体験を進める

　これら5歳から15歳までの子どもの詩の中に，私たち大人が想像する以上の子どもの心の成長を垣間見ることができる。5歳の子の直接的な身体感覚から，成長するにつれて複雑な思いが身体の中に詰められていき，楽しさ，苦しさ，いとおしさをからだは感じていく。

　なぜ子どもはこうした詩を書くのだろうか。それは，自分の内側に何かを感じ，それを適切と思われる言葉で表し，からだの外に出しているということである。子どもも大人も自分の心をこのように出せることは，その後何かすっきりした満足を覚えるのではないだろうか。自らの体験を通して感じた何かがからだの中に詰められている，その何かと関係をもちながら外に出してもらうことである。

　しかし時には大人でも難しいことを子どもが自分の心の内面を言葉で表すと

いうことは簡単なことではない。とくに多くの，そして深い問題を抱えた子どもにとっては難しく，また心の内面を見る機会もないまま過ごしている場合が多いのではないか。このような場合はどうしたらよいのだろうか。それには子どもが自然に自分の内面を表しやすいように，大人が子どもの心を理解しようとし，大人の場合以上にフォーカシング的態度と創意工夫がいるのではないか。子どもとフォーカシングをするときの特徴の一つがここにある。心の中にあるものを他の方法で自然に表し易くする。それは心の中にある"何か"を直接出すことでなくても，他の方法によって象徴化させることでもよいのである。年齢やその子の個性によって適切なやり方があるだろう。子どもの場合は大人よりずっとその細やかさが必要になってくる。象徴化されたものは何の象徴化なのだろうか。大人と違ってそれは大人の助けが必要になることが多い。それはどういうことなのかしら，何を言いたいのかしらと進めていくことができる。そこから子どもは自らの方向性を感じとっていくのである。

　例えば先程の子どもの詩で　5)　の小学6年生の大場ちはるさんの詩。「止まる」：車は交差点で止まる　えんぴつは紙の上で止まる　鳥は電線に止まる　人はなやんで立ち止まる。

　この詩を読んで読者はどう思われるだろうか。私たち大人にも通じる心の動きを感じることができるのではないか。しかしこの詩には心の奥底にもっと深い意味をもった"何か"があり，それを表現しようとしているようにも感じられる。この子にとっては表現したことで，すでに何かが進んで，それでよいこともあるであろう。しかしこのときもし側にフォーカシングを知っている大人がいたらどうだろう。この子と関わることによってこの子のからだは何かを感じ，もう一歩深まったメッセージと方向性をもらえるかもしれない。

　自分のからだには自分のメッセージと方向性があるとわかった子どもは，きっと自分で納得のいく，よりよい生き方をすることができるのではないだろうか。自分が納得するということは，自らの力で癒しを経験することができるということだともいえる。

(2) なぜ「子どもとフォーカシング」か
問題を抱えていく子どもたち

　子どもは，関わってくれる人が，自分の表すもの（泣き声，言葉，行動，描くもの等の作品）を，心の反映（象徴化されたもの）と理解して認めてくれれば，自分の気持ちを素直に自然に表すことができる。生まれたての赤ちゃんは，そのとき必要な行動を，泣く，乳を吸う，おしっこをする等を誰に教わったわけではないがちゃんとしている。大事なのは，そのとき必要と思われることをわかっていて，それを何とか今自分ができる手段で表そうとしていることだ。大人は赤ちゃんが泣くという，その行為の奥にある本当に訴えたいことはなんであろうかと，日夜懸命に赤ちゃんと会話して，お腹がすいている，気持ちが悪い，等いろいろなことを理解していく。泣くという象徴化で，赤ちゃんはどうすれば自分の願いが叶うか，だんだん理解してきて，大人と会話する手段をいろいろな形で覚えていく。そしてお互いに理解して，相手をわかるようになっていく。

　しかし，忙しい現代社会の中で，人はゆっくり自分と会話する時間もとれなくなり，子どもたちとのゆったりとしたコミュニケーションもとり辛くなっているのではないだろうか。大人でも自分の気持ちの真意をつかむことはときに非常に難しい。子どもにとってはなおさらであろう。しかし，言葉と自分の真のメッセージを汲み取りながら接してくれる大人が身近にいた子どもはどうであろうか。適切な言葉を返してもらうことによって，子どもは自分自身を知ることができ，自分との会話もできるようになる。その上で人との交流にも自信をもつことができてくるのであろう。しかし残念ながらいつも何か違うところで自分のメッセージをとらえられてしまった子どもはどうなるのだろうか。きっと自分の気持ちの出し方がわからないまま，諦めたり，反抗的な態度をとってしまうのではないか。大人側にもいろいろ事情があるだろう。子どもの言うことを認めてしまうことは秩序を乱すことまたは甘えだと考えるかもしれない。そのうち子どもは大人のいうことに従い皆と同じことをしていれば，大人は満足そうであるとも学んでいく。それはときには大切なことではあるが，それとともに本当の自分の思いを声に出し，それに耳を傾けることも忘れていくのだろう。それは自分の中で心（感じているもの）とからだが離れている状態

ともいえるであろう。
　空しく傷ついた経験が塊となってからだの中に沈殿していく。沈殿した塊はときに突然困った問題として外に表れ，子どもの生活を脅かす。

子どもには大人の手助けが必要
　自分のからだからのメッセージを聴くことや，塊となって残っている痛みを出すことを忘れた子どもたちにはどうしたらよいのだろうか。子どもとフォーカシングするときは，どこかにそんな塊がないか注意深く見る必要がある。大人がその塊の存在を優しくあるがままに受け止め，子どもに添うことによって，子どもたちが癒され，方向性と創造性を見つけ，次のステップに進めるのである。これはとても難しいことである。しかし一人では解決できなかったけれど，誰かがそっと側にいてくれ，その人が自分に深い信頼と，共感をもって接してくれることによって体験が進み，さらなる深いメッセージをもらって解決に向かっていった。そんな経験した人は多いと思う。子どもはそれ以上に大人の手助けが必要なのだと思う。

3　大人はどうしたらよいのだろうか
(1) なぜ大人が「子どもとフォーカシング」を学ぶのか
　「子どもとフォーカシング」は難しいことが多い。まず年齢により表現の仕方が違っていることが挙げられる。子どもは大人より言語による表現能力が劣っている場合が多い。自分の心をうまく表現する言葉が出てこない。そこで子どもはいろいろな形でサインを出してくる。言葉以外にからだ全体で表すこともあれば，ちょっとした手の動きや，脚をばたばたさせることで表していることもある。したがっていかに大人が子どもの出すサインをキャッチできるかが大切になってくる。声，動作，すべてに注意を払う必要がある。それが一人一人にとって隠れた意味をもつこともある，と推測できることが大切である。つまり言葉という手段を使う以外に子どもが表すすべての「行動」そして子どもが描く「絵」，作る「粘土作品」などすべての中にサインは隠されていると考えなければならない。

自分を子ども時代に戻してみよう

「子どもとフォーカシング」にとって，遠い昔のことを学ぶことは大切なことである。一度忘れていた自分の子ども時代を感じてみよう。自分は子ども時代をどう過ごしてきたか，楽しいことはどんなときだったであろうか。遊んでいたときの気持ちを思い出すことができるだろうか。それらは自分の身体のどこに感じられたであろうか。それらが現在の何につながっているのであろうか。悲しいときはどんなときで，それらを表すことはどんなであろうか。表すことは容易だったであろうか。表したくなかったであろうか。どうすれば苦しかったことを少しでも楽に表わすことができるであろうか。また見たくないものがあったであろうか。それはどんな感じであったか。

大人も言語だけでなく絵を描いたり，粘土を使ってみたり，文字で書いてみることで，自分の気持ちの気づきを深めることができると気づくのではないか。ワークショップで皆で子ども時代の遊びをしてみたら，そこから昔の自分の感情がよみがえってきたということもある。

ワークショップの意味

「子どもとフォーカシング」の勉強はワークショップですることが多い。それは自分だけでなく他の人と一緒にワークをすることで他の人の経験をモデリングすることができるからである。他の人の経験を味わうことによって他者のこともわかってくる。そしてそれらは自分の中で知識として概念化することができる。このようにして自分だけでなく他の人のいろいろな経験をもらい，自分の中で概念化されたものをもとにして子どものメッセージにより近づきたいと努力するのである。つまり経験とモデリングと概念化がトライアングルになっているのである。

4 「子どもとフォーカシング」の基本的な考え方

(1) 「子どもとフォーカシング」も基本はフォーカシング

子どもとのフォーカシングをする場合もフォーカシングの基本は同じである。ただやり方には二つの方向がある。

 1) 大人が子ども時代を思い出してフェルトセンスを見出し，そこから子ど

もとのフォーカシングにつなげていく。
2) 子どもにどうフォーカシングするか。
①個人でのフォーカシング　②集団でのフォーカシング
そしてこれらは，年齢によってもやり方に違いが出てくる。

(2)「子どもとフォーカシング」のやり方

ここではとくに「子どもとフォーカシング」をする場合，個人に対しても集団に対しても，大切であると思うことを書いてみたい。

①すべての子ども（お腹の中にいる赤ちゃんから思春期の）とのフォーカシングは，その子との挨拶で始まる（集団でも同じ）。挨拶なしで始めることはしない。それは，その子に近づくためとともに，その子の内側に一緒に入らせてもらうための大切な手続きである。また質問したり，提案をしたいときなどはちゃんと許可をとってから進めること。からだに触る時も許可を取ること。「お話ししてもいい？」「触ってもいい？」と。

②どんなに小さい子にでも親しい間柄でも，ずかずか入り込むことはしない。自ずと距離が必要になってくる。その上で子どもをしっかり抱えてあげることがとても大切になる。しかしときには子どもの態度や行動が問題であれば大人が制限を与えて，その場を大人がコントロールすることも必要になる。子どもに添っていくが，服従するものではない。子どもが自分でコントロールできるように助けていきたい。子どもはそれで安心感をもつ。

③共感的理解をもって子どもの話を聴いていく。いつも子どもとともにいる努力をする。

④大人は子どもといるとき，自分の中に起きるいろいろな感情をきちっと見極める。自分の問題が反応の中に増幅されていないか，過剰な反応がないか。大人は自己理解も大切である。

⑤子どもと関わるとき，遊びや絵を通して自然に自分の内側を表せるように試みる。大人が中立的立場にいること。また沈黙の時間も大切であるが，プロセスを助けることを図ることがよい場合もある。いつどのように大人側が介入したらよいかを考えるのも重要なことである。そのときに大切な技法の一つに伝え返しがある。子どもの場合は単に言葉による伝え返しだけではなく，

そのメッセージはどのようなことなのか，自分のフェルトセンスに照らし合わせてみる。ときには自分も一緒になって子どもの言葉や仕草，動作を同じようにしてみる。そこから，からだの感じはどうであるか，その気持ちの質はどんなものか感じていく。「子どもとフォーカシング」の先駆者であるマルタ（Marta, S., 2002）は伝え返しを，ミラーリング（mirroring）という言葉で表していて，その大切さを強調している。子どもが自分の内側を探求できるように，そこで何が今起きているのか感じられるように，適切な介入ができることが要求される。それによって新しく起きてくることにも注意を払う。

⑥ときには表れてきたこと（象徴化されたもの）をこういうことなのかと仮説を立ててみることも役に立つことがある。例えば「これはこういうことなのかしら…」，「まるで〜みたいに見えるんだけど…」などと聞いてみる。そしてその結果，子どもが表す答えをきちんとキャッチできるように。合っていれば子どもの心は変化が起きやすくなる。間違っているようだったらすぐ訂正する。子どもは影響を受けやすいし，信じられないくらいの観察力をもっている。子どもとのあいだで行き違い等ができたときなど，すぐに訂正し，また謝ることも大切である。

⑦無理をしない。外に出すにはあまりにも悲しいことも多いのだから，どんなに慎重にしてもしすぎることはないのである。

⑧子どもは出してきたもの，自分が体験したことを，今度はそれを理解してくれる人とゆっくり味わうことで，自ら癒されその中から自らの方向性，創造性を見つけることができるのである。

(3) 個人のフォーカシング
お腹にいる赤ちゃんから生まれたての赤ちゃんへ

　お腹にいる赤ちゃんにどう言葉をかけたらよいであろう。ここはお母さんのフェルトセンスにまかされるところであろう。お腹にいる赤ちゃんに話かけたくなったら，まず"私の赤ちゃんちょっとお邪魔してもいいですか？"と許可（ご挨拶）をもらってから，今何をしてますか，元気ですか，私も元気ですよ，ゆっくり眠れますか，等何でもいい，お母さんが赤ちゃんと会話をしたくなっ

たことを会話すればいい。それは生まれたての赤ちゃんへも同じである。赤ちゃんが生まれることは，苦と喜の二重奏である。言葉を交わせない相手でも苦しみと喜びを実感できたのは二人だけである。それを話し合えるのは母と子しかいない。この世に生を受けたばかりの赤ちゃんと今行われたドラマをお互いに「ご苦労様でした。あなたも疲れたでしょう。ゆっくり休んでください」と赤ちゃんに話したいことを伝え，また赤ちゃんがどう思っているか，お母さんのフェルトセンスで感じ，それを代わりに言ってみて会話をしてみたらどうだろう。難産だったら，赤ちゃんにも伝えてみよう，「大変だったね」と。

小学校入学前後位まで
　この時期の子どもたち，乳幼児と幼児の成長は目覚しい。他人との交わりも多くなり気持ちもより複雑に深く感じることができるようになる。一方では自分で自分の気持ちを整理できない時期でもある。その気持ちや行動を適切な言葉とつなげる作業をする時期である。例えば，初め子どもは自分が今泣いているという現実すらわからなく泣いていることも多い。このようなときどうしたらいいのであろう。
　"あ～ん，あ～んって，（そのまま伝え返し）泣いているんだ。泣きたいんだね。（泣いていることだとわかってもらう，そして，そのことをそのまま受け止める）からだのどこらへんが泣きたいって言っているの。（からだを指さしたら）そーお，ここら辺が泣きたいって言ってるんだ。（少し落ち着いてきたら）ねえちょっと聴いてみようか，そこらへんが何を言っているのか。悲しかったのかな，怒っていたのかな。（大人が推測，仮定していくつかの言葉を出してみる。違っているようだったらすぐ引っ込める）そうか，悔しかったのか。わかった。悔しかったんだね。じゃその悔しかったって言っているところに聴いてごらん，今僕（私）はどうしたいの。どうしてほしいの？って。（何か出てきたら）そう，そう言っているの。わかったよ。"
　うまく言葉に表せない低年齢の子どもたちには，例えばクレヨンを出して「ねえ，今どんな気持ち。どんな色がぴったりくる？」と聴いていく。自分の心と同じ感じの色や形そして動き，これらを子どもたちに自然に表してもらえるように手助けしていく。そのように象徴化されたものから，大人は自分のフェ

ルトセンスといつも会話しながら,子どもの心を感じ,推測し,響きを味わい,なるべくその心の近くまでいく努力をするのである。

小学校から思春期まで

この時期になると,言葉がだいぶ使えるようになり,大人が言う意味も理解してからだの中にある,何か感じるもの,そんなものがあるということも容易に見つけることができる。難しいのは,これらの方法にのってくれない子どもがいることである。中には無視したり,笑ってごまかしたり,何もないという子もいる。しかしそれが彼らの答えなので無理強いをしてはならない。それは彼らの心が決めるのであって私たちではない。その答えを尊重しなくてはならない。無理に引き出すことがよいことではない。適切なミラーリングを繰り返しながら,また介入できるときがふと訪れるのを見逃さないように,辛抱強く待つことも時に彼らを助けることになる。

(4) 集団でのフォーカシング

ここにはいくつかある集団でできるフォーカシングのやり方を書いておく。集団で行うフォーカシングは主にフォーカシング技法の中にある,クリアリング・ア・スペース(空間づくり)の理論を使うことが多い。心の中を見ることは十分に慎重にしたほうがいい。集団の場合はとくに全体の安全を考える必要がある。クリアリング・ア・スペースはフォーカシングの技法の中でも安全性の高いものとして考えられているからである。

保育園,幼稚園で

部屋の片隅に(いつも決まった場所)ロールペイパーを用意しておく。登園してきた子が自由に今の気持ちの色を塗れるように,大人がついて,何人か一緒に今の自分の心の感じをロールペイパーにクレヨンやクレパスで表していく。殴り書きでもなんでもよい。大人が気持ちを察しながら言葉でフォローしていく。

前もってお天気カードを作っておく。晴れマーク,雨マーク,曇りマーク,晴れと曇りマーク,嵐マークなど,今日の気持ちはどれに近いかなと登園した

ときにゆっくりと自分の身体に聴く時間をとる。それを選んで自分の名前のところに貼っていく。このようにいくらでも応用したやり方がある。

小学校以上の学校で
　1) 心の天気（日本の伊達山裕子氏，土江正司氏らによるもの）
　2) エレベーター乗り（カナダ人のルウシイ・ボーワーズ（Bowers, L.）によるもの）
　3) 自分たちの樹（マルタ・スッタパートによるもの）
　4) 心の整理箱（元九州大学教授村山正治氏の考案）
　　などがある。いずれも集団で，教室でも使える。
　どれも自分のからだに優しく触れていき，その中にある"ある感じ"に自然に触れることができるように，それをしたことで心の中に空間ができ，結果的にすっきりすることを目的としている。集団でする場合，とくにそれをする目的や意味をわかりやすく伝えて，理解できるようにしておくことが大切である。これらのやり方は，それぞれ自分のやり方で，集団に応じて言葉も選びながらやると良いと思うが，次にこれらのをやり方を簡単に紹介する。
　1)の心の天気は，A4紙半分の大きさの用紙に前もって枠を書き，そこに自分の今の気持ちを天気にたとえて書いてもらう。そしてそのときに出てくる言葉を紙のどこかに書いたり，絵に表してもらう。
　2)のエレベーター乗りは，自分の思うように安全で快適なエレベーターをまずイメージで作って，それを自分のからだに入れてみて，からだの中を旅するのである。ときにエレベーターから降り，そこら辺を歩きその感じを味わったり何か出てくるものはないか待ったりする。降りるのが嫌だったら，中から眺めるだけにする。エレベーターでなくても自分なりに他のもの（乗り物など）を考えてやるのもよい。
　3)の自分たちの樹は，全員で一本の樹を描き（一人一人自分が描きたい樹のパーツを描き，それをつなげて一本の樹にする），そこに例えば自分が他の人から言われて嫌だったこと，傷ついたことがあったら，それはどんなこと（言葉）だったか紙に書く。それをその樹の貼りたい所に貼るのである。そしてその後，そう言われたことに自分はどう答えたかったか，どう言えば一番気持ち

が落ちつくだろうか，自分に聴いてみる。出てきたもの（言葉）を紙に書いてまたその上に貼っていくのである。書いたものは先生が預かっておく。これは，答えも自分で言うことによって，より心が軽くなるのである。これもいろいろ応用できる。やり方もその時に応じて考えたらいいし，一本の樹を描いておけば学校だけでなく家庭でも利用できると思う。

4）心の整理箱はどの年齢でも使えるが，混沌として，また悩みの多い思春期の中学生・高校生にも適している。名前の通り，心の中を整理するのである。自分に挨拶し，身体の中に注意をもっていくことで，今困っていること，悩んでいることはないだろうかと見ていく。出てきたら自分が入れたい箱に入れていく。言葉が出なくても，もやもややイメージ，絵でもよい。今何に自分の心が煩わされているのか理解していく，そしてそれがわかることで心がすっきりしたり，落ちついてくることもわかってもらう。私は自分が日頃自分の心に向かうことに慣れていない子どもたちに，初めからだに自分のメッセージがあること等フォーカシングの理論をわかりやすく説明してから，今の自分に向かう作業をしている。やはり初めにからだの部分部分に注意をもっていき，そこの感じを感じることで，身体に向かうことが容易になると思う。

初めから箱が描いてある用紙を使って，その中に出てきた悩み等を書き込んでもらうやり方もあれば，自分で箱（容器）を考えてやる場合もある。蓋をしたかったらしてもよいし，その子のやりたいようにしてもらう。初めはふざけていてもだんだん真剣に自分に向かっていく姿が多くなる。中には無視する子，寝ているようにしている子もいるが，それは前にも述べたようにその子のメッセージなのである。強制は絶対しない。やり方によって，時間は短くも長くもできるが，初めは45分の授業全部使ってやれるとよい。その後，個人のレベルでカウンセリングにつながる子どももいる。いずれにしても，あとでフォローする機会も用意しておきたい。

これらを施行することは，やはりフォーカシングの知識が必要である。また学校で施行する場合は，まず先生方に経験していただき，理解してもらってから生徒に施行するくらいの準備が必要と思う。またいずれの方法も一回だけでなく継続的にすれは効果が上がる。慣れてくると10分位ですむと言われている。朝の会にちょっとできると一日落ちついて生活できることが多くなるので

はないかと筆者は期待している。ただ現在の学校現場の実情は時間的な余裕がなく、こちらの希望通りの時間がなかなかとれないのが残念である。

　この他に、ビクス（BCS）法フォーカシングなどが開発されている（伊藤, 2002）。

5　日本の現状

　日本におけるフォーカシングの発展には目をみはるものがある。しかし実際に子どもたちにそれを施行している人たちは意外に少ないのではないか。筆者は人間は本来その人自身の志向性，創造性をもっていると信じている。子どものときからそれを失わせずに人生を歩んでいけるように援助したい。フォーカシングの十分な知識と準備をもって適切に施行すれば，多くの場合予想以上の成果が得られると信じて疑わない。早くから心のメッセージを聴けることがわかった子どもたちは，きっと自分の道をより容易に的確に探すこともできると信じている。最近の子どもたちの悲しい事件を耳にする度にも，子どもの生活に関わるすべての大人，お父さん，お母さん，保育園，幼稚園，学校の先生方にも是非「子どもとフォーカシング」を学んでいただけるように願っている。そのために，現在「子どもとフォーカシング」を学んでいる全国の仲間たちと組織を立ちあげ計画を練っている。実際に子どもたちと日々過ごしている方々に参加して理解していただけるよう，ワークショップ等を企画している。

6　おわりに

　この文章を書くにあたっては，フォーカシングのコーディネーターであり，また「子どもとフォーカシング」の先駆者であるオランダ人のマルタとインゼ夫妻（Marta & Ynse Stapert）のワークショップに何回も参加させていただき，その中から多くのことを学ばせていただいた。それがもとになり本章を書いていることをここに記し，ご夫妻に深く感謝申し上げたい。

【参考文献】

Gendlin, E.　1981　*Focusing* (2nd ed.) New York, Bantam Books.（村山正治・都留春夫・村瀬孝雄訳　1982　フォーカシング　福村出版）

伊藤義美編　2002　フォーカシングの実践と研究　ナカニシヤ出版
Children Corner http://www.focusing.org.

14

フォーカシングの基礎的理解のために

伊藤義美・フォーカシング研究所

フォーカシングにようこそ
フォーカシングとは何か，から始めましょう

1　フォーカシングとは
1. 内側のまだはっきりしないが，確かなものに注意を向けることです。
2. それをからだで感じられるか，もしくは体験されます。そして
3. それは，人生・生活の中の何かにはっきりとつながっています。
4. 注意を向けて，このあいまいで，はっきりしないフェルトセンスとともにいると，前進する動きかステップが生じ，変化を生みだします。問題や論点が変わるのではなく，からだの中と人生・生活の両方において，それとどのように関係づけるか，それをどのようにもっているかが変わるのです。

2　フォーカシングの利点は
1. フォーカシングは，自由に開かれたプロセスです。〜すべきとか，〜しなければいけないというものではありません。
2. それは決して，押しの強い，独断的なものではなく，あれこれ強いるものでもありません。
3. それは，内側に何があってもそれと友好的にすることです。
4. それは，いつも自己と他者を尊重し，優しく，思いやりがあります。

5. それは，判断や批判をしないで，話したいと思う，内側のどんなことでも話すのを許し，可能にする方法です。
6. それは，個人的にも専門的にも，ほとんどすべてのものに容易に適用でき，あなたに次のものを養うよう求めます。
   ・尊重と優しさの内的態度
   ・気づきと自分自身の内的な感覚を尊重すること
   ・内側にあるものは何でも，喜んで受け取ろうとすること

3　フォーカシングでよく用いられる用語

フォーカサー
　フォーカシングをする人

リスナー
　リスニング（傾聴）をする人。リスニングの中心は，伝え返し（リフレクション）です。

ガイド
　ガイディングをする人

ガイディング
　リスニング（傾聴）の他にフォーカシングの教示や提案が含まれます。

フォーカシング的態度
　そこに何があろうとも，友好的に，判断しないで，喜んで，そのことを許すこと。尊重し，どんなものでもそのまま受け取ること。

フォーカシング
　内側に注意を向け，からだの感じに優しく触れて，気づきと変化を生み出すこと。パーソナリティ変化の現象，プロセス，方法の三通りの意味で用いられます。

フォーカシング・スキル
　プロセスを促進する，六つの特定のステップ。

フォーカシング・パートナーシップ
　生活の中で，特定のフォーカシングのパートナーを確保し，両者の間で対等の関係を維持すること。

プロセス
　体験の過程。体験的なA地点からB地点へ私たちを連れていく実際の動き。

内的自己
　内的な知識，創造性，真実が見出される中核の，あるいは中心の場所。

空間をつくる
　問題や感情があなたの（内的な）自己と分かれ，離れて存在するために，特定の空間や場所を視覚的に内的に創ること。

フェルトセンス
　問題，状況，あるいは感情の体験をからだがどのようにもっているか，覚えているか。それについての全体的なからだの感じ。

ハンドル（取っ手）
　フェルトセンスの質感をつかむ，言葉，イメージ，手ざわり，響き，匂い，あるいは動き。

ステップ
　成長の方向への体験的な小さな一歩。

シフト
　からだで感じられる変化によって特徴づけられるポジティブな動き，あるいは問題をどのように体験するかという新しい関係のしかた。

受け取ること
　プロセスからやってくるものを，何でも尊重して喜んで受け入れ，護ること。

4　フォーカシングの六つのステップ―ショートフォーム―

1　空間をつくる

・いかがですか。私といい感じのあいだに，何があるでしょうか。
・答えないで，からだの中に起きてくるものに答えさせてください。
・何かの中に入りこまないでください。
・やってくる気がかりなものに一つずつあいさつしてください。そしてそれをあなたの横に，一つずつ，しばらく置いてください。
・それを除けば，いい感じでしょうか。

2 フェルトセンス
 ・焦点を当てる問題を，一つ選んでください。
 ・その問題の中に入りこまないでください。その問題の全体を思い浮かべると，からだに何を感じますか。
 ・それのすべて，事柄全体の感覚，霧がかかったような不快さ，あるいはそれについてのはっきりしないからだの感覚を感じてください。

3 ハンドル（取っ手）を得る
 ・そのフェルトセンスの質感は，何でしょうか。
 ・どのような言葉，語句，あるいはイメージが，このフェルトセンスから浮かんできますか。
 ・どの質の言葉が，一番それにぴったりしますか。

4 共鳴させる
 ・言葉やイメージと，フェルトセンスのあいだを行ったり来たりさせてください。
 ・ぴったりしているかどうかを見るために，両者を照合してください。
 ・ぴったりしていれば，そのぴったりしている感覚を何度も感じてください。
 ・フェルトセンスが変われば，注意を向けたままそれについていってください。

5 尋ねる
 ・"その問題全体について，そのようにさせているのは何だろうか。" "何が必要なんだろうか。" などとフェルトセンスに尋ねてください。

6 受け取る
 ・やって来たものを喜んで受け入れてください。それと一緒にいてください。それが話したことを喜んでください。それは，一つのステップでしかありません。他にもステップがあるでしょう。
 ・今ではそれがどこにあるか，わかっています。それから離れても，後でそれに戻ってくることができます。
 ・邪魔しようとする批判的な声から，それを護ってください。

あなたのからだは，フォーカシングをもう一ラウンド望んでいますか。それともこれで止めてもいいでしょうか。

5 重要な点
- 何事でも関わろうとする前に，それとのほどよい距離を見つけてください。近すぎも遠すぎもしないほどよい距離です。
- それは，今，ここで新鮮に体験されているもので，思い出すようなものでないことを確かめてください。
- 方向づけたり，取り組んだり，試したりしないで，それ自身に自ずから生じさせてください。
- 何がやってきても，そのままを歓迎し，尊重してください。
- それは，人生の長い成長プロセスにおける一つのステップにすぎません。
- 他のステップと別のフォーカシング・セッションが求められるでしょう。

6 フォーカシング的態度
フォーカシング的態度は，フォーカシング・プロセス全体がよって立つ基盤です。技法を知ることができても，暖かい敏感な共感的態度がないと，フォーカシングは不可能です。フォーカシング的態度の重要な特徴は，次のようなものです。
- オープンであること（率直さ）
- 優しさ
- 友好的であること
- 許すこと（そこにあるものは，何でもそこにあってもいいと許すこと）
- 尊重すること（あなたのでも他人のでも，プロセスを尊重すること）
- 受け取ること（大きくても小さくても，やって来るものはなんでも受け取ること）
- 傾聴すること（共感を伴って傾聴すること）

フォーカシング的態度の感覚を伝えるために，ものが成長することができる風土あるいは雰囲気を創るアナロジーがしばしば用いられます。植物は，冬には，厳しい条件から護られた安全な温室で育ちます。同じように，内的なプロ

セスと，それから生まれる小さな成長のステップは，批判，拒否，否定的な自己の判断から護られる必要があります。

　フォーカシング的態度は，内的と外的のどちらにも適用できます。それは，パートナーと，あるいはわれわれ自身とともに取り組む上で同等に関係があります。この態度をもつことによって，そのプロセスをいつでも尊重しており，決めつけ，解決し，助言し，判断し，それに足したり，それから引くことはしません。

　こうした態度に内在しているのは，次のようなものです。
- ともにいること。（パートナーと，あるいは自分自身と）
- サポートすること。（受容することによって）
- 同行すること。（ただ，そこにいることによって）

7　心の空間づくり

(1) なぜ心の空間をつくるか

- 問題や論点からある距離をとって，異なる観点から見るため：とても大きな絵から後退して，絵全体を見るように。
- 問題との関係，例えば「私/それ」の関係をつくるため："ここに私がいて，あそこに問題があります。私は問題ではなく，私は自分の生活にそれ（問題）をもっています。" しばしば人々がフォーカシングに困難を感じるのは，それ（問題）から十分さがって，それから離れた実体として自分自身を体験することができないからです。
- 存在の自然な状態と触れるため：それはすでに全体的で，癒されていて，完全です。それはしばらくの間，精神の安定か平静の状態を体験する許可を，あなた自身に与えているようです。
- 内的にどのように分類し，箇条書きにし，優先権をもつかを知るため：つまり絵全体を見るために，そこにあるすべてを一列に並べて，大きいもの，そんなに大きくないものをながめて，その中で感じることです。「することのリスト」のようにリストをつくることは，少なくともリストをつくったことで確かによりよく感じます。あなたが準備しているとき，あなたは一つのことをして（残りのものを後まで棚上げします），あなたが進むにつれて物事に照合済

みの印をつけるのです。

(2) 心の空間をつくるとき
・生活において多くのことが起きているので，"がらくた"の下にある自分自身を見つけるために邪魔なものを分別する必要があるとき。
・取り組んでいる問題があまりにも近すぎ，大きすぎ，重すぎ，圧倒しすぎなどであれば，少し後にさがるか，それとの関係を変える方法を見つけることが必要となります（もし可能ならば，イメージを用いて）。例えば，それを棚の上に置く，ドアの外に置く，コーヒーテーブルの上に置く，もしそれがもろくて傷ついていれば，柔らかい毛布をかぶせた膝の上に置く，などのように置くのです。（あなたが取り組んでいるどんなものでも，それとの）正しい距離もしくは関係を再確立する必要性は，初めのときだけでなくフォーカシングのラウンドの間，いつでも何回でも起こりうるのです。フォーカシングのプロセスにいて，ものごとがあまりにも多く感じれば，どの時点でも優しくし，尊重し，少し後にさがるときです。
・何の計画ももたずに，しばらくの間リラックスして，あらゆるものから自由であると感じるとき，それは次のことをするための素晴らしい準備です。
　・完全な身体のリラクセーション
　・眠ること，あるいは不眠からの解放
　・メディテーション
　・一日のストレスの軽減
　・ブレイン・ストーミング
　・あらゆる創造的な努力

(3) 心の空間をつくらないとき
・問題（ポジティブでもネガティブでもどちらでも）が，まさに今そこにあって，それを扱おうとしているとき。
・わずかながらも経験があって，あなた自身が自然に，初めから，計画しないやり方でフォーカシングをしているとき。
・問題があまりにも遠くて，'それについての全体的な感じ'をつかむこと

ができないとき。

(4) 覚えておくための2, 3の点

・空間をつくることは，生活における問題とほどよい距離をとって，それとの正しい関係をつくることです。

・フォーカシング・セッションで，空間づくりが果たす役割に加えて，空間づくりは，次のようなときに毎日の生活に統合できるし，統合されるべきです。

　・圧倒されていて，混乱しているとき
　・一度にあまりにも多くのもの（こと）に襲われるとき
　・誰かに感情を傷つけることを言われたとき
　・愛情深く愛された子ども，仲間，友達を窒息させるように感じるとき
　・重要な決定をする必要があるとき
　・絵全体を見たいと思うとき

後に下がって……呼吸し……ポジティブでもネガティブでもあなたが扱っている，いかなる問題からでも離れたあなたの場所を見つけて……「こんにちは」と挨拶して……そこにあるものを歓迎して優しくしてください。そして……あなたのプロセスを十分楽しんでください。

8　フェルトセンス

フェルトセンスは

1. 特定の問題や論点についてのからだの感覚です（問題についての心の解釈というよりも）。
2. あなたの生（人生・生活）における何かと明確につながっています。
3. はっきりした質感です。それについてあなたがもっている感じと適合し，照合し，共鳴させます。
4. 情動ではありません。それはいつも，情動より大きく，問題や論点の全体的な感覚です。情動を含んだ，それ以上の全体的なものです。

例：あなたは，怒ってジョンとけんかしました。
　・怒りは情動です。

・怒り以上のものがあります。たとえば怒りの質のように。

それは，次のものを含んでいます。これとまったく同じ状況で，過去におけるジョンとのけんかのすべて，それがいつもあなたにどのような感情を残したか，そしてまさに今，どのように感じるか。そのすべて，何もかもです。

からだの中で情動の背後にある質感を照合してください。それは，窮屈ですか？　締めつけられた？　爆発する？　いらいらした？　つぶされた虫みたい？　これらはフェルトセンスです。そして生活において，それとつながっているのは何ですか。恐れ？　悲しみ？　猛烈？　早期の幼児期？　ただの怒りよりも，それについてはるかに多くのものがあるのを見ることができますか。

フェルトセンスは，特殊な種類の内側の身体的な気づきに触れることです。

①それは，通常，初めはあいまいです。つまり，ぼんやりして，はっきりせず，定まらず，すぐには認められないものです。

②それはまだそこにはなく，形づくらなければなりません。通常，形づくるのに30秒ほどかかります。

③それは意味深く感じられますが，何であるかはまだわかりません。

④それを形づくらせるためには，静かにして，注意を向けなければなりません。もし答があまりにも早くやってきすぎると，それは心が話しているのかもしれません。例えば，あなたがそれについてすでに知っていることとそれについてからだが感じていることが，一致していなければなりません。考えと感情の一致です。もしそうでないと（例えば，心が，"これは，わかっているように，それほど大きなことではありません"。しかしからだは，"うーっ……これは大変だ"と感じています），からだが言っていることに注意を払ってください。それがフォーカシングです。

⑤心は考えるのに思考を用います。フェルトセンスは，問題についての，からだの考えです。

⑥フォーカシングでやってくるものは，すでに知っている古い同じもののように決して感じません。それはいつも，新鮮で，新しく，空気の呼吸のように，解放のように感じます。

⑦フェルトセンスは、問題の一部とか断片とかではありません。それは、すべての部分で、断片のすべてです。

(1) いくつかの指針

1. 問題のフェルトセンスは、特定の情動よりもはるかに扱いやすいものです。

重い情動に正面から応じるよりも、もっと広く、あまり強くなく、より包括的で、より快く、心理システムにあまりショッキングではありません。

2. どこででもやる（感じる）ことができます。バスを待っているとき、歩いているとき、雑用をしているあいだ、出来事のあいだにもできます。

ちょうど次のように尋ねてください。"そこで、それはどんなふうだろうか"あるいは"私はどんなぐあいだろうか"……待って……耳を傾けて……気づいて……（のどと下腹の間に）どんなに小さなものでも、どのような反応があるか見てください。もし何か感じがあれば……それとともにいて……それに同行し……、深く気にかけている誰かにするように、それに話してもらい、共感的に耳を傾けるようにしてください。

ふたたび尋ねてください。"今、それ全体についてのからだの感じは何だろうか？"。そして静かにそれに形づくらせてください。言葉、イメージ、言い回し、感情、感覚、記憶が浮かんでくるままにしてください。

まず、次のことに気づくようにしてください。何か特質のイメージか言葉があれば、それは、ちょうどそれ全体についてもっている感じとマッチし、うまく言い表しているでしょうか。

それを照合し、それと共鳴させてください。

それはうまくマッチしているでしょうか。もしそうならば、あなたはフェルトセンスを見出したのです。おめでとう。あなたは、疑いなくここからそのプロセスを続けるでしょう。

9　内的プロセスの特徴

・ゆっくりしたペースとリズムをもっています。
・全体性と関係の論理をもっています。

- イメージ，メタファー，感情でそれ自身を表します。
- 言葉数が少なく，豊かなものが含まれています。
- からだで感じられます。
- 用意ができたときに動いたり，シフトしたりします。
- 創り出されたり，強いられたりしません。

10　内的プロセスへの障害
- 内側にある批判的な声。
- 外側から概念，価値，当為を押しつけること。
- 性急さ—それを解決したい欲求。
- そこにあるものへの恐怖。
- それが，今，どのように感じているか，新鮮に照合しようとしないこと。
- 次のような理由によって，そこにあるものを無視したり，割り引いたり，見落したりすること。
    - それは，それほど大きくもなく重要でもないから。
    - それは，それほど良くないから。
    - それは，それほど論理的でないから。
    - それは，それほど全体的な答でないから。
    - それは，はっきりしているわけでないから。
    - それは，違っているから。

11　批評家

　批評家あるいは超自我は，私たちのすべてに（多少とも程度の差はあれ）存在する，パーソナリティの特定の部分です。それは，'権威主義的な親'（"お前には，そんなことできっこない"）から'親しい悪魔の支持者'（"できないのを自分で確信しているだろ?"）までの，多くの形をとります。その声は，痛烈な長広舌（"あなたに，正しいことなんか何もできないでしょう?"）から壊滅的な一般性（"いつでもお前はとても愚かだ"），陰険な過度の心配（"注意深くなければならないことはわかってるはずだ"）にまで及んでいます。

　批評家は，ふつう疑いや混乱のときに姿を現わします。それは内的空間に入

りこみ，私たち自身のどこか傷つきやすい部分をとらえ，それを誇張し，あるいは歪めるので，私たちは恐ろしく感じます。その結果，しばしば無力になります。私たちはもはや行動することができません。しかしながら私たちは，自分自身と批評家の間に距離をつくることを学ぶことができます。つまり，ある距離をおいた関係において，私たちは統制することができ，圧倒されると感じないでいられるのです。

(1) 批評家を扱う際の要因

1) 批評家と，批評家でないものを区別する方法を学ぶこと

　—それが本当のことに感じられ，内側で恐れていれば，それは批評家です。
　　　ここでのフェルトセンスは，萎縮，パニック，しぼんだ，きつい，壁にぶつかっている，です。
　—それが本当のことで，正しいと感じられれば，それは自己あるいは中核の場所です。それを喜んで受け入れてください。
　　　ここでのフェルトセンスは，安心，新鮮な空気，内側での"その通り"，のびのびとした，嬉しい，です。
　—ときどき本当だとわかることは，混ざった感情"恐ろしいけど本当のこと"を生み出します。つまり，あなたが，今，責任をとらなければならない何か。知りたくなかったと望んでいる何か。でも，内側での感情は，なお，安心と正しさです。これは自己実現の声です。これは喜んで受け入れてください。
　—上に述べたことを本当に理解するには（そして，それを満たすには），フェルトセンスに注意を向けることが必要です。批評家がそれを話すとき，それはいつも恐ろしさを感じ，それがあなたの自己であるとき，それはいつも安心のようなものを感じます。

2) 批評家をどのように扱うかを学ぶように，あなた自身を訓練すること

　—批評家が言わなければならないものを何でもあなたがよく考えることを保証します。そしてあなたはそうします。しかし今は，必ずしもそうしません。批判的でない反動的でないやり方で，批判的な情報と一緒にいることができるまで待ちましょう。

——批評家と直接話してはいけません。それは致命的です。いつもあなたが負けるでしょう。そうではなくて、優しく尋ねてください。"いったい、これは何についてのことだろうか？"と。

3) とくに注意しているべきとき

——あなたは、開かれて、創造的で、迎え入れる空間にいて、批評家がそこに入り込んでくるとき。

——何か新しいものがやって来ているが、それはまだとてもこわれやすく、形をなしていないとき（いろんな要素から小さな子どもを護るように）。

——あなたが傷つきやすく、過敏で、怒っていて、いらいらしているとき。

今こそフォーカスし、空間をつくり、静かに集中するときです（批評家を呼ぶのではなく！）。

(2) あなたが批評家に言うことができること

- "訪ねてくれてありがとう。でも、さようなら。"
- "あなたが話したことを考えましょう。でも、今ではありません！"
- 批評家に断固としていいましょう。"道に迷うな。あっちへ行け！"
- "このことは以前に聞いたことがあります。これと違う新しいことがわかったら、戻ってきなさい！"
- "こんな口調で私に話す人には、誰も耳を傾ける必要がありません！"

批評家と決して会話をしないことを忘れないでください。会話をするのは、あなた自身の中の安全な場所とだけです。

(3) あなたが自分自身に尋ねることができること

批評家と会話をしない限り、あなたは自分自身と対話することができます。例えば、批評家が"お前はとても愚かだ。"と言えば、自分自身に次のように言うことができます。

- "私は、自分が愚かだと本当に考えているだろうか？"
- "私は、ときどき知的に扱わない問題があると考えているだろうか？"
- "私は、自分のあの部分を、喜んで見つめるだろうか？"

(4) 批評家がよく用いる策略

- "お前には私が必要なんだ！"
- "他の誰が，こんなことをお前に話すだろうか？"
- "これは，あなた自身のためなんです！"
- "こんな○○○ではダメですよ！"（名前を呼ぶ）
- "私がお前にウソをついたことがあるかね。"

批評家は，あなたの注意を引くことができます。なぜなら，批評家の話すことがいかに誤りであり誇張であっても，それはいつも一片の真実を含んでいるからです。それが本当のように思えても，恐れを感じ，傷つき，あるいは心地よくないと感じるならば，それは批評家だということを忘れないでください。

もしあなたが，実際にこのように批評家を扱えば，批評家の声はあなたへの権力を失うでしょう。新しい，新鮮な，よりポジティブな何かが，それに代わって入ってくるでしょう。

自己と批評家の比較

自　　己	批　評　家
・尊重する	・攻撃的な
・柔らかい，優しい	・厳しい，残酷な
・哀れみ深い	・哀れみや暖かさの欠如
・全体的な：より広く事態をみる	・ばらばらに壊れた：いつも悪いところを指摘する
・時機の感覚をもっている：喜んで待つ　次のようにいう："よく考えなさい，ゆっくりしなさい"	・押しの強い："それをしなさい，時間がありません，この怠け者"
・賢明な教師か気づかう友人のように思える	・批判的な親か敵のように思える
・非判断的，受容的，理解的，共感的	・判断的，批判的，共感の欠如，間違っている・罪悪感・悪いと感じさせる
・内側から話す：深く感じ，共鳴する	・外側からやってくる：圧倒的な力のように感じる
・（内的な）わが家のように感じる	・道に迷った，あるいは見捨てられたように感じる

12　ジェンドリンの体験（過程）的応答のルール（Gendlin, 1968）

1. 私たちは，感じられた意味に応答します。
2. 私たちは，感じられた意味を明らかにしようとし，そこから新しい局面が

具体的に現れます。
3. 私たちは，体験過程の前進のためにさまざまな方向を試みます。
4. 私たちは，クライエントの進行している体験過程の軌道についていきます。
5. 反応が指し示してくれます。
6. 私たちは，体験過程を進展させようと試みます。
7. 相手の人だけが自分の軌道を知っています。私たちは，その人が自分の体験過程の軌道についてもっている感覚によって進みます。
8. レファレントな動きのみが進歩です。
9. "深さ"とは，中に入ることで，軌道をはずれることではありません。

13 体験（過程）的リスニング

　体験（過程）的リスニングは，はるかに進んだ形のリスニング（傾聴）です。これをきわめて自然に会得する者もいれば，これを覚えて意味をなす前に，積極的リスニングで多くの練習が必要な者もいます。

　体験的リスニングの鍵は，話し手が意味するとあなたが（あなた自身の感じる場所/感覚から）感じるものを伝え返しながら，耳を傾け，それの全体を把握し，要約することができることです。

　次の例の微妙な違いに注意してください。

　話し手："彼は最初，なぜ私の車を片側に寄せさせたのか何も言いませんでした。ただ免許証と登録票を見せるように言いました。"

　消極的："そうですか。"

　積極的："彼は，なぜあなたの車を片側に寄せさせたのか言わず，ただIDを見せるように言った。"

　体験的："この出来事は，あなたに感情を残しました。……何か……（話し手がハンドルとなる言葉を見つけるための余地を残す）……あなたは，理由や説明もなく，何かすることを求められているように。"

　話し手："潔白だと感じる私の部分がありました。悪いことは何もしていないと知っていたように。それに他の部分では，校長先生か父に説明しなければならない子どものように感じていました。"

　積極的："そこで，あなたのある部分は，何も悪いことをしていないと知っ

ているように潔白を感じ，他の部分は，校長先生か父に説明しなければならない子どものように感じていた。"

　体験的：そこで，二つのものがそこにあった（そこには，フェルトセンスを指しています）。一つは潔白という感情と，もう一つは，あなたの過去からいる誰かのようだった。……権威ある人に説明しなければならないように。

　話し手："そうです。私は権威ある人と一緒にいると，何かそんなふうになります。"

　積極的："あなたは権威ある人と一緒にいると，何かそんなふうになる。……"

　体験的："権威ある人と一緒にいると，内側で何かが起きる……古くからの，おなじみの何かを感じる。……（ふたたび，話し手がプロセスの中により深く入るように空間を残します）。"

　体験的リスニングは，より多くをまとめることに注意してください。それはすべてのことを伝え返さずに，それの最重要点を伝え返します。話し手は，"古くからの，おなじみの"と言わなかったことにも注意してください。これらの言葉は，リスナーのフェルトセンスからやってきます。つまり，話し手の言葉の背後には，「古くからの」と「おなじみの」の両方の感情が，暗々裏にあるようにリスナーのフェルトセンスには感じられます。

　フォーカシングでは，積極的リスニングと体験的リスニングを結合して用います。

(1) いくつかのガイドライン

1. より深くフェルトセンスを指す方法として，「そこに」と「どこか」にという言葉をしばしば用います。

　　話し手：私はひどく恥をかいた感じでした。
　リスナー：そう，多くの怒りと恥が<u>そこに</u>あった。
　　話し手：そうです。私は子どもではありません。何か道理の通った説明を
　　　　　　　期待しています。
　リスナー：多くの感情が<u>そこに</u>あり，結局，あなたは子どもではない。

　上の例（そして，これから挙げる例）において，人と距離をおいたままにし

ておくために，問題，状況，感情との「我－それ」関係をいつも目指していることに注意してください。フォーカシングの最初のステップ（空間をつくる）でこれを学んでいますが，この「我－それ」の原理は，プロセスを通して現れるのです。

  話し手：私は，ひどく怒っています。
 リスナー：<u>そこには</u>多くの怒りがある…。
  話し手：人がいつも私のあらさがしをしているように感じます。
 リスナー：そう，何かいつもあらさがしをされていると感じるような，<u>何か</u>
     <u>場所</u>があるんですね。

 上の例は，大変重要な違いがあります。もし私が怒っていれば，これは私があるところのもの，つまり怒りです。私たちは，一つであり，同じです。しかし私の中に怒っている場所があれば，そこで怒っている一つの場所をもっている私（全体的でOKである）がいるけど，私は怒りではなく，私が怒りをもっているのです。私たちがときどき行き詰まるところでは，感情をもつ代わりに，感情と完全に同一視しています。

 2．フォーカシングは，次の点でユニークです。
・怒り（あるいは，どのような感情でも）のために場所をつくります。
・あなたに，感情と関係をつくるのを求めます。
・あなたに，感情を抑圧し，抑え，決めつけ，その中に飛び込むのでなく，関係という形で感情をもつことを求めます。つまり，ここに私がいて，この怒りはすべてあそこにあります。

フォーカシング的態度の根底にある原則に注意してください。私たちは，
・怒りを嫌いません。
・怒りを変えたり，解決しようとしません。そうではなくて
・尊重するやり方で，そこにあるものを受け取って，認め，それが正しい関係にある必要があるところを率直に発見しようとします。

怒りを，次のように扱う必要があるでしょうか。
・かなり離れていて，何か息をつく場所をもつことができるでしょうか。
・膝の上に置いて，それをさすり，なだめることができるでしょうか。
・コーヒーテーブルの上に置いて，それをながめることができるでしょう

か。

3. リスナーとして，これは，人が整理するのを助けようとしており，それによって問題が本当に〜についてのことに，それ全体の感覚に焦点を当てることができます。

例えば，この問題は，警察官についてのことでなく，その人の結婚における何らかの未解決の問題とつながっていて，この出来事が引き金になった感情についてであることがわかるかもしれません。このタイプのリスニングは，より深い知識が現れるよう招待します。

リスニングの目的としては，次のものがあります。

・人のプロセスを深めるのを助けます。
・人が配慮され，尊重されていると感じるのを助けます。

リスナーは，次のことをする必要があります。

① 完全に存在し，相手の人を受け入れるために自分自身の空間をつくります。
② 相手の人が，どのようにあなたの空間をうめるかについて驚きの感覚をもって待ちます。
③ たとえこのことをすべて以前に聞いたことがあっても，率直にかつ新鮮に耳を傾けます。話し手もまた以前にすべて聞いたことがあるのを忘れないでください！ フォーカシングは，新鮮で新しいものを見つけることであり，すでに知っているものと同一の，古いものを見つけるのではありません。
④ そのことを正確に聴きたいという態度をとってください。仮に，正確に聴けなくてもかまいません。
⑤ あなたが，聴いたことの，感じられた意味を伝え返してください。
⑥ もしその人が，そのことは正しくないと言えば，訂正することを認めて，今，聴いたことを伝え返してください（例えば，"そう，それは怒りではなくて，欲求不満に近いようです。"）。
⑦ 次のことは，どうか避けてください。

　・助言
　・直接の質問

- 解釈
- 判断
- 議論すること
- "解決する"ために飛び込むこと

それがうまくできなくても心配しないでください。話し手は，聴かれたと感じるまで，何度も何度もそれを話すでしょう。正しくない反応は，しばしば新しい明瞭さとともに正しいものを出現させます。

4. 話し手には，次のことが必要です。

① しばらく時間をとって，心地よく共有できると感じられるものを内側で照合してください。

② ちょうど今，自分とってぴったり感じられるものだけを共有してください。

③ リスナーがそれをあなたに伝え返すとき，それがあなたの意味したものとどのように正確かを見るために内側で照合してください。もし正確でなければ，訂正して，残された感情が妨害されないようにしてください（"それは，私が意味したものとぴったりしません。それは，もっと○○○のようです。"）。

④ もし，応答のされ方が心地よくなければ，そのことをリスナーに伝えてください。

⑤ 次のことは，どうか避けてください。

— あまりにも上品で，この瞬間において，あなたにとって本当で，真実であることを言わないこと

— リスナーを傷つけることを恐れること

— 次のものを受け取ること
- 助言
- 直接の質問
- 解釈
- 判断
- 議論すること
- リスナーに"解決する"ために飛び込ませること

14 ガイディング・ワークシート

　次のワークシートは，ガイディング・プロセスの短縮版です。初心者であっても，プロセスによってあなた自身やパートナーをガイドするのを手助けするでしょう。

ステップⅠ：リラックスして，空間をつくる（CLEARING A SPACE）

1. 目を閉じて，ゆっくりと規則正しく呼吸をして，内側で静かにするようにしてください。

2. あなたの注意（気づき）をからだのまん中（のどともっと下のお腹のあいだのあたり）に向けて……（間）……そこに何があるか注目してください。……こんにちは，といって……あなた自身を喜んで迎えてください。……

3. あなた自身に優しく尋ねてください。"今，私と，生活で本当に心地よいと感じることのあいだに，何かあるだろうか。"
　すぐに答えないでください。……空間をつくって，浮かんでくるものを見てください。

4. 何かがやってきたら，それを喜んで迎えるようにして，あるいは友好的に認めてください。"やあ，そこにあるね……こんにちは……。"

5. この問題（状況，問題，疑問など）をからだのどの辺にもっているかに注意を向けてください。……それをちょっと感じてください。……それの匂いをちょっとかぐように。……今は，必ずしもその中に入らなくてもかまいません（そうすることをあなたが望まないなら）。……それとのからだのつながりを内側で印をつけておいてください。

6. 問題が何であるか……そして少なくともあいまいに，内側でそれがどのように感じられるか知っているとき，ほんのしばらくの間それをおいておくために，あなたの空間の外側に何かの場所（イメージ上の）を見つけることができるか見てください（棚，キャビネット，別の部屋，膝の上，コーヒーテーブル）。
　ひとたび，それが外側にあれば，あるいは少し距離がとれれば，内側では安心感か軽くなる感じに気づくでしょう。

7. あなたの中心で，新鮮に照合して，ふたたび尋ねてください。"この最初の

ものがすべて解決されると，今，私と，生活で本当に心地よく感じているもののあいだに，他に何があるだろうか."

待って……耳を傾けて……感じてください。

もし他に何かが浮かんできたら，ステップ4-6を繰り返してください。

認めて……喜んで受け入れて……感じて……そのための場所を見つけて……中心へ戻ってください。

そこで自分自身に尋ねてください。"これらの二つのことが本当に解決されたら，今，私と，生活で本当に心地よく感じるものの間に他に何かあるだろうか."

8. それが比較的内側ではっきりと感じられるまで続けてください。そしてこのようにいうことができます。"これらのことが扱われれば，だいたいOKと感じるだろう."

9. 背景となる感情のために照合してください。これはいつもある感情です。いつも少し内気，いつも安全でない，いつもそれほどいい感じではない……など。

これらのためにも場所を見つけてください。それらはしばしば思いがけなく浮かんできて作用します。

10. その中に詰まっているものが何もない空間にあなたがいるのを1，2分楽しんで過ごしてください。……あなたの空いた場所を喜んで受け入れてください。……（あなたはここにとどまることもできますし，次のステップを続けてやることを選ぶこともできます。）

ステップⅡ フェルトセンス（**FELT SENSE**）

1. あなたがとり出したすべてのものについて……ここで新鮮に照合してください。……あなた自身に尋ねてください。
   — "今，これらのうちどれが，働きかけるのに適切だと感じるだろうか."
   — "今，これらのうちどれが最もエネルギーをもっているだろうか."
   — "これらのうちどれが，リスニングの時間を欲しがっているだろうか."

2. 何かがやってくる時，それを見えるところへもってきましょう。……（その他のものには，あとで戻ってくることを知らせてください。）

3. 2，3回繰り返しましょう。"これについてのすべて……このこと全体のことについてのすべて……"　待ちましょう。……注意を向けていましょう。
   ―あなたがこの問題をもっているからだの部分
   ―それの丸ごとの感じ
4. 必要なだけ時間をとって，それの全部の感覚を形づくらせてください。……待ちましょう。……（あなたは，新鮮に尋ねることが必要かもしれません。"いったい，これは何についてだろうか。"これには，感覚，感情，イメージ，言葉，語句，などが含まれています。）

ステップⅢ　ハンドルを得る（GET A HANDLE）
1. あなたが感じているものを本当に描写する，ハンドルとなる言葉やイメージを得れば，あなたは，内的な"ああ，そうだ。これが，それなんだ!"というように，一種のシフトを体験するかもしれません。あるいは，"それが，私がそんなふうに○○○（何であっても）と感じる理由なのだ"と。
2. 喜んでそれを受け入れてください！

ステップⅣ　共鳴させる（RESONATE）
1. そのハンドルを感情で新鮮に照合してください。……それはぴったりするでしょうか。
2. もしそれが変われば，感じの感覚とそれを表すハンドルの新しい，より良い一致をふたたび照合してください。
3. 完全に一致するのを見出したら，フェルトセンスに焦点を当てる準備ができているのです。

ステップⅤ　尋ねる（ASK）
1. フェルトセンスは，ここで動くのを助ける何かを必要とします。
2. 照合して，それが何であるかを見ましょう。
   ―"何が，ここに解放をもたらすだろうか。"
   ―"これ（フェルトセンス）は，何を必要としているだろうか。"
   ―"これは，私に何を語ろうとしているだろうか。"

じっと静かにしてください。……待ってください。……耳を傾けてください。

ステップⅥ　受け取る（RECEIVE）
1. 何かがやってきたら，ここでしばらく時間をとって，たしかにそれと一緒にいましょう。……そのことは，次のことを意味します。
   ―あなたの空間の中に，それを形づくらせ，拡げること。
   ―それを試してみて，あなたの人生や生活にどのようにぴったりするかを見ること。
   ―尊重し，擁護し，やってくるものは何でも喜んで受け入れること。
   ―やってくるものを護ること。つまりこの空間から批評家を追い出していること。
2. 上に述べたことをしたとき，あなた自身のために特別に時間をとって，次のようにしてください。
   ―あなたがいるところにどのようにたどり着いたかを見るために，そのプロセスを通って戻ること。あるいは，
   ―やってくるものを単に楽しむこと。あるいは，
   ―ここにふたたび戻ってきたいときのために，内側に印をつけること。
3. 完了したと感じたら戻ってきてください。
   パートナーと関わっているなら（時間が適切だと感じたときに），手短に共有化するのは良い考えです。
   ・あなたがどのように感じたか。
   ・あなたのパートナーがしたことで役立ったこと，役立たなかったこと。
   ・お互いが気づいたことを伝えること。
   パートナーを組むことは，一緒に学び，ともに成長する体験です。

　　フォーカシング的態度を忘れないでください。
　　　　尊重し，優しく，正直でいてください。
　　　　　　そして何よりも楽しんでください。

15 セルフ・ガイディング

　パートナーとフォーカシングをしているとき，最も難しいのは，ガイドが"うまくやる"ことを望む，つまりフォーカサーのプロセスを邪魔しないで"よいガイド"でいたいと望むときに生じる不適切感です。

　ガイドとして"あなたの気づきをからだの中心に浮かばせましょう。"とか"言葉やイメージが，本当にそれ全体の感覚と合うかどうか見てみましょう。"という提案を与える必要があるかもしれません。それゆえ，ガイドは，フォーカシング・パートナーに次のことを忘れないでもらうことがとても重要です。

- "私の提案はぴったりしないかもしれません。別の言い方をした方がよければ教えてください。"

あるいは

- "それが，まったく正しかったとはいえません。ぴったりしている感じを感じられますか。"

フォーカサーとしては，次のように話すことでガイドされている責任をとることが本質となります。

- "そのことを，別の言い方で言ってくれますか。"
- "しばらく静かな時間が必要です。あなたが必要になればお知らせします。"

ガイドが確かでないなら，次のように言うことができます。（ガイド："さあ，時間をとりましょう。私の助けが必要ならば知らせてください。"）

- "これはうまくいっていません。"（そして，フォーカサーは，ガイドにとって必要なことを話します。）

　フォーカシングを一人でやりたいなら，セルフ・ガイディングの鍵は，自分自身の中で両方の役割を効果的に演じることができることです。このことは，フォーカシングのステップを知っていて，言葉やイメージを内側に取り戻して，それらを共鳴させることが必要です。それができるのであれば，ガイドがあなたのためにいる必要はないのです。

　アン（Ann W.）は，"セルフ・ガイディングのための基本スキル"として，次の11のスキルを挙げています。

1. フェルトセンスを体験し，認め，それとともにいることができること。

2. フェルトセンスを見失ったときに，どのようにそれを呼び戻すか知っていること。
3. 内側の"軌道"にとどまることができること。もっとやってくるという感情がある"辺縁"を見出し，少なくともしばらく，あるいはもっと長くそれにとどまることができること。
4. それを見失ったら，どのように軌道に戻るか知っていること。
5. そこにあるものとどのように優しく，感じやすく，友好的にいるかを知っていること。そして，そうでない時にどうするか知っていること。
6. 何かから適切な距離を見つけることができること。あまりにも近いときには，何かを空けておく（わきにおく）か，それから退がることができること。
7. "ハンドル—フェルトセンスを表わす言葉かイメージ—"をどのように見つけるか知っていること。
8. ハンドルとなる言葉やイメージを，フェルトセンスとどのように共鳴させるか知っていること。
9. フェルトセンスにいつ問いかけるかを感じて，どのように問いかけるかを知っていること。
10. どのように新しい何かがやってくるのを待って，受け取るかを知っていること（新しいものとともにいて，それを形づくらせ，時間をとってそれを感じること）。
11. いつ助けを求める必要があるか知っていること。

ここで自分自身をガイドすることができれば，なぜパートナーが必要なのか疑問に思うかもしれません。それには，いくつかの理由があります。

1. 誰かが完全に存在してくれ，あなたに同伴，同行してくれていることは，信じがたいほど心地よいことです。
2. もしあなたが行き詰まったときに，たとえあなたがそのときそれを感じることができなくても，ガイドはあなたが行き詰まっているところをしばしば手助けしたり，感じることができます。
3. ガイドの本質的なスキルは，リスナーとしてのものです。これには，①フォーカサーが話した主な要点を伝え返すこと，②フェルトセンスを表

す意味，言葉，そしてイメージに耳を澄ますこと，③フォーカサーにとって重要で強力と思えるものに共感すること，が含まれます。

アンは，リスニングの重要さについて次のように述べています。"この種のリスニングの実際を学ぶことは，二つの理由でフォーカシングを学ぶことになります。第一に，リスニングを学ぶ人は，ほとんどすぐに相手の人に役立つことができるからです。第二に，この種のリスニングは，フォーカサーにとても役立つ，自己に対する態度をつくり，具体化するからです。あなたは，非判断的な，興味をもったやり方で，現れてくるあなた自身の部分に耳を傾けることができるのを望んでいます。……あなたは，終生，リスニングのスキルを向上させることができますが，ほとんどいつでも，最初の試みでフォーカサーに十分役立つようにうまく傾聴することができます。"

あなたは，まだ相手の人に教えるほどにはよくフォーカシングを知らないかもしれませんし，ガイドするために学んだ，高度に洗練した方法は何年もの経験を伴うものですが，次のことをすることができるでしょう。

- あなた自身をガイドすること。
- 相手の人をガイドすること。
- あなた自身に傾聴すること（最も重要です）。
- 相手の人に傾聴すること。

自分自身でフォーカシングを試み，パートナーを見つけて実際にやることが求められます。自己理解を求める誰か他の人を手助けできるという感情は，自分自身のために得るものと同じほどとても価値あるものです。

16 ガイディングですることと，してはいけないこと

1. 自然で，リラックスしてください。いつでも，パートナーの内側で進行しているものがわからなくても心地よくしていてください。このプロセスは，それほどこわれやすくないので，あなたが混乱していても妨げることはできません。ただ次のように尋ねてください。

   ― "いま，私の手助けが必要ですか。"
   ― "いま，あなたがどこにいるのか，はっきりしませんが，私の手助けが

必要なら知らせてください。"
　　―（行き詰まっているときに）"私にそれを違うふうに言ってほしいですか。"
2. 教示を与えるときは，フォーカサーに，それについてどのように感じるか，照合し，見るように優しく尋ねてください。
　　―"今，動いても適切と感じるかどうか見てください。"
　　―"それは，しばらくの間とどまっていたい場所かどうか照合し，見てください。"
3. 話すことと聴くことのフォーカシング的なやり方で，あなたの耳をきたえてください。
　・それはいつも尊重し，優しく，関心をもっています。
　・それは決して押しが強く，命令し，要求的で，批判的ではありません。
　・それはしばしば誘惑的だけど（とくにあなたがフォーカサーと緊密なつながりがあると），とくにプロセスのまん中にいる間は，決めたり，解決したり，助言したりするのはあなたではありません。
　・あなたの意見や助言を求められたり，あるいはあなたならそれをどのようにするかを求められたら，
　　―フォーカサーに自分でやりたいとという欲求がなくなってしまったかどうかみるために照合してください。
　　―あなたのいったことが，何らかの形で妨げになっていないか照合してください。

　これがパートナーのプロセスであることを忘れないでください。パートナーへのあなたの贈り物はあなたの共感的な存在です。空間の中で一緒にいることです。

　あなたが与えられるとき，これがいかに素晴らしい贈り物であるかを理解するでしょう。

　パートナーとのフォーカシングを，次のようなものとして考えたいと思うかもしれません。

　―あなた自身と一人でいる時間（支えとなる友人がそばに立っています――まさに必要と思う場合に備えて）

4. 命令してはいけません。つまり"これをしなさい"とか"あれをしなさい"とか。
    - 正しい　"止めても良い場所のように感じられるか見てください。"
    - 誤り　　"さあ，終わる時間です。目を開けてください。"
    - 正しい　"からだでそれの全部を感じることができるか見てください。"
    - 誤り　　"それについてのあなたの感覚は何ですか。"
5. プロセスのあいだ，相手の名前を言ってはいけません。
    "さあ，○◇さん，長く，深く呼吸をしてください。……そう，○◇さん……"それはとてもうるさく感じられ，相手の人を招き入れないで，外へ出ていかせてしまいます。
6. "〜してほしい"と言ってはいけません（そこでは，パートナーのプロセスでなく，あなたのプロセスになります）。
    - 正しい　"心地よくしてください。……少し深く息をして……そしてゆったりしてください。"
    - 誤り　　"眼を閉じて，深い呼吸をしてほしい。それからリラックスした感じになってもらいたい。"

    相手の人に，共有するもしないも自由だと知らせてください。あなたに説明しなければならないと相手に感じさせないでください。
7. 直接の質問をしないでください。直接の質問をするときの微妙な意味合いは，フォーカサーはあなたに説明し，報告しなければならないということです。フォーカシングの目的は，どのようにあなた自身に関心を払い，傾聴し，反応するかを学ぶことです。それゆえ質問には，次のような語句が含まれるべきです。
    - "自分自身に尋ねてください。それの最も重要な点は何だろうかと。"
    - "（それがぴったりかどうか）照合して，見てください。"
    - "それが……にぴったりかどうか見てください。"

    - 正しい　"自分自身に尋ねてください。今，自分に何が起きているだろうか。"
    - 誤り　　"それで，今，あなたにどんなことが起きていますか。"

- 正しい　"感じることができるかどうか見てください。これには，何が必要だろうか。"
- 誤り　　"そう，それについて何をしようと計画していますか。"

- 正しい　"このことが自分に何を意味するか照合してみてください。"
- 誤り　　"それは何を意味すると思いますか。"

あるいは，"あなたがそれについて話したいと感じるなら，私は喜んで耳を傾けましょう。もし話したくない感じなら，あなたがそれをすっかり終えるまであなたとともに，ここにただいるだけにしましょう。"（いつも共有しなくてもいいという許可を与えましょう。）

楽しんでやってください。これは，支持的で，さまたげない，配慮的で，共感的なあり方で，あなたが誰かとともにいるのを助けるプロセスであることを忘れないでください。

17　夢フォーカシング

　解釈するよりも自分の夢を愛することが重要です。
　夢に尋ねてください。16の質問があります。
　バイアス・コントロールを使ってください。
　夢が何をもたらすでしょうか。何が明らかになるでしょうか。
　夢からの成長のステップはなんでしょうか。
　夢があることを語っていて，夢主がそれと反対のことを語っているような場所が，夢の中にありますか。
　夢の中で，きわ立っているのは何でしょうか。
　夢を続けさせてみてください。
　（『夢とフォーカシング』の質問を参照）

18 フォーカシングによる夢の解釈
(1) 質問とその使い方
　ここでは，質問がショート・フォームの形で，おぼえやすいようにしてあります。

　一つの夢に対してすべての質問を必要としません。最初の質問だけは毎回尋ねる必要があります。その後は，心の中で質問のリストに目を通して，次に尋ねる質問を選ぶようにします。

　質問は，夢主に対してするのではなく，むしろ，夢主がからだに尋ねるためのものです。質問を，からだの内側で，下の方にとどかせるようにします。そこに質問を尋ねるようにします。ひとつの質問に1分間ぐらい時間をかけます。それで，もし何もやってこなければ，別の質問に移るようにします。

　あなたが他の人の夢を解釈する場合は，自分の中で起きることを話す必要がないことをはっきりと伝えます。そうしたいならば，それを自分自身にだけとどめておくことができます。夢主に，何かがやってくるときを示すように求めます。やってきたときには，次のように言うようにします。"しばらくの間，それとともに静かにいてください。それがどうなるか見てください。"そのことは，新しい何かに1，2分与えることを助けてくれます。それから，その人が望むならば，それについて何か話してもかまいません。

　注意：質問1は，いつも最初にします。というのは，それは連想を自由にやってこさせるからです。その他の質問は，どの順番でも尋ねることができます。

1. 何が浮かんできますか

　その夢との関係で何が心に浮かんできますか。あなたの連想は何ですか。

　あるいは，夢の一部を取り上げてください。それとの関係で何が浮かんできますか。

2. 感情

　夢の中で何を感じましたか。

　夢の感情の質を感じてください。できるだけ完全にそれを呼び戻してくださ

い。
　あるいは，その夢の一部を選んでください。それの感情の質は何ですか。
　それから，尋ねてください。生活の中でこのような感じなのは，何でしょうか。
　あるいは，この感情の質から何を思い出しますか。
　あるいは，いつ，このような感じをもちましたか。

3. きのう
　きのうあなたは何をしましたか。きのうの記憶を調べてみてください。
　また，心の中で何を考えていたか思い出してください。
　夢と関係がある何かが浮かんでくるかもしれません。

　質問1．2．3．は，連想を得るための三つの方法です。
　もしいくつかの連想が起きたら，もっと得るために続けてやる必要はありません。これらの三つの質問をすべて尋ねる必要はありません。夢のどれかの部分との関係で，あとで，これらの質問に戻ってくることができます。

4. 場所
　夢の中の主な場所の配置を心に描いて，感じてください。
　それは，あなたに何を思い出させますか。
　そのような場所へ行ったことがありますか。
　どこの場所が，そのように感じられますか。

5. 物語のあら筋
　まず，夢の話の筋を要約してください。それから次のように尋ねてください。
　私の生活の何が，この話に似ているだろうか。
　夢の出来事を，二つか三つの段階に要約してください。
　"最初は…，それから…，そしてそれから…。"
　夢よりももっと一般的にしてみてください。

最初のやり方で効果がなければ，いくつかのやり方でやることができます。
例：
次のような夢だと想像してください。
"私はこの川を渡らなければなりませんでした。しかし渡る方法がありませんでした。次にもっと下流の方に橋を見つけました。しかし私がそこへ着くと，それは川の中の島に着いただけでした。"
この話の要約は，次のようになるでしょう。
"最初，方法がないように思えた。次に一つの方法があるが，それは部分的な方法でしかない。"
あなたの生活の中でそのようなものがありますか。
あるいは，
"最初，あなたはがっかりする。次に良くなるけども，すべてがうまくいくわけではない。"
あなたの生活でそのようなものは何でしょうか。
あるいは，
"最初，それは一つの大きなギャップであり，ギャップが横たわっている。次に，その間にうめる場所があることがわかる。"
話の筋の要約は，あなたに次のように尋ねさせます。
あなたにとって，何がそのようなのだろうか。
どこで方法が見つからないのだろうか。
何にがっかりしているのだろうか。
今，何が，一つの大きなギャップ，つまり全か無かのように思えるのだろうか。
あの島のようなものは何だろうか。

6. 登場人物

夢の中の見知らぬ人物を取り上げてください。あるいは，もしその人たちを全部知っていれば，最も重要な人を取り上げてください。あるいは，人物を一人ずつ取り上げてください。
この人物は，あなたに何を思い出させますか。

夢の中でこの人物は，どのようなからだの感じの質をあなたに与えますか。
はっきりとわからない人物さえが，あなたにからだに感じられる質を与えるかもしれません。
なじみのある人物については，
その人はいつもと同じような様子でしたか。

質問4．5．6．は，場所・物語・登場人物として一緒に憶えることができます。次に，登場人物とさらに取り組む三つの方法があります。

7. それは，あなたのどの部分でしょうか

いくつかの理論によると，夢の中の他の人々はすべてあなたの部分です。それが真実かどうかわかりませんが，試してみましょう。

この人物はあなたにどんな感情の質を与えますか。からだにどんな感覚がやってきますか。それに名前をつける必要はありません。ただもっていてください。

どんな質感もやってこないなら，あなた自身に尋ねてください。

その人物を表すのに用いることができる一つの形容詞は何でしょうか。

そして，その形容詞あるいは感じの質をあなたの一部と考えてください。それがあなたの一部であるなら，それはどんな部分でしょうか。

あなたは自分のこの部分が好きかもしれないし，好きでないかもしれません。あるいは，それについてよく知っているかもしれません。しかし，とにかく，ここでしばらくそのままにしてください。

あなたがあなたのあの部分とどのように関係しているかについての物語だとすると，夢は何か意味があるでしょうか。

例：

"そのクラブの人たちは，ビルを私の妻と寝させるよう私に求めました。それが，ビルへの誕生日のプレゼントだと見なされました。私はその考えが好きではなかったし，妻はどっちみちそうしないだろうと言った。それならば，ビルは，私のおばのベスと寝ることができると彼らは言いました。"

"あの夢は，本当にばかげています。私は，彼らにそのようなことを私に求

めさせないでしょう。これがどんなクラブかわかりません。まあ，いいでしょう。ビルはどんなふうかって？　ビルはいつも好きな仕事しかしません。彼は，非良心的で，みんなをだまします。うーん，私のそうした部分?" "そう，ええ（笑）でも私はそれが好きではありません。ビルのようでなくてうれしい。でも，うーん，確かに，私にそういう部分はあります。ほしいものは手に入れるし，誰でも支配したいんです。心の中でさえも，その部分があまり出てこないようにしています。"

　今や，彼は，夢とこの連想を重ね合わせてみます。

　"妻は，私のあの部分と寝るべきだって？　うーん，誕生日のプレゼントとして？　悪い考えではないですね。そして彼女がそうしようとしないときは，おばのベスと？　ああ，そうだ。おばのベスは，母が決してくれなかったような，愛情ある関心をたくさん私に与えてくれました。そう，うーん，私のあの部分に愛情ある関心を与えてくれるというのですか？　私は，自分のあの部分を愛することができるだろうか。うーん。"

8. その人物になる

　立ち上がるか，椅子の端に浅く座って下さい。からだをゆるめてください。さあ，劇で演じる準備をしていることを想像してください。劇は明日行われます。今，準備ができつつあります。その役割の中でのあなた自身を感じています。

　夢の中のあの人物を演じようとしています。あの人物であることの感情の質をからだから浮かばせてみましょう。あなたは，今，これを実際にすることができますし，あるいはそれをただ想像することができます。でも，あなたのからだの中で必ずそれをしてください。舞台でどのように歩くでしょうか。さっそうと，あるいはぎこちなくでしょうか。どのように立っていますか，それとも座っていますか。肩はどんなふうでしょうか。決めないでください。からだに自発的にそれをさせてください。それを誇張させてください。例えば，それはヘボ役者の演技だとしましょう。それをオーバーに演じて，観客が笑ってしまうくらいにしてください。

　どんな言葉，どんな行動があなたに浮かんできますか。でっちあげないでく

ださい。待って，どんな言葉や動きがからだの感じからやってくるか見てください。それを自分のものにできるか見てください。その人物のイメージをふたたび考えると，その質感がからだにふたたびやってきますか。

　これらの質問は，人物だけでなく，夢の中のどんなものにも用いることができます。なりっこ遊びのように，"あの壁になれ" ということができます。あるいは夢からのどんなものでもいうことができます。"待って，からだにやってくるものを感じてください。"（例えば，あなたは壁を演じています。あなたは立っています。突然，こわばった，ふさぐ動きで腕を伸ばすようにして，あなたは "止まれ" といいます。）

　あなたは，またあなた自身のふだんの在り方を，夢の中にいるように演じることができます。それを誇張して，それをもっと大げさに演じる時，それがどんなふうかを見てください。

9. 夢を続けてみる

　夢の終わりか，あるいは夢の重要な場面をどれでもありありと思い浮べてください。もう一度それを感じてください。できるだけ完全によみがえってきたら，ただそれを見つめ，さらに何かが起こるのを待ってください。
　その後で，
　それが自然に自発的に何かを行ったとしたら，そのイメージに対して何かをやって返したいという衝動があるとすれば，どのような衝動でしょうか。

　これらの三つの質問は，ユングとパールズ（Perls, F.）から採ったものです。ジェンドリンによってからだの役割が明確にされました。しばしば三つのうち一つで十分です。ふつうは，一度に三つの全てを必要としないでしょう。必要ならば，他の二つを後で用いることができます。
　質問 7. 8. 9. は，登場人物とさらに取り組むための三つの方法として覚えておくことができます。

　次は，夢の暗号を解くための三つの質問です。

10. 象　徴

　夢の中のものは何を象徴しているでしょうか。共通の象徴があると考える人もいます。そのことに同意しない人もいます。このことをやってみて，この夢の中で何かを開くかどうか見てください。

　夢の中のある対象は，何を"表す"でしょうか。

　夢の中の主要なものの一つを取り上げて，尋ねてください。何がこのようなものでしょうか。それは何のために用いられるでしょうか。はっきりしているものを言ってください。

　例：

　　橋は，一方の側からもう一方の側に横切ってかかっています。

　　川は，自然の障壁です。

　　警官は，法律を強制します。

　　手紙は，伝言をもたらします。

　　トラクターは，大地を耕します。

　　車は，どこかへ行こうとしています。

　　列車は，あなたをどこかへ連れていくけど，あなたはその動きを統制できません。

　　手荷物はあなたの衣服で，自分とともにもっているものです。

　それから，それを夢の物語の中に置き換えます（当てはめてみます）。

　夢がどんなふうだったか話してください。

　"私は列車に乗っていました。すでに速く走り出していた時，自分の手荷物がないのに気がつきました。私はプラットホームにそれを置き忘れたのでした。"

　置き換えると，

　あなたはもう何らかのふうに動き，あるいは変わり始めています。それでそれが始まってしまうとそれを統制できません。今，あなたはいつもの持ち物を置いてきていることに気がつきます。

　それは，あなたの生活に起きつつある何かとピッタリするでしょうか。

　あなたの手荷物を放すということはどんなことでしょうか。

例えば，あなたの答えは次のようです。
　"それから私の衣服がどこかへ行ってしまって，正しく見られるということができません。私が，適切な外見を表すためには衣服が必要なのです。"
　さあ，それを夢の中に置き換えてください。
　あなたは，何らかの方法で動いていて，いつもの適切な外見を失っています。そのことは何かにピッタリしますか。
　あらゆるものが，そのものの使い方，機能，あるいはふつうの意味を"象徴化し"，"表します"。それを夢の中に置き換えてください。夢がそのように意味するかどうか見てください。

11．からだのアナロジー ～とくに，高い，低い，下に～

　夢の中の何かは，からだのアナロジーかもしれません。例えば，長いものはペニス，財布はヴァギナを表すかもしれません。車はあなたの性的活動かもしれません。家はあなたのからだかもしれません。
　このことがピッタリするでしょうか。屋根裏，あるいは他の高い場所は，あなたの頭の中にあって，感情から遠く離れた思考を意味しているかもしれません。
　階下，一階は，感情，からだの中でより下の方に基づいているものを意味するかもしれません。地階，地下，あるいは水面下は，無意識，あるいは，眼に見えないものを意味するかもしれません。奇妙な形の機械と図表は，からだのアナロジーとして見ると，しばしば意味がはっきりしてきます。

12．事実に反するもの

　夢の中で，実際の状況と特に異なっているものは何でしょうか。いったい夢は，何を変えたのでしょうか。
　例：
　　"夢の中では，ちょうど55番街とレイク・パークのようでした。でも今のようでなくて…何年も前の，今のような建物が建つ前でした。"
　この夢について，次のように尋ねることができます。
　なぜ夢はこれらの出来事を何年も前の場面にすえたのでしょうか。

今，重要なもので，あのときあなたに起こったものは何だったのでしょうか。

もし夢がちょうど特定の点で状況をわざわざ変えているとしたら，"なぜ夢はこれらの変化を与えたのだろうか？"と尋ねてください。

また夢は，目覚めている生活であなたがする評価と反対のように，価値が異なる何かを描いていますか。あなたが愚かと思っている誰かが，夢の中でいつもと違って大きく見えますか。実際にはあなたが尊敬している人が，小さく，ばかげて，だらしないように描かれていますか。

価値がないとあなたが思っている何かが，忘れられないほど美しく表されていますか。あなたが目覚めているときの態度を夢が"訂正している"かどうか見てください。もしそうであれば，夢と目覚めているときのあいだで，より中庸な態度をとってください。

例：

夢：私の父がたずねてきました。しかし父は巨人でした。リンダと私は，ブーツに届くぐらいでした。そして私たちの家は，ごくちっぽけでした。

質問：もし私が自分自身にいう以上に父親は私にとってはるかに重要だと言ってみると，それは何かを意味するでしょうか。静かにして，何かが浮かんでくるか見るようにしてください。

質問10. 11. 12. は夢の暗号を解読する三つのものです。つまり，象徴，からだのアナロジー，そして反事実性です。

次の三つは人間の発達の側面です。

13. 子どもの頃

夢との関連で，子どもの頃のどんな記憶が浮かんできますか。

あなたの子どもの頃のことを考えると，何が浮かびますか。

あるいは，あなたの子どもの頃，夢からの感情の質を何がもっていましたか。

その当時，何があなたの生活の中で起きていましたか。あなたにとってそれはどんなふうでしたか。

14. パーソナルな成長

この頃あなたはどんなふうに発達していますか。または成長しようとしていますか。

あるいは，あなたは何と戦っていますか。または何になりたい，何をしたいと願っていますか。

あるいは，あなたは，どんなふうに一方にかたよっていて，多方面に調和のとれていない人間ですか。

夢とか夢の中の人物は，あなたがまだ発達する必要があるものを表しているでしょうか。

夢がそれについての物語だとすると，どうでしょう。それは何を意味しているでしょうか。

15. 性

夢を，あなたの現在の性についての行為や，感じていることの物語だとして試してみてください。

あるいは，夢があなたの性的なあり方についての物語だとすると，それは何を伝えているでしょうか。

16. 霊性（スピリチュアリティ）

夢は，あなたのどのような創造的あるいは霊的な可能性（潜在力）についてでしょうか。あなたが，生活の中であまり考慮しないような，人間であることの次元が夢にはあるでしょうか。

夢：この大きなマンションは金や骨董品でいっぱいでした。私は泥棒でした。私は，侵入し，ベッドカバーの下からシーツを盗みました。ベットカバーは金でした。私は，それらを少ししわくちゃにしておきました。

質問：シートとベットカバーの違いについて，どんなふうに言えますか。

"そうですね。シーツは必要ですが，ベットカバーはただの飾りです。"

質問：あなたは必要なものに人生をほとんど費やして，美にはほとんど時間をかけていないでしょうか。

"その通りです。私は，美のようなものや，私自身のためにあまり時間をか

けていません。"

　質問：霊的なことについてはどうですか。

　"私の信仰のことを言っているんですか。私は22歳のときそれを捨てました。"

　質問：そうですか。次のように言ってみると，何が浮かんでくるでしょうか。

　"私は仕事と必要なことにほとんどあらゆるものを用いてきました。私の中の何かが，人生がそれ以上のものであることを望んでいるのだろうか。"

　一つの夢にすべての質問を用いようとしないでください。あまりにも多すぎます。一つの質問でできうるすべてのことをする必要もありません。質問のリストは，夢でできうる動きの宝庫です。何も働かないときでも，このリストは，あなたが推進し続けけることを可能にします。一つ一つの質問は，あなたに多くの特定の動きを生じさせます。それらは，夢のどの部分にも適用できます。夢の中のどの場面，人物，物ともワークすることができます。

質問の早見表

1. 何が浮かんできますか 2. 感情 3. きのう	連想の三つの方法
4. 場所 5. 物語のあら筋 6. 登場人物	物語の三つの要素
7. あなたのどの部分でしょうか 8. その人物になる 9. 夢を続けてみる	登場人物とワークする三つの方法
10. 象徴 11. からだのアナロジー 12. 事実に反するもの（反事実性）	夢の暗号を解読する三つの方法
13. 子どもの頃 14. パーソナルな成長 15. 性 16. 霊性（スピリチュアリティ）	発達の四つの次元

異なる言い回しが異なる効果をもっています。一つの質問が何ももたらさないなら，それを違ったふうに言うことによって助けることができるでしょう。あなたは，各質問のさまざまな言い方をつくることができます。もちろん，あなたは，あなたに浮かぶかもしれない他の質問もまた尋ねることができます。

　ふつうには，全部のリストを用いる前に，あなたはすでに敵陣を突破し，さらなるステップを得ているでしょう。それゆえ，ここで順番通りに尋ねないでください。リストを見わたして，好きな質問を尋ねてください。『夢とフォーカシング』の付録Bには，各質問についてもう少し詳しく述べられています。どうか参照してください。

【参考文献】
Gendlin, E.T.　1968　The experiential response. In Hammer, E.(ed.), *Use of Interpretation in Treatment*. New York, Grune & Stratton. 208-227.
Gendlin, E. T.　1986　*Let Your Body Interpret Your Dreams*. Chiron Publications, Wilmette, Illinois.（村山正治訳　1988　夢とフォーカシング　福村出版）
（本章は，シカゴ・フォーカシング研究所のフォーカシング・ワークショップなどに参加したときの配布資料等を参考に，加筆・修正し編集したものである。当時の所長に翻訳して用いる許可を得ている。）

あとがき

　編者がユージーン・ジェンドリンさんやフォーカシングに最初に実際に触れたのは今から26年ほど前の，1978年10月である。シカゴ大学のジェンドリン，E. T.博士が初来日し，日本心理学会第42回大会において特別講演「体験過程療法」を行った。講演の中でフォーカシング（当時は「焦点づけ」と訳されていた）の説明に続いて技法の実演があり，ここでフォーカシングの技法に最初に触れたことになる。その後に続いて行われた福岡市内でのフォーカシング・ワークショップ（10.17～19の2泊3日）に参加する機会があった。このワークショップは，ほとんどのセッションが焦点づけの技法の実習にあてられた。わずかな時間だったが，ジェンドリンさんに直接焦点づけのリスナーをしてもらうという貴重な体験をもつことができた。

　そして名古屋に帰り，まもなくしてジェンドリン夫妻の夢を見たのである。それは，「宴会風のドンチャン騒ぎがたけなわの頃，ジェンドリン夫妻は席をはずそうとする。私は『アレッ』と思い，ひとりで玄関まで出てみる。私は，『どこかへお出でですか』と声をかけるが，ジェンドリンの顔を見てハッとする。妻のメアリーさんは微笑んでいるが，ジェンドリンの顔は悲しみにゆがんだ人のように見える。驚いた私をよそに二人は，互いに寄り添うようにして無言で去っていく。私は酔いもいっぺんに覚め，しばらく茫然として，立ち去る淋しい後姿を見つめている。『皆に知らせなくては……』と思い，振り向いた私の眼にドンチャン騒ぎが飛び込んできた。ここで夢は終わる。」というものだった（伊藤, 1978）。

　その後，ジェンドリンのフォーカシングは，ジェンドリン自身の3冊の著書をはじめフォーカシング関係の書物が何冊かわが国に翻訳・紹介されている。ジェンドリン夫妻は1978年と1987年の2度来日し，何人かのフォーカシングの実践者や研究者が来日してフォーカシング・ワークショップが開かれた。編者自身もシカゴ大学のジェンドリンさんのもとに客員研究者（文部省在外研究

員，1993～1994）としてフォーカシングの実践研究に取り組み，フォーカシングの国際学会や国際会議に出席したり，「ぎふ・長良川フォーカシング・ワークショップ」を開催したりしてきた。編者の場合，実にささやかな歩みでしかない。

　フォーカシングの実践者や研究者の，いわば専門家のためにあった「日本フォーカシング研究会」にかわって，フォーカシング同好者のための「日本フォーカシング協会」（1997年9月）が創設された。協会のニュースレター「The Focuser's Focus」が年4回発行され，現在までに第7巻第3号が発行されている。「日本フォーカシング協会」の拡充とともに，わが国でもフォーカシングの実践と研究の発展が大いに期待されているところである。幸いにもわが国へのフォーカシングの導入とその発展は，今のところ一過性のドンチャン騒ぎに終わらなかったようである。もう30年，そのゆくえと評価は，歴史の手に委ねよう。

　フォーカシングに関する情報は，次のインターネットのホームページなどにアクセスして得ることができる。

　日本フォーカシング協会　http://www.ne.jp/asahi/focusing/jfa/j-focusing
　日本フォーカシング協会事務局　Fax0798-51-8622/E-mail:focusing@post.email.ne.jp
　フォーカシング研究所（米国）　http://www.focusing.org/

　フォーカシングはわが国でもかなり急速な広がりをみせ，フォーカシング・ムーブメントあるいはフォーカシング・ブームといった様相さえ呈している。しかもこのムーブメントやブームは，今しばらく続きそうな勢いである。しかしながらムーブメントやブームは，いつか終焉するときが来るものである。祭りのあと，そのとき，何がどのように残っているだろうか。何か確かなものが根づき，息づいていることを願わずにはおれない。

　　　　　2004年11月吉日
　　　　　　　　　　　　　　　　　　　　名古屋大学大学院の研究室にて
　　　　　　　　　　　　　　　　　　　　　　　　　　編　　者
　　　　　　　　　　　　　　　　　　　　　　　　　　伊　藤　義　美

索　　引

あ

赤ちゃんの夢　166
アナログ的　119
アナロジー　221, 254
暗々裏に　232
暗号解読の方法　186
暗在的（implicit）　11, 12
安全であること　190, 191
安全な場所　229
暗黙の言語　40
言い回し　226
伊藤義美　75, 76
意味　35, 165
イメージ　84, 155, 223, 226, 251
インストラクション　76
インゼ（Inze, M.）　77
インタラクティブ・フォーカシング
　　（Interactive Focusing）　86, 189, 193
vocalを聞く重要性　110
受け入れ　219
受け取ること　127, 219, 220
内なる自分自身との関係　128, 142
X中心の心理療法　30
エッジ（辺縁）　25, 36
エンカウンター・グループ（encounter group）　91
黄金のとき　197
贈り物　243

か

解決する　235
解釈　165, 235
ガイディング　76, 218
　　——・プロセス　236
　　——・ワークシート　236
ガイド　54, 75, 166
ガイドライン　232
概念化　50, 208
概念的（conceptual, intellectual）　89
開放性（openness）　92
関わり　86, 87
拡張　46
仮説　210
型（pattern）　35
からだに感じられる情動　5
からだのアナロジー　253, 254
からだほぐし　96
川（激情）　127
感覚　226
官感的内臓的体験　5
関係性の確認　198
関係のハンドル　112
感じからの連想　185
患者自身の主体の気持ちや心　114
患者の生の状況　107
感情　184, 226
　　——の質　246
感じられた意味　230
"感"の世界　92
関与的観察　107
気がかり　84
気づき　53
軌道　241

基盤　*221*
ぎふ・長良川フォーカシングワークショップ　*77*
気分的了解　*15*
客観主義　*43*
90度法　*166*
教育フォーカシングのモデル　*75*
共感　*221*
　──的な存在　*243*
　──的態度　*221*
　──的リスニング　*190, 192*
教示　*243*
教師としてのフォーカサー法（Focuse-as-Teacher Model）　*86*
共鳴　*69, 186*
　──させる　*127, 220*
共有　*245*
距離　*85, 228*
　──感　*187*
議論すること　*235*
空間をつくる（クリアリング・ア・スペース）　*52, 127, 219*
具体的体験（具体例）　*36, 47*
クライエント　*165*
　──中心・体験過程療法　*3*
グループ体験　*93*
訓練生　*77*
経験　*208*
形式論理的結合　*44*
傾聴（リスニング）　*11, 93, 221*
原言語　*117*
言語化　*69*
言語的思考回路の悪い弊害　*119*
交差　*47*
コーチ　*87*
　──法（The Coach Model）　*86*
コーチング　*87*
コーディネーター　*76*
コーネル（Cornell, A. W.）　*77*

心の空間　*222*
心の空間づくり　*83, 222*
こころの宝探し　*128*
心の天気を描画する　*66*
個人フォーカシング　*129*
言葉　*226*
言葉以外の言葉　*113*
子どもとフォーカシング　*203*
コンテキスト　*21, 22*
コンテント　*21, 22*

さ
再構成化（reconstituting）　*12*
再誕生体験　*103*
ジェスチャー　*84*
ジェンドリン（Gendlin, E. T.）　*92, 165, 230*
自己　*230*
　──感覚　*110, 111*
　──実現の声　*228*
　──の再構築　*103*
辞書的定義　*36*
自体感の作動　*120*
実践と哲学の統合　*43*
実存主義　*43*
質のよい面接　*121*
質問のリスト　*256*
死と再生のテーマ　*186*
シフト　*100, 219, 227*
自分の文（my sentences）　*38*
自分の用語（terms）　*38*
自由に漂う平等な注意　*108*
16の質問　*165, 184, 245*
主観主義　*43*
主体感覚　*50*
主用語　*35*
象徴　*185, 254*
　──化　*206*
情動　*226*

ショートフォーム　　219, 246
助言　　235
事例　　152, 183
シングル・ウイング　　199
身体運動的表現　　185
心理システム　　226
推進（carrying forward）　　12
スーパーヴァイザー　　87
スーパーヴィジョン　　57
図地反転　　65
ステップ　　217
　　——に比較的束縛されたもの　　112
ストレスの軽減　　223
スピリチュアリティ　　127, 255
スピリチュアルな側面　　21
生が進む（life-forward）　　38
精緻化　　47
成長的（developmental）　　89
成長における次元　　186
成長プロセス　　221
積極的リスニング　　231
セッション事例　　76, 188
セラピストの主体感覚の賦活化　　58
セラピスト・フォーカシング　　49
セラピストを援助する方法　　58
セルフ・ガイディング　　240
セルフ・ガイディングの鍵　　240
セルフ・コメント　　76
セルフフォーカシング　　68
全体を確かめる　　52
即時性　　87
そこそこの　　110
存在感　　187

た
体験　　165
　　——（過程）的リスニング　　231
　　——過程　　35, 95, 219, 230, 231
　　——過程の軌道　　231
　　——過程療法　　3
　　——記録　　75
　　——的（experiential, empirical）　　89
　　——的応答　　50, 230
　　——的複雑さ　　35
　　——の内容　　19
太陽　　64
尋ねる　　220
正しい距離もしくは関係　　223
脱同一化　　143
棚上げ　　222
小さな成長のステップ　　222
チェンジズ（changes）　　92
逐語記録　　76, 165, 166, 188
"知"の世界　　92
注意スイッチング機能　　161
超自我　　227
直接性　　87
直接の質問　　235, 244
直接のレファランス　　50
治療関係における「耳」の相互性　　114
治療的（therapeutic）　　89
次なるものの暗示　　13
伝え返し　　84, 209
　　——の応答　　186
提案　　76, 84
TAE　　33
TAE ステップ　　33
テープ録音　　166
テーマ　　187, 188
天気　　63
登場人物とかかわる方法　　186
トライアングル　　208
トランスパーソナル　　20
　　——心理学　　19
　　——心理療法　　21

ドリームワーク　　*165, 166*

な
内的空間　　*227*
内的自己　　*219*
内的な子どものイメージ　　*159, 161*
内的プロセス　　*83, 95, 221, 227*
内的枠組み（inner frame of reference）　　*90*
7ステップ法（7つのステップと4つのセッション）　　*75*
何か　　*112*
二重の共感のとき　　*196, 197, 199*
日常言語の壁　　*37*
日常的な作業　　*109*
人間関係研究会　　*95*

は
パーソナリティ　　*9, 227*
パートナー　　*222, 236, 240*
パートナーシップ　　*38, 218*
パールズ　　*251*
バイアスコントロール　　*158, 245*
俳句　　*67*
箱庭療法　　*71*
話し合い　　*183*
話し手が主役　　*190, 192*
反事実性　　*254*
伴走　　*85*
判断　　*235*
ハンドル（取っ手）　　*219*
　　――（取っ手）を得る　　*220*
批判的な声　　*220*
批評家　　*227, 228, 229*
ヒューマニスティック心理学　　*19*
表現能力　　*207*
非論理性　　*47*
ヒンターコプフ（Hinterkopf, E.）　　*77*
ファジィなメディア　　*119*
フィードバック　　*86*
風土　　*221*
フェルトセンス　　*13, 33, 38, 55, 100, 217, 219, 220, 224, 225, 228*
フェルトセンスを吟味する　　*55*
フォーカサー　　*93, 166, 188*
　　――体験　　*85*
フォーカシング　　*75, 165, 217, 225*
　　――・オリエンティッド・サイコセラピー（Focusing-Oriented Psychotherapy）のセラピスト（FOT）　　*76*
　　――研究所　　*75*
　　――・コーディネーター　　*77*
　　――・サークル　　*77*
　　――指向心理療法　　*3, 162*
　　――・セッション　　*77, 224*
　　――・セミナー　　*96*
　　――体験　　*94*
　　――体験の振り返り　　*188*
　　――的態度　　*221*
　　――・トレーナー（Focusing Trainer, FT）　　*75*
　　――・トレーニー　　*77*
　　――による夢の解釈　　*246*
　　――の6ステップ訓練法　　*76*
　　――のプロセス　　*223*
　　――の本質の理解　　*109*
　　――の六つのステップ　　*219*
　　――のラウンド　　*223*
　　――・パートナー　　*240*
　　――・プロセス　　*75*
　　――・プロフェッショナル（Focusing Professional）　　*75*
　　――・ワークショップ　　*77, 94*
フォローアップ　　*187*
振り返り　　*183, 187*
ブレイン・ストーミング　　*223*

プレゼンス　*162*
フロイト（Freud, S.）　*165*
プロセス　*21, 22, 217, 219*
　　——ワーク　*28*
雰囲気　*221*
文脈　*41*
米国フォーカシング研究所　*77*
ペースとリズム　*226*
宝庫　*256*
方向を定める　*54*
母言語　*117*
欲しいと願うこと　*128*
補助スタッフ　*77*
ポストモダン　*43*
ボディセンス　*190*
程々の　*110*
ホリスティックな存在　*21*
本来性　*47*

ま
間　*96*
待合室　*98*
魔法　*128, 129*
護る　*219*
真ん中で持ちこたえること　*128*
ミスレスポンス　*84*
三つの利点　*165*
ミラーリング　*210*
村山正治　*75*
明在的（explicit）　*12*
メタファー　*227*
メディテーション　*223*
モデリング　*208*
物語をつくる要素　*186*

や
役割交代　*198*
夢　*165*
　　——主　*183, 245*
　　——の暗号の解読　*254*
　　——の解釈　*165*
　　——の現実化　*187*
　　——のフェルトセンス　*184*
　　——の理論　*165*
　　——フォーカシング　*165, 166, 187, 245*
　　——フォーカシング過程　*166*
　　——フォーカシング体験の振り返り　*166*
ユング（Jung, C.G.）　*165, 251*
養成・訓練　*75*
予知　*187*
　　——的な意味　*188*
　　——的な体験　*187*
より大きな私　*27*

ら
ライフエナジー　*187*
ラウンド　*221*
リスナー　*75, 91, 234*
リスニング（傾聴）　*76, 186, 218, 234*
リフレクション　*69, 218*
リラクセーション　*96, 223*
理論　*42*
　　——構築　*37*
　　——作り　*42*
類推的要素　*119*
連想　*246, 247*
　　——を導く質問　*184*
録音　*76*
　　——テープ　*77*
録画　*76*
6ステップ訓練法　*75, 76*
ロジャーズ（Rogers, C. R.）　*43*
論理　*42*
　　——実証主義　*43*

わ

ワークシート　*236*
ワークショップ　*75, 208*
枠組み　*22*
私の理論　*42, 46*

D, F

desire　*110*
floatability　*160*

執筆者紹介

天羽和子（あまは・かずこ）
東京都小・中学校スクールカウンセラー，桜美林大学大学院非常勤講師
第13章

池見　陽（いけみ・あきら）
神戸女学院大学人間科学部，同大学院人間科学研究科教授
第1章

伊藤義美（いとう・よしみ）（編者）
名古屋大学大学院環境学研究科心理学講座教授，同大学情報文化学部教授
第6章，第9章，第11章，第14章

吉良安之（きら・やすゆき）
九州大学高等教育総合開発研究センター教授
第4章

田村隆一（たむら・りゅういち）
福岡大学人文学部教授
第10章

土江正司（つちえ・しょうじ）
心身教育研究所所長
第5章

寺田節子（てらだ・せつこ）
心理カウンセラー，名古屋フォーカシングサークル(NFC)
第6章

米国フォーカシング研究所
米国ニューヨーク州スプリングヴァリー
第14章

増井武士（ますい・たけし）
産業医科大学医学部助教授
第8章

増田　實（ますだ・みのる）
東京家政大学名誉教授，東京成徳大学大学院客員教授
第7章

宮川照子（みやかわ・てるこ）
インタラクティブ・フォーカシング　マスター・ティーチャー
第12章

村里忠之（むらさと・ただゆき）
早稲田大学教育学部非常勤講師
第3章

諸富祥彦（もろとみ・よしひこ）
明治大学文学部助教授
第2章

フォーカシングの展開

2005年1月20日　初版第1刷発行　　　　　定価はカヴァーに表示してあります

　　　　　　編著者　伊藤義美
　　　　　　発行者　中西健夫
　　　　　　発行所　株式会社ナカニシヤ出版
　　　　　　〒606-8161　京都市左京区一乗寺木ノ本町15番地
　　　　　　　　　　　　Telephone　075-723-0111
　　　　　　　　　　　　Facsimile　075-723-0095
　　　　　　　　　　Website　http://www.nakanishiya.co.jp/
　　　　　　　　　　Email　iihon-ippai@nakanishiya.co.jp
　　　　　　　　　　　　郵便振替　01030-0-13128

装丁・白沢　正／印刷・ファインワークス／製本・兼文堂

Copyright © 2004 by Y. Ito

Printed in Japan

ISBN4-88848-924-6